本研究得到以下项目的赞助：
江苏省水利科技项目：水体旅游资源评价与保护开发规划研究——以南京市为例(No. 2011046)

水体旅游可持续发展评价研究

——基于“主客”感知的实证与应用

丁　蕾　著

东南大学出版社
·南京·

内容摘要

本书界定了水体旅游、水体旅游资源的概念，提出一个相对独立的水体旅游资源分类体系，强调水体旅游地居民感知、满意度与态度分析和游客感知、满意度与忠诚度分析，探讨了“主客”感知视角下的水体旅游地可持续发展定量评价方法，构建了水体旅游地居民感知结构方程模型和游客感知结构方程模型，并选择不同案例地进行验证，在此基础上以“主客”感知的视角构建了水体旅游可持续发展评价体系。

本书可作为地理学、旅游学、生态学、水资源学、可持续发展等相关领域的科学研究人员、工程技术人员、管理决策人员及大专院校、科研院所师生使用和参考。

图书在版编目(CIP)数据

水体旅游可持续发展评价研究：基于“主客”感知的实证与应用/丁蕾著. —南京：东南大学出版社，2014.11

ISBN 978-7-5641-5080-8

Ⅰ.①水… Ⅱ.①丁… Ⅲ.①水体—旅游业—可持续发展—研究—中国 Ⅳ.①F592.3

中国版本图书馆 CIP 数据核字(2014)第 164615 号

水体旅游可持续发展评价研究——基于“主客”感知的实证与应用

编　　者　丁　蕾
责任编辑　宋华莉
编辑邮箱　52145104@qq.com

出版发行　东南大学出版社
出 版 人　江建中
社　　址　南京市四牌楼 2 号(邮编:210096)
网　　址　http://www.seupress.com
电子邮箱　press@seupress.com
印　　刷　南京玉河印刷厂
开　　本　700mm×1 000mm　1/16
印　　张　13.25
字　　数　252 千字
版　　次　2014 年 11 月第 1 版　2014 年 11 月第 1 次印刷
书　　号　ISBN 978-7-5641-5080-8
定　　价　36.00 元

经　　销　全国各地新华书店
发行热线　025—83790519　83791830

(本社图书若有印装质量问题，请直接与营销部联系，电话:025—83791830)

序

旅游是人们亲近自然、陶冶情操、抒发情怀的自觉行为。古代文人墨客常流连于山水间，追寻那一方净土，寻找创作灵感。有诗云“智者乐山山如画，仁者乐水水无涯，从从容容一杯酒，平平淡淡一杯茶”，就是诗人沉迷于山水之间的心态写照。现代都市生活节奏加快，让越来越多的人感受到越来越大的压力。人们为了减压而向往山水，向往拥抱自然。然而，当人们满怀激情投奔名山大川的时候，面临的却是精神和体力的“双重折磨”：处处人山人海，处处交通堵塞。

这个时代呼唤更多的休闲好去处，一方面是为更多的都市生活者减压，另一方面也是为名山大川减压。

一池碧水荡轻舟。亲水，是人类与生俱来的爱好取向，更是城市建设和旅游发展的重要目标。因此，水体也就成为了人们休闲度假、愉悦身心不可或缺的重要资源。然而，自然界浑然天成、“不事雕琢”的水景毕竟是少数，即便像九寨沟、黄果树这样知名的水景旅游目的地，也还需要配套建设一些以人为本的旅游服务设施。更多的水体资源是需要人类的开发和雕琢，力求巧夺天工，“欲把西湖比西子，浓妆淡抹总相宜”，这正是对水体旅游资源合理开发利用，最终达到人与自然和谐相处、相得益彰的最高褒奖。因此，如何准确把握开发强度，使水体环境承载力和游客游览舒适度“总相宜”是合理开发利用的关键。

南京“滨江依淮近海”，自古就因水而生、得水而兴。南京市位于长江下游，境内有长江、滁河、秦淮河、玄武湖、金牛湖、珍珠泉等大江、大河、大湖，江河水面占土地总面积11.4%。南京市拥有丰富的水体旅游资源，不仅涵盖了江、河、湖、泉这些自然形式，而且隐含了桥、船、镇、园等诸多文化形式。各种水体资源不仅单独构景，而且还可以与历史文化、园林建筑、宗教民俗等要素的相互融合，为各种旅游观光、休闲度假等旅游发展提供有力条件，资源品位较高，开发潜力巨大。然而，随着休闲时代的来临和开发强度的加大，南京水体旅游地的社会、经济与生态环境问题日益显现，制约了水体旅游的可持续发展。

丁蕾博士多年从事旅游资源保护与开发利用研究。读博期间，丁蕾同志参与了江苏省水体旅游资源的调查与开发利用课题研究。在此基础上，通过对南京水体旅游资源的深入剖析，特别是统筹兼顾了“主体”和“客体”的关系，完成了她的博士论文——“主客”感知视角下的水体旅游可持续发展。本书在此基础上界定了水体旅游、水体旅游资源的概念，提出了水体旅游资源分类体系，分析了水体旅游资源的客观属性、空间属性、类型属性等，探讨并构建了水体旅游地“主客”感知结构方程模型和水体旅游可持续发展评价体系，并以南京市为例进行实证比较研究。本书在水体旅游资源分类体系的提出、水体旅游地“主客”感知结构方程模型及水体旅游可持续发展评价体系的构建上具有创新性，研究具有重要的理论意义和应用价值，为从事旅游规划和水体资源保护工作提供了可操作性的借鉴思路，为今后和其他学者对水体旅游的进一步研究提供可资参考的信息。

王腊春

2014.10.12

目　　录

表目录索引

图目录索引

第1章 绪 论

1.1 研究背景

1.1.1 水体旅游是自然地理学研究的一个重要领域

自然地理学是研究地球表层自然环境的一门学科。其研究对象主要是人类赖以生存发展的自然环境,包括人周围由“气、水、土、生、地”的物质与物质运动,以及由“气、水、土、生、地”错综复杂的相互关系共同构成的自然环境。水体,即水的集合体,是指以相对稳定的陆地为边界而形成的天然水域,主要有海洋、河流、湖泊、冰川等多种类型,也包括地下水与大气中的水汽。水体是自然地理环境的重要组成要素,也是自然地理学研究的重要领域之一。

地球表层七成被水覆盖,成为天然景观的基本造景条件,美学特征浓厚,极具观赏性,具有十分广泛的旅游发展前景。水体的形态多种多样,在气候、地质地貌、生物等多种因素影响的共同作用下,也受到人类实践活动的影响,在此基础上形成了不同类型的水体景观。有如自然风景的血脉,水体将各类景观有机的串联起来。在声、形、影、色俱全的同时,水体与山体、生物、气候以及建筑等渗透融合、交相辉映,能够形成诸多让人惊艳的美景。水体旅游是就人们前往水体及周边区域以寻求愉悦体验为主要目的而度过的短期活动经历,是自然地理学研究的一个重要领域。

1.1.2 大众休闲时代水体旅游蓬勃发展

世界未来学协会副会长 Graham Molitor 预测“休闲是新千年第一个全球经济发展的引擎”,2015 年前后发达国家将进入“休闲时代”,休闲将在人类生活中发挥重要作用(马惠娣,2001)。2011 年 11 月中国人民大学休闲经济研究中心主任王琪延在杭州国际旅游休闲度假论坛上指出,中国的休闲呈梯队式发展,东部城市已进入休闲时代的“黎明”,但中西部还没有看见曙光,预测 2020 年中国总体上将进入休闲时代。2013 年 2 月 18 日,国务院正式向社会发布了《国民旅游休闲纲要

（2013—2020 年）》，体现了国家推动休闲的全民性和普遍性精神，标志着由我国政府主导的国民休闲已经启动。休闲时代的到来，人们改变了传统生活方式，多类型、多功能、多层次的旅游需求增加，对更多个性化旅游产品愈发渴望。水体旅游既能满足游客接触大自然的需求，又是开展娱乐运动型旅游项目及休闲旅游度假的理想场所，最近几年来发展迅速。从国际上来看，意大利东北部著名的水城威尼斯一年接待超过 1 600 万人次的游客，英国的泰晤士河每年的客流量是 600 万人次，法国的塞纳河每年有 500 万人次的游客观光游览，维也纳多瑙河的绮丽风景成为这座城市的闪亮名片。从国内来看，上海着手打造东方水都景观水系，苏州的水上旅游被按照“1—2—3—4—5”的空间格局悉心打造，广州开始动工建设“环城水上游憩带”，绍兴则借助特有的水上交通工具“乌篷船”来为城市旅游树立起“东方威尼斯”的新形象。总而言之，伴随着大众休闲时代的到来，作为城市旅游经济新增长点的水体旅游，受到各方关注而不断蓬勃发展。

1.1.3 水体旅游可持续发展的必要性

近代工业革命以来，人类改造和利用自然界的规模与强度与日俱增，工业化的生产方式给人类带来了前所未有的改变。随着生产力不断发展，生态环境问题日益显著。人类片面追求经济增长，对资源的掠夺式利用、对环境的肆意破坏，已经对人类的生存产生了威胁，这些都促使人们开始对高增长、高消耗、高污染的发展模式进行反思。1980 年，世界自然保护联盟（World Conservation Union）在其《世界保护战略》报告中首次提出可持续性（sustainability）的概念。在 1987 年世界环境与发展委员会题为《我们共同的未来》的年度报告中，将可持续发展（sustainable development）定义为“满足当代人需求，又不损害满足子孙后代需求能力的发展”，并首次将其作为全社会的整体发展目标。当前，世界各国在制定发展战略时首要问题就是能否达到可持续发展的要求。我国水环境污染状况严重，不少地区和流域水污染呈现出支流向干流延伸、城市向农村蔓延、地表向地下渗透、陆地向海洋发展的趋势。河流的污染主要来自于工业废水排放和城镇生活用水排放，湖泊的污染主要是重金属污染和富营养化问题，地下水的污染主要来自于农业生产和养殖业。结合 2006 年至 2011 年的统计数据，我国废水、污水排放量平均每年增加约 25 亿 t①。在 2011 年，全国每天排放工业废水和生活污水约 1.8 亿 t，其中有相当数量没有经过处理便直接排放。水环境污染对我国社会经济发展产生了负面影响，同时也成为水体旅游发展的重要制约因素。面对城市水环境的日益恶化，只有将可持续发展的理念在水体旅游的发展过程中不断践行，才能保证经济效益与社

① 中华人民共和国国家统计局.中国统计年鉴[M].北京：中国统计出版社，2012.

会效益的双赢，从而实现人类发展与生态环境的和谐统一。

1.2 研究目的和意义

1.2.1 研究目的

目前国内外旅游学界对水体旅游的研究还处于起步阶段，水体旅游的界定、分类、评价及可持续发展研究等相关理论均未有涉及，深入而成熟的研究成果尚不多见。本书以此作为研究起点，在总结前人研究的基础之上，对水体旅游可持续发展理论进行研究，构建一套基于"主客"感知的水体旅游可持续发展能力评价体系，并以南京市作为研究对象，重点结合南京市内的国家级水利风景区外秦淮河、金牛湖和珍珠泉的实证案例，通过理论与实践结合提出适合我国国情的水体旅游可持续发展对策。研究旨在为我国水体旅游的健康、可持续发展提供针对性强且易于操作的理论依据和技术保证；丰富和完善水体旅游的理论体系，为我国可持续发展旅游战略的实施提供理论支持和决策依据；拓展水体旅游的研究领域和思路。

1.2.2 研究意义

目前，一方面水体旅游蓬勃发展，与此同时水体旅游所引发的社会、经济与生态环境问题日益显现，制约了水体旅游的可持续发展。另一方面，国内外有关水体旅游的研究仍均处于起步阶段，相关研究成果薄弱，而复杂且严峻的资源、环境等问题已经严重阻碍了水体旅游的可持续发展，并进而严重影响了我国区域旅游业的可持续发展。因此，加强对水体旅游可持续发展的研究具有重要的理论价值与实践意义。

水体旅游地可持续发展的核心应是游客与社区居民，旅游地的可持续发展离不开社区居民和游客的支持。Thomas 在《失去的景观与迷失的经济》一书中提出，"保护区及其社区最基本的经济支柱不是仅仅吸引游客，而是要吸引住永久居民和商业，这些才能刺激和支持多样化的经济活动。只有当旅游不破坏到这些的时候，才可以成为经济综合体的一部分"（Power，1996）。本书选择"主客"感知引入水体旅游地可持续发展能力的研究中，这不仅为水体旅游研究提供了一个新的视角，更大大丰富了可持续发展的概念内涵和研究理论。

借助 EXCEL、SPSS、AMOS、ArcGIS 等软件，运用结构方程模型、方差分析、熵技术支持下的层次分析法等多种手段，本研究建立并检验了水体旅游地可持续发展能力评价体系，拓展了水体旅游可持续发展的定量研究方法，丰富和完善了水体旅游研究的理论与实践。研究成果为有效开发水体旅游资源、实现区域水体旅游可持续发展提供理论支撑和新的研究方法。通过对水体旅游资源概念体系的梳理和科学分类，结合南京地区国家级水利风景区的示范性研究，进一步丰富了水体旅游发展的理论内涵，完善水体旅游资源开发与旅游地可持续发展能力评价方法，尤其是对科学发展水体旅游业具有重要的意义。

1.3 相关研究进展

1.3.1 国内外水体旅游研究进展

1.3.1.1 国外水体旅游研究进展

水体旅游在欧美等地区和国家发展迅速，研究内容主要涉及水体旅游资源、水体游憩活动、滨水地区旅游开发等方面。

(1) 水体旅游资源方面

对于水体旅游资源方面的研究，国外研究也处于起步阶段，Josef(1995)对欧洲的水体旅游进行了综述性研究，指出应该根据水体旅游资源条件特征，对不同区域、不同年龄段的不同水体旅游运输设施，及不同类型河流的水体旅游应采取不同规划管理措施。Gössling(2001)以桑给巴尔岛为例，阐述了水资源短缺地区开展旅游业的弊端，提出应该通过科学管理水资源的方法来适当发展旅游业。Tzu-Ping Lin 和 Andreas Matzarakis(2008)以每 10 天为一个单位，从定量的角度分析了台湾日月潭在一年内的气候条件、旅游适宜性，以及游客对当地热度舒适性的感受。

(2) 水体游憩活动方面

国外在水体游憩活动方面的研究，主要包括游客水体游憩活动偏好、水体游憩活动满意度、水体游憩活动对环境的影响三个方面。

(3) 滨水地区旅游开发方面

滨水地区旅游开发是近些年来学者们研究的热点。最早研究滨水区的是 1969 年地理学家 Forward，他以加拿大为例，对其 4 个港口城市的滨水地区土地利用状况进行了比较研究，此后众多学者从不同角度对滨水地区旅游开发规划、旅游开发影响等方面进行了研究。

表 1-1 国外学者关于水体游憩活动的研究

研究主题	代表学者	主要观点
游客水体游憩活动偏好	Ostein 和 Bjorn(1995)	对挪威恩厄达尔地区低、中、高三种不同消费档次的垂钓者的消费倾向、专业化程度等进行了研究
	Gobster(1998)	以芝加哥河为例，用了多种计量方法，从多个角度分析了水道附近居民的游憩活动参与情况以及游憩体验状况
	Griffin 和 Hayllar (2007)	以费里曼特尔及威廉斯敦为例，通过对游客进行访谈，分析游客偏好，从滨水区的吸引机制和游人参与方式等角度提出城市滨水区所至少应当具备的旅游功能
水体游憩活动满意度	Theresa 和 Cary (1992)	通过邮件发放调查问卷，运用回归分析等方法对影响游客水体游憩体验活动满意度的各种因素进行了深入研究
	Steven(1998)	分析了商业和个体两种游客群体对西维吉尼亚地区 Cheat River 上的激流泛舟旅游项目的满意度，并建立了一个满意度路径模型
	Michael(2007)	在游憩体验偏好量表的基础上设计了调查问卷，以垂钓者作为研究对象，探讨了游憩体验偏好与游憩场所选择之间的关系
水体游憩活动对环境影响	Simon(1990) Harris(1991)	分别以太平洋岛屿和英国苏格兰的设得兰群岛为对象分析海洋旅游发展对陆地、空气、水体等的影响，指出游船对水体的污染状况
	Hawkins 和 Roberts (1996)	分析了红海海滨旅游对珊瑚礁的影响，指出游客量的增加带来多种环境问题，海滨旅游的继续无节制发展，会使珊瑚礁超负荷
	László Puczkó 和 Tamara Rátz(2000)	以匈牙利巴拉顿湖为研究对象，就旅游活动对环境影响方面对当地居民和游客进行调查，运用特尔斐法和旅游影响力模型对结果分析

① 滨水地区的旅游开发规划研究

英国地理学家 Hoyle(1988)主编的《复兴滨水区:滨水区再发展的国际维度》收录了地理学、经济学与城市规划等不同研究方向的专家撰写的文章十余篇，首次从多个角度对全球滨水区再开发现象进行了分析。Ann 和 Dick(1996)对过去 30 年北美的城市滨水区再开发的情况进行了概括总结。Aspa Gospodini(2001)将希腊滨水城市作为一个城市群，对其滨水区改造进行整体研究，并尝试从城市性质、经济发展状况、滨水区特征三个方面的考虑来建立理论框架，对其滨水区开发提出建议。Brian(2002)基于欧洲和北美等发达国家滨水开发经验，运用理论框架对桑给巴尔的 Stone Town 滨水地区开发状况进行研究，探讨发展中国家滨水地区再开发的问题与困难。Ana 和 Huw(2012)以加地夫湾和里斯本的国家公园为例，分析了滨水地区旅游开发过程中的公共艺术元素的融入，探讨了公共空间、社会、文化等因素在滨水地区再开发过程中相互影响的关系。

② 滨水地区旅游开发的影响研究

Bowker(1996)运用旅行成本法评估了北卡罗莱州 Chatooga River 和 Nantahala

River 的水质条件改善对游憩经济的影响。Robert 和 John(1999)探讨了英格兰西北部默西河流域通过水质改造、滨水区开发等对当地房地产业的积极影响。Hoyle(2001)通过对在东非港口城市——拉姆的滨水区的研究后，指出世界各国尤其是发展中国家进行滨水区改造的重要动力来自于对其旅游功能的开发。Chang 和 Huang(2005)论述了新加坡河流主题旅游区开发对于塑造公众文化归属感的意义，强调城市内河旅游对于国家民族文化认同的提升有着重要作用。Vida(2012)以利物浦和克隆为例，阐述合理的滨水地带再开发对城市内部经济增长有着积极的作用。

1.3.1.2　国内水体旅游研究进展

本书将国内研究进展归纳为水体旅游资源特征研究、水体旅游资源评价研究、水体旅游开发与保护研究等三个方面，其中水体旅游资源开发与保护研究为目前各学者关注的重点。

（1）水体旅游资源特征及分类研究

① 水体旅游资源特征

范今朝等(2004)在杭州市旅游资源普查的基础上，概括杭州市水域风光类旅游资源价值高、带动力强、类型多样等特征。熊元斌(2004)介绍了湖北省水体旅游资源数量多、文化价值高、开发潜力大等特征，提出湖北省应将水体旅游资源作为全省旅游开发的重点。俞晓萍(2005)对金口大峡谷的水体景观进行描述，揭示其形象、色彩、音色、动态等多个角度的美学特征。张利华(2011)针对江苏省旅游资源以水体旅游资源开发为重心的特点，概述江苏省水体旅游资源数量大、分布广、类型多、质量高、综合构景作用明显等特点，指出其开发的现实价值。

表 1-2　国内学者关于水体旅游资源的分类研究

代表学者	分类依据	主要分类
《旅游资源分类、调查与评价》	国家标准（GB/T 18972—2003）	BA 河段、BB 天然湖泊与池沼、BC 瀑布、BD 泉、BE 河口与海面、BF 冰雪地、FG 水工建筑等 7 个亚类、21 个基本类型
黄显勇(2001)、刘永(1998)	资源属性	自然水体旅游资源、人文水体旅游资源
张朝枝(2002)	水体性质及自然界水色基础	河川、湖泊、瀑布、山泉、海洋及水利工程等
袁林(2004)	资源属性	自然水体、人工水体
付景保(2006)、蒋丽娜(2007)	资源属性	江河、湖泊、泉水、瀑布等
张中旺(2009)	文化属性	生态水文化、传统水文化、现代水文化

② 水体旅游资源分类

对于水体旅游资源的分类，目前国内主要依据《旅游资源分类、调查与评价》(GB/T 18972—2003)国家标准，也有学者根据自己的认识对水体旅游资源进行了分类，但相对差别不是很大。

(2) 水体旅游资源评价研究

国内对水体旅游资源的评价主要依据《旅游资源分类、调查与评价》(GB/T 18972—2003)国家标准,但没有专门针对水体类旅游资源的评价指标。黄静波(2005)通过定性与定量相结合的方法对郴州市水体旅游资源进行评价,定量方法主要是运用中科院地理所1997年版旅游资源分类系统进行归类、设置权重,并由专家打分。陈晓梅(2009)对水体类旅游资源的可亲性进行定义,选取水质、透明度、环境条件和景观性等作为水体旅游资源可亲性的评价因子,采用德尔菲法建立水体旅游资源可亲性评价评分系统。张景群(2003)编写的《旅游资源评价与开发》一书中对旅游资源有定性及定量的评价指标。徐松华和曾凡琪(2011)对武汉市东西湖区泛水旅游资源的类型、数量、分布状况进行定性评价,指出其较高的潜在利用价值。另外有学者就水体旅游资源中专项资源进行评价研究,如郑建瑜和且钟禹(1998)等对海水浴场的评价研究、李占海(2000)等对海滩质量的评比、李松志(2005)等对高原湖泊的评价等。

(3) 水体旅游资源开发与保护研究

水体旅游资源的开发与保护是目前学者们研究最多的主题之一,不同学者从不同角度提出多种认识和理解。沈虹和冯学钢(2006)指出都市文化型河流旅游开发的模式有单一观光模式、观光休闲复合型模式、观光与水上活动相结合模式,并以巴黎塞纳河、英国泰晤士河等为例,对上海苏州河水上旅游的开发进行探讨。王科和连建功(2007)分析我国水体旅游开发的意义、现状及问题,提出要通过产品组合、创新求异、挖掘文化内涵、优化水体周围环境、区域联动等策略来推动水体旅游开发。李德山(2010)以和谐理论为指导,提出水体旅游资源开发与保护关系的四种模式:保护第一、开发第一、保护开发双赢和完全破坏,指出保护和开发的双赢模式是水体资源开发保护的理想状态。李志民(2012)指出"乌江画廊"旅游深度开发中要把握旅游资源特色、旅游功能市场,通过打造峡谷观光、水上娱乐世界和旅游小环线等项目实现旅游经济增长。另外,胡卫华(2005)、柳百萍(2006)、章笕(2007)、张莉(2008)、范玉仙(2009)、于萍(2010)、朱元秀(2011)、秦格玲(2012)、李世霞(2012)等都以不同区域为例探讨水体旅游资源现状及开发利用研究。

1.3.1.3 水体旅游研究述评

综上所述,国内外学者对水体旅游的研究主要呈现出以下特点:

从研究时间上看,国外学者对水体旅游的研究开始的较早,国内学者对水体旅游的研究开始的比较晚。

从研究内容上看,国外研究主要基于水体旅游资源、水体游憩活动、滨水地区开发等方面,实例众多;国内研究主要集中于水体旅游资源的开发研究。

从研究理论上看,国外相关研究注重实际需求,主要涉及社区参与理论、可持续发展理论、城市形态学理论等;国内研究则是更多地从规划管理角度出发,多集中于资源特征与分类、保护与开发、资源评价等资源应用层面。

从研究方法上看,国外学者对水体旅游的研究方法主要有问卷调查法、案例分析法等,还包括一些定性与定量相结合的方法。国内学者对水体旅游的研究方法以定性为主,如运用 SWOT 分析法对水体旅游资源作总体评价。

总体来看,与国外相比较,国内的理论研究还较为薄弱,研究内容较为单一,研究方法创新不够,在今后研究中应该注重定量的评价,增强研究成果的实用性。

1.3.2 可持续发展评价研究进展

自 1992 年联合国环境与发展大会以后,可持续发展的理念开始在世界各国得到广泛接受。实现对可持续发展的定量评价是制定可持续发展战略的基础,也成为当前可持续发展研究的热点和难点之一。1994 年,联合国持续发展委员会第二次会议在纽约召开,会议指出:"当前急需建立可持续发展的评价指标体系,它关系到能否实现可持续发展,这是可持续发展研究的关键问题之一。"

近十余年来,包括中国在内的许多国家,围绕着《21 世纪议程》不同程度地开展了区域性或综合性的可持续发展指标体系及评价标准研究。从当前来看,关于水体旅游可持续发展评价体系的研究在国内外都比较少见。可持续发展是指在获得持续成长竞争实力的同时达到人、自然、社会的和谐发展,因此对于构建水体旅游可持续发展评价指标体系来说,和谐发展与竞争力评价的指标体系也颇有可借鉴之处。

1.3.2.1 可持续发展指标体系研究

目前,在不同的应用领域中以及不同的研究需要下,国内外学者提出了许多可持续发展评价指标体系,其指标选择与结构体系各不相同。在构建水体旅游可持续发展评价指标体系时,这些指标体系都具有一定的借鉴与参考价值。

经济合作与发展组织在 1993 年提出来的可持续发展评价指标体系,将可持续发展矩阵的"行"设定为环境问题、将"列"设定为驱动力、状态与响应指标,从而形成了压力-状态-响应(PSR)模型的经典框架。

联合国统计局在 1994 年提出来的可持续发展评价指标体系,比较多的关注到环境因素,将可持续发展的主要问题归结于大气与气候、固体废弃物、社会经济活动等,以其产生的影响与响应来划分指标体系结构,形成了能够反映指标之间因果关系的一套可持续发展评价指标体系。

中国科学院可持续发展战略研究组在 2002 年提出的可持续发展指标体系,划分为总体层、系统层、状态层、变量层与要素层等 5 个层次。其中总体层即代表中国可持续发展总体能力;系统层将总体层解析为 5 个子系统;状态层又将这 5 个子系统分解为 16 个方面;变量层使用了 45 个指数对这 16 个方面加以描述;要素层最终采用了219个指标对这45个指数进行了定量分析。

1.3.2.2 旅游可持续发展评价指标体系研究

20世纪90年代以来，随着可持续发展理念受到各界的广泛关注，可持续发展评价指标体系的研究也成为热点，涌现了一批具有较高价值的研究成果。如联合国UNSTAT(联合国统计局)、SCOPE(环境问题科学委员会)、CSD(可持续发展委员会)均提出过可持续发展评价指标体系。总体上说，目前可持续发展的研究还是以某个区域的空间尺度为主，对某个具体行业的研究还比较薄弱。

世界旅游组织(WTO)在1993年成立了旅游可持续指标体系的研究工作组，并在之后的几年将其构建的指标体系在美洲、欧洲的一些国家进行试验。世界旅游组织拟定的指标主要围绕旅游活动展开，比较适合于新兴且成熟的旅游目的地。

英国旅游理事会为了评价英国的旅游业的可持续发展程度，考虑到经济、社会与环境三个方面，在2001年构建了可持续旅游发展评价指标体系。该指标体系以改善自然与人文环境、保护当地社会文化与促进当地经济发展为目标，将经济表述为“产业竞争”与“旅游工作质量”，将社会表述为“旅游可进入性”与“旅游供应质量”，将环境表述为“旅游旅行和设备对环境变化的影响”。

英国学者曾经对西方旅游学者进行过问卷调查，分析他们对于可持续旅游含义的认识，我国学者也用相似的方法对中国旅游学者做过调查。两次调查结果的比较显示，对于可持续旅游的含义，中外学者认为排在前十位的成分既有相同之处，也有不同之处，见表1-3。

表1-3 中外学者对可持续旅游含义的理解

次 序	研 究 者	
	西方旅游学者	我国旅游学者
第1位	采用长远的观点	具有优秀的旅游规划
第2位	制定优秀的旅游发展规划	采取长期的观点
第3位	地方参与	遵守承载力
第4位	有效利用资源	有效利用资源
第5位	提高自然资本存量	确保游客满意
第6位	遵守承载力	改善自然资源资本存量
第7位	确保当地居民满意	保持自然资本存量水平
第8位	促进代际公平	促进代际公平
第9位	确保游客满意	实现地方参与
第10位	鼓励当地振兴	管理

旅游业的可持续发展受到了学术界的广泛重视，国内学者就旅游可持续发

展的评价指标体系也作了许多研究，但如何具体评价某个区域旅游业的可持续发展水平，目前还没有出现一个能得到广泛认可的评价指标体系，继续深入的研究依然很有必要。通过 CNKI 及相关网络检索，将 2000 年以来关于旅游业、旅游目的地等可持续发展指标体系研究中有一定代表性的文献进行整理归纳，见表 1-4。

表 1-4　2000 年以来我国提出的旅游可持续发展指标体系特征

序号	作者	研究层面	结构层次	指标数量	指标权重赋值方法	无量纲方法	综合评价
1	王良健(2001)	张家界	三	34	专家咨询法+AHP 法	三类数据采用三种不同方法量化	常规
2	李艳双(2001)	城市	二	9	未说明	—	数据包络分析 DEA 模型
3	牛亚菲(2002)	宏观	三大类，各为三层次	49	—	—	常规
4	魏敏(2004)	泰山农业生态旅游区	五	50	专家咨询法	—	综合评价指数法
5	许涛(2004)	国家	三	29	—	—	—
6	金准(2004)	区域	四	42	专家咨询法+AHP 法	—	常规
7	李星群(2004)	自然保护区	三	70	专家咨询法+AHP 法	问卷调查，已作无量纲化	常规
8	付红军(2005)	小城镇	三	34	AHP 法+主成分分析	—	常规
9	张美英(2005)	泛珠三角九省区	四	41	均方差法	—	常规
10	万幼清(2006)	区域	四	47	专家咨询法+AHP 法	正向指标：$x = c/c_0$；逆向指标：$x = 1/(c \cdot c_0)$	—
11	戴永光(2006)	区域	四	34	平均赋权	正向指标：$V_{ij} = (D_{ij} - D_{i\min})/(D_{i\max} - D_{i\min})$；逆向指标：$V_{ij} = (D_{i\max} - D_{ij})/(D_{i\max} - D_{i\min})$	模糊聚类
12	黄萍(2006)	西部民族地区	二	17	专家咨询法+AHP 法	正向指标：$K_i = D_i/\max(A_i)$ 逆向指标：$K_i = \min(A_i)/D_i$	综合评价法（多目标线性加权）

续表 1-4

序号	作者	研究层面	结构层次	指标数量	指标权重赋值方法	无量纲方法	综合评价
13	赖斌(2006)	四川省	二	9	因子分析	确定模糊变量最大隶属度再计算	因子分析＋模糊二元对比决策方法
14	唐善茂(2006)	广西	四	32	专家咨询法＋AHP 法	—	—
15	王震(2006)	海洋,山东	三	15	专家咨询法＋AHP 法	问卷调查,已作无量纲化	常规
16	王昕(2008)	重庆沙坪坝区	三	38	专家咨询法＋AHP 法	—	线性加权法
17	陈文捷(2010)	北部湾	四	22	AHP 法＋和积法	—	线性加权法
18	王友明(2011)	苏南五市	四	44	专家咨询法＋AHP 法	$I_j = A_j/\max(A_j)$	综合评价法(多目标线性加权)
19	彭惠军(2011)	城郊生态农庄	三	20	专家咨询法＋AHP 法	—	—
20	葛新(2012)	乡村	三	60	专家咨询法＋AHP 法	—	—

表 1-4 所列举 20 个指标体系中,指标数量介于 9 个至 70 个之间、平均约 35 个指标,指标体系的结构层次以三层与四层为主,指标权重的确定方法比较普遍的使用专家咨询法与 AHP 法,对无量纲方法做了介绍的以区分正、逆向指标分别计算为主,综合评价仍以常规综合评价法居多。

1.3.2.3 和谐发展指标体系研究

2004 年 9 月,党中央提出构建社会主义和谐社会的理念,其主要内容包括“民主法治、公平正义、诚信友爱、充满活力、安定有序、人与自然和谐相处”等诸多方面,并将这一理念作为我党执政的长期战略任务。和谐社会代表一种和睦、融洽并且各阶层齐心协力的社会状态,可以说和谐是可持续发展的核心要素。通过 CNKI 及相关网络检索,将构建和谐社会的理念提出以来,关于和谐社会、和谐发展等评价指标体系研究中有一定代表性的文献进行整理归纳,见表 1-5。

表 1-5　我国现有和谐发展指标体系特征

序号	作者	研究层面	结构层次	指标数量	指标权重赋值方法	无量纲方法	综合评价
1	国家统计局	国家	三	25	平均赋值	阈值法	常规
2	北京统计局	地区	四	20	专家咨询法	—	常规
3	湖北省统计局	地区	三	16	—	—	—
4	中国社科院	—	三	38	主观赋权	z-score	常规
5	深圳社科院	地区	三	35	主观赋权	阈值法	常规
6	江苏社科院	地区	三	27	—	—	—
7	张德存(2005)	—	三	26	专家咨询法＋模糊综合评价法	阈值法	常规
8	胡学峰(2005)	广东	三	20	平均赋值	阈值法	常规
9	李海波(2006)	海岛	三	42	专家咨询法	—	模糊
10	周春喜(2006)	浙江	四	34	专家咨询法＋AHP 法	阈值法	常规
11	欧阳建国(2006)	—	三	35	专家咨询法＋AHP 法	—	—
12	李广海(2007)	—	三	20	专家咨询法	综合指数法、功效评分法和 TOPSIS 法	常规
13	陈钰芬(2007)	浙江	三	25	平均赋值	阈值法	因子分析
14	齐心(2007)	北京、上海	三	25	平均赋值	阈值法	常规
15	郑慧娟(2008)	甘肃	三	30	专家咨询法＋层次分析	—	—
16	于丽英(2008)	上海	四	50	—	—	—
17	杜强(2009)	福建	三	33	专家咨询法＋指标比较法＋比率标度法	—	常规
18	胡生军(2010)	成都市	三	27	主成分分析	X 为正指标则 $X=x$；X 为逆指标则 $X=1/x$	常规
19	张庆红(2010)	新疆县域	三	31	主成分分析	—	常规
20	严琼(2012)	青海省	三	32	专家咨询法＋层次分析	正指标 $Z_{ij}=\frac{x_{ij}}{X_{ij}}\times 100\%$ 逆指标 $Z_{ij}=\frac{2X_{ij}-x_{ij}}{X_{ij}}\times 100\%$	常规

表1-5所列举20个指标体系中，指标数量介于16个至50个之间，平均约30个指标，三个层次的指标体系达17个，四个层次的指标体系仅有3个。指标权重的确定方法包括平均赋值、主观赋权、专家咨询法、AHP法和主成分分析法。无量纲方法以阈值法或区分正、逆向指标分别计算为主。综合评价基本上还是常规办法即加权求和。

1.3.2.4 旅游业竞争力研究

旅游业的竞争力是旅游业可持续发展能力的一个方面，旅游业实现可持续发展的目的之一就是构筑比较强的竞争实力。旅游业竞争力评价指标体系经常选择的指标有旅游收入、旅游价格、旅游人数、游客满意度、环境管理因素等。通过CNKI及相关网络检索，将2000年以来关于我国旅游业竞争力评价指标体系研究中有一定代表性的文献进行整理归纳，见表1-6。

表1-6 2000年以来我国旅游业竞争力评价体系特征

序号	作者	研究层面	结构层次	指标数量	指标权重赋值方法	综合评价
1	苏伟忠(2003)	郑州、北京 南京、西安	四	30	AHP法	线性加权法
2	朱应皋(2004)	12个国家	四	27	AHP法和德尔菲法	加权求和多指标综合评价
3	潘建民(2004)	城市	四	49	—	—
4	莫帮洪(2005)	城市	四	36	—	—
5	黄进(2005)	城市	四	96	—	—
6	丁蕾(2006)	南京	三	28	专家咨询法+AHP法	线性加权法
7	王凯(2006)	中国省区	三	23	主成分分析法	加权求和法
8	温碧燕(2007)	区域	三	22	专家咨询法+因子分析法	加权求和法
9	李明耀(2008)	旅游景区	三	103	主成分分析法	加权求和法
10	李九全(2008)	旅游景区	三	19	—	—
11	吴晓涵(2008)	上海	四	36	专家咨询法+AHP法	加权求和多指标综合评价
12	田里(2009)	云南省	三	27	专家咨询法	重要性-绩效分析方法(IPA)
13	李少游(2009)	桂黔湘边 区县域	三	23	专家咨询法+AHP法	线性加权法
14	董锁成(2009)	城市群	四	62	状态空间法	向量比较法
15	王淑华(2010)	河南省	四	28	专家咨询法+AHP法	加权求和多指标综合评价
16	李玺(2010)	香港、澳门 上海、广州	二	32	主成分分析法	加权求和法
17	汪德根(2011)	东部沿海三 大旅游圈	四	29	AHP法和德尔菲法	加权求和法

续表 1-6

序号	作者	研究层面	结构层次	指标数量	指标权重赋值方法	综合评价
18	张河清(2012)	广东省县域	三	19	专家咨询法	—
19	章尚正(2012)	皖南	四	36	AHP 法和德尔菲法	线性加权法
20	傅云新(2012)	全国 31 省市	四	21	主成分分析法	加权求和法

上述 20 个指标体系中,指标数量在介于 19 个至 103 个之间,平均约 37 个指标,指标体系的结构层次以三层与四层为主。指标权重的确定以专家咨询结合 AHP 法为主,也有一些采用主成分分析法。无量纲方法以比值法为主,或是区分正、逆向指标分别计算。综合评价主要是线性加权法,也就是加权求和法。

1.3.2.5　*旅游可持续发展评价研究述评*

我国现有旅游可持续发展评价的研究,特别是指标体系的研究,虽然已经有了一定的基础,但仍需要进一步研究。由于不同地区经济社会发展水平有差异,使得对于旅游可持续发展的认识也不尽相同。目前我国评价旅游可持续发展的指标体系主要存在以下三方面的问题:一是理论建构不足。对于可持续发展的理解并不一致,在指标选取时具有较强的主观性。二是不够注重人的主观感知。许多指标体系在选择指标时过于依赖官方统计数据,局限于从有现成数据的指标中选取,而较少选择体现旅游者或社区居民感知的指标。在旅游业的发展过程中,其社会、经济、环境等各方面要实现可持续发展,都要依赖于旅游者与社区居民来实现,旅游者与社区居民的感知是非常重要的评价内容,国外研究在这一方面明显要强于国内。三是可操作性不够。有些指标体系还停留在构想阶段,有些指标体系没有明确评价的对象或层次,有些指标体系没有说明赋权与计算的具体方法并缺乏实证研究。

1.3.3　结构方程模型在旅游学研究中的运用

瑞典学者 Karl Joreskog 和 Dag Sorbom 等人在 20 世纪 60 年代提出了结构方程模型(Structural Equation Modeling, SEM)。随后几十年 SEM 逐渐成为数据分析的重要工具而被大量应用于心理学、社会科学、行为科学与市场营销学等众多研究领域,弥补了传统统计方法的不足。SEM 是一种主要的线性统计建模技术,它以变量的协方差矩阵或相关矩阵为基础来分析变量之间的关系,其模型着重于探讨事物之间的因果关系,并用因果模型、路径图等方式来对这种关系进行表述。

SEM 是一种展现客观状态的数学模式,它融合了因素分析与路径分析这两种统计技术，是检验观察变项与潜在变项之间假设关系的一种全包式统计取向。因素分析被用来从许多变项中抽取一些共同因素，从而可以体现出潜在的理论建构。当抽取出共同因素之后，便可以得到每个项目与每个因素之间的因素负荷量，用以代表测验项目测量共同因素的重要性指标（黄芳铭，2005）。

SEM可以用来处理具有多个内因变量的联立方程式，这一点与计量经济学的路径分析相类同。但与计量经济学不相同的是，在计量经济学中所有的测量变项都被认为不存在任何测量误差，而事实上任何测量都会产生误差。SEM允许处理变项的测量误差，并试图修正测量误差所导致的偏差，这使得SEM更加具有适应性，也因此受到需要用到量化与理论检验方法的研究者广泛欢迎。

SEM具有很多优点，具体概括起来有如下几条：①可用来做项目分析，对个别项目进行精确估计，在检验因素结构的同时体现出项目分析的概念；②可对个别项目的测量误差进行检验，允许自变量或因变量中含有测量误差，从项目的异变量中将测量误差抽离出来，从而得到具有较高的精确度的因素负荷量；③可以提前设定一个项目属于某一个因素或属于某几个因素，这与传统方法中一个项目大多只依附于某一个因素不同；④研究者可以设定某些因素间具有相关或不具有相关，通过统计方法来评估整体因素模型，从而得到数据与模型的拟合程度。

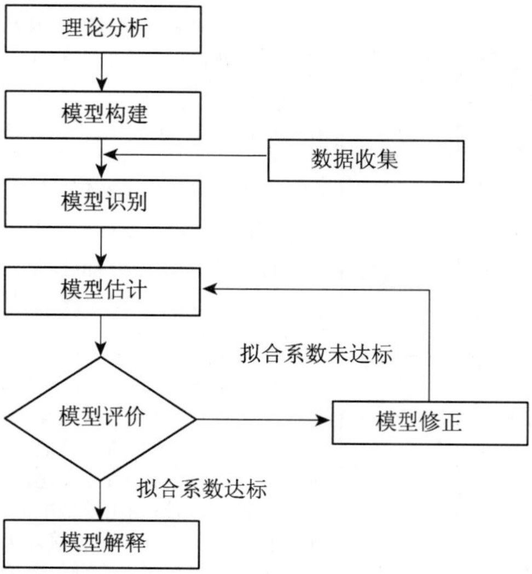

图1-1　结构方程模型分析步骤图

SEM分析一般可以分为理论分析、模型构建、数据收集、模型识别、模型估计、模型评价、模型修正、模型解释等八个步骤，这八个步骤的流程如图1-1所示，而每个步骤的具体内容如表1-7所示。

多个学科集成与方法融合给旅游领域知识的增长带来机遇的同时也带来了挑战，越来越多的经验方法被应用于社会发展影响、态度影响量表的测试、居民态度或开发理论的结构方程模型研究。作为检验有关观察变项和潜在变项之间的假设关系，将路径分析与验证性因子分析融合进来的一种全包式统计方法，结构方程模型（SEM）近些年来开始被用在旅游学的研究上。

表 1-7　结构方程模型分析步骤内容

序号	步骤名称	步骤内容
1	理论分析	SEM 是一种肯证式的技术，必须基于理论建立改变量之间的相互关系，而且理论也是假设模型成立的主要解释依据，最后归结到对研究者准备了解的现象进行肯定与证明，所以研究的第一步就应是理论的建立
2	模型构建	将理论所呈现的假设以 SEM 的形式表达；建立潜在变量之间联系的结构模型（即理论模型），并提出模型假设，包括观测变量与潜变量关系、各潜变量之间的关系；通常用路径图（path diagram）表示
3	数据收集	选择用于模型的测量变量，并搜集测量变量的数据以供后面分析模型。在估计和解释 SEM 结果以及样本误差估计时，样本规模非常重要；Mueller 认为，样本量若能达到 200 个，则模型的统计检验力较好；Thomson 研究发现，在运用 SEM 方法时，如果从模型观察变量来分析样本人数，则样本数与观测变量的比例至少为10：1 至 15：1 之间（侯杰泰，2004）
4	模型识别	决定模型是否是可识别的：如果模型是可识别的，则表示理论上模型中的每一个参数都可以导出一个唯一的估计值；如果模型无法识别，那么将无法对模型做出正确的估计，也说明模型没有构建成功
5	模型估计	对模型进行求解，主要就是用搜集的资料来估计模型中的参数；模型参数的估计方法如极大似然法（ML）、广义最小二乘法（GLS）、迭代法最受 LISREL、EQS、AMOS 等统计软件的青睐
6	模型评价	在已有的证据与理论范围内，考察所提出的模型拟合样本数据的程度；经常使用的适配指标及其检验标准有：卡方值、检验拟合优度指数（GFI）、校正的拟合优度指数（AFI）、均方根残差（RMR）等
7	模型修正	当整体模型适配度未达到可接受的程度，则应考虑对理论模型进行修正，可以依据理论假设以及统计所呈现的结果，来将参数释放或固定，再重新估计模型；在理论允许的情况下，这个过程可以重复直到模型达到接受的程度；模型修正后若能适配良好，则结构方程模型建立成功
8	模型解释	模型解释是指对模型的统计结果作解释；通常在结果中会涉及非标准化系数估计、标准化系数估计，以及直接效果、间接效果与总效果；非标准化系数与指标度量单位有关，非标准化估计是指当其他独立变量维持平均数状态下，一个单位的变量改变会造成因变量变化的程度；标准化估计则消除了测量指标单位的影响，可以在模型内各参数之间进行比较；利用模型中的非标准化系数与标准化系数，来判断哪一个参数的影响力较大、哪一个较小；直接效果是指某一项变项对另一变项的直接影响；间接效果则是指某一变项对另一变项的影响是通过其他变项而形成的。总效果是指某一变项对另一变项的直接效果加上间接效果的总和。

在旅游学研究中应用 SEM，研究者选择的变量一般是通过 Likert 问卷量表来获得数据，也有少数使用受访者个人统计特征来作为研究变量，如年龄、性别、受教育程度、经济收入等。通过检索 *Tourism Management*、*Annals of Tourism Research* 等国外旅游学知名期刊与中国知网（CNKI），获得在旅游学领域应用结构方程模型的研究文献 548 篇。其中，国外文献 481 篇、国内文献 67 篇（含《地理学报》4 篇，《地理研究》10 篇，《地理科学》1 篇，《旅游学刊》16 篇）。如果将调查研究对象划分为游客、居民与从业者三类，在所搜集文献中

除了一篇是1999年发表于《旅游管理》上的结构方程模型应用方法的介绍外，其余绝大多数为游客调查，少量是对居民感知与行为的研究，仅一篇是针对于旅游业从业者的研究。可见目前SEM的应用以对游客感知与行为的研究为热点。

1.3.3.1 旅游社区居民态度的研究

旅游地社区居民对于当地发展旅游业的态度，与其对旅游开发的感知紧密相关。社区居民的态度对于旅游地发展来说非常重要，影响态度的有诸多因素，涉及经济、环境、文化等多个方面，因此相关学者对旅游社区居民采用结构方程模型（SEM）进行应用研究时，关注的焦点一般都集中在旅游目的地居民旅游影响感知与旅游发展态度上（表1-8）。居民对社区旅游开发的态度是最常见的内生变量，显示研究重点是探讨影响社区居民对旅游开发态度的因素，也就是居民对旅游开发影响的感知与旅游开发态度之间存在着显著的相关关系。

表1-8 2000年以来SEM在研究旅游地居民态度中的应用

序号	作者	观测变量	潜在变量		拟合指数
			外生变量	内生变量	
1	Gursoy (2004)	39	社区归属感、社区关注、环境为中心的态度、居民对旅游资源的使用	经济受益、社会受益、文化受益、当地经济发展状况、文化成本、社会成本、支持旅游发展	$\chi^2(668)=707.72$ GFI=0.90 NNFI=0.98 CFI=0.98 IFI=0.98 PGFI=0.76 PNFI=0.77 RMR=0.039 SRMR=0.048 RMSEA=0.014 CN=293.55
2	Yoon (2005)	15	旅游开发影响、环境态度、地方依赖	旅游吸引物开发偏好、目的地竞争战略的支持态度	$\chi^2(80)=90.66$ GFI=0.96 IFI=0.99 AGFI=0.94 RMSEA=0.02 RFI=0.94 RMR=0.03 NNFI=0.99 NFI=0.95 PNFI=0.73 CFI=0.99 PGFI=0.64
3	杨兴柱 (2005)	37	开发基础认知、地方的认同感、旅游影响感知	农户参与态度、农户参与能力、农户参与决策、农户参与行为、旅游开发偏好	$\chi^2/df=2.00$ GFI=0.93 AGFI=0.91 RMR=0.02 NFI=0.90 NNFI=0.95 IFI=0.94 RMSEA=0.06
4	Gursoy (2004)	19	社会关注、社区归属、环境为中心的态度	感知成本、感知利益、大型事件支持度	$\chi^2(135)=228.51$ GFI=0.95 AGFI=0.92 NFI=0.90 NNFI=0.93 CFI=0.95 and PGFI=0.67 PNFI=0.70 RMR=0.031 RMSEA=0.041
5	Dyer (2007)	25	正面经济影响、正面社会影响、正面文化影响、负面经济影响、负面社会影响	旅游开发支持度	$\chi^2(362)=514.96$ GFI=0.91 AGFI=0.90 NFI=0.90 NNFI=0.96 CFI=0.97 IFI=0.97 PGFI=0.76 PNFI=0.80

续表 1-8

序号	作者	观测变量	潜在变量		拟合指数
			外生变量	内生变量	
6	唐文跃(2008)	18	地方依赖	地方认同、资源保护态度	$\chi^2=209.03$ $df=74$ GFI=0.92 AGFI=0.89 CFI=0.97 NNFI=0.97 RMSEA=0.072
7	许振晓(2009)	8	地方感、发展期望	感知获益、感知成本、支持度	$\chi^2=38.14$ $df=13$ GFI=0.95 CFI=0.96 NNFI=0.97 RMSEA=0.053 TLI=0.95
8	汪侠(2010)	24	居民期望、居民社区归属感	旅游获益及利益分配、正面旅游影响感知、负面旅游影响感知、居民满意度	RMSEA=0.083 AGFI=0.94 NFI=0.91 NNFI=0.92 CFI=0.91
9	王忠福(2011)	102	经济影响正面感知、经济影响负面感知、环境影响正面感知、环境影响负面感知、社会文化影响正面感知、社会文化影响负面感知、发展态度和满意总体正面感知、发展态度和满意总体负面感知、居民参与旅游发展经营管理水平	居民旅游感知	$\chi^2/df=2.333$ GFI=0.944 AGFI=0.941 NFI=0.941 RFI=0.939 RMR=0.05
10	杜宗斌(2011)	30	社区参与	旅游感知、社区归属感	$\chi^2=123.127$ $\chi^2/df=3.003$ GFI=0.96 AGFI=0.94 NFI=0.95 PNFI=0.71 RMSEA=0.06

1.3.3.2 游客感知与行为的研究

在游客的旅行体验中，对旅游产品、服务质量以及价值的感知，游客满意度与忠诚度之间的相关关系，始终是结构方程模型(SEM)在游客感知与行为研究中的焦点。近十年以来相关学者的部分研究成果可见表 1-9，大部分研究均不同程度的验证了游客的感知质量、感知价值、满意度与忠诚度之间存在着显著相关关系。

表 1-9　近十年来 SEM 在研究游客感知与态度中的应用

序号	作　者	观测变量	潜在变量		拟　合　指　数
			外生变量	内生变量	
1	Swanson(2004)	21	2	3	$\chi^2(51)=212.05$ GFI=0.92 CFI=0.92 RMSEA=0.06
2	汪侠(2005)	21	1	6	$\chi^2(219)=518$ RMSEA=0.05 GFI=0.954 AGFI=0.942
3	Kaplanidou(2006)	16	3	1	$\chi^2(90)=144.482$ NFI=0.979 NNFI=0.989 CFI=0.992 RMSEA=0.027
4	黄燕玲(2006)	18	1	6	$\chi^2/df=1.65$ RMSEA=0.063 GFI=0.91 AGFI=0.87 NNFI=0.93

续表 1-9

序号	作者	观测变量	潜在变量		拟合指数
			外生变量	内生变量	
5	史春云(2007)	13	3	2	χ^2/df=2.73 GFI=0.91 AGFI=0.92 RMSEA=0.064 NNFI=0.94 CFI=0.97 PNFI=0.35 IFI=0.94
6	白凯(2010)	17	5	1	RMSEA=0.064 NNFI=0.94 CFI=0.97
7	粟路军(2011)	22	3	4	χ^2/df=1.615 RMSEA=0.044 GFI、AGFI、CFI、NFI、IFI、TLI 值均大于 0.95
8	李文兵(2011)	42	6	3	$\chi^2(df=764)$ =1 682.95 χ^2/df =2.20 RMSEA=0.051 NNFI=0.97 CFI=0.98
9	彭永祥(2012)	18	3	2	CMIN/df=1.765/0.851 RMSEA=0.051/0.000 CFI=0.919/1.000 TLI(NNFI)=0.904/1.019
10	汪侠(2012)	12	5	1	χ^2/df=2.78 GFI=0.92 RMSEA=0.06 AIC=304.91

1.4 研究内容、方法与技术路线

1.4.1 研究内容

旅游的可持续发展旨在发展旅游业的过程中寻求各方利益的平衡，做到既为旅游者提供高品质的旅游体验，又能保障旅游地居民的生活水平。旅游地居民与旅游者对水体旅游发展状况有直观感受与切身体会，“主客”旅游感知与满意度也毫无疑问的应当成为水体旅游地是否实现可持续发展的判断依据。

相关研究都高度关注旅游地居民与旅游者的态度，影响这一态度的各种因素都成为研究的热点，但是对于此的定量研究却还不多见。“主客”感知与水体旅游地可持续发展之间存在怎样的关系？如何制定水体旅游可持续发展能力的评价体系？如何确定发展水体旅游的对策与措施？至此，引出本书的研究问题。本书将以水体旅游地居民与旅游者为着眼点，以南京地区为研究案例地，对下述问题进行研究与分析(图 1-2)。

问题 1:“主客”感知与旅游地可持续发展能力构建存在怎样的关系？

“主客”双方对旅游发展的良好感知是水体旅游地得以和谐、可持续发展的重要基石。作为旅游地，“主客”双方必然存在，从他们的视角评价旅游地可持续发展能力将更为直观，并具有可比性。因此，如何从“主客”感知出发衡量旅游地可持续发展能力，给予定性与定量的评价，使研究具有可推广性是本次研究所关注的内容。

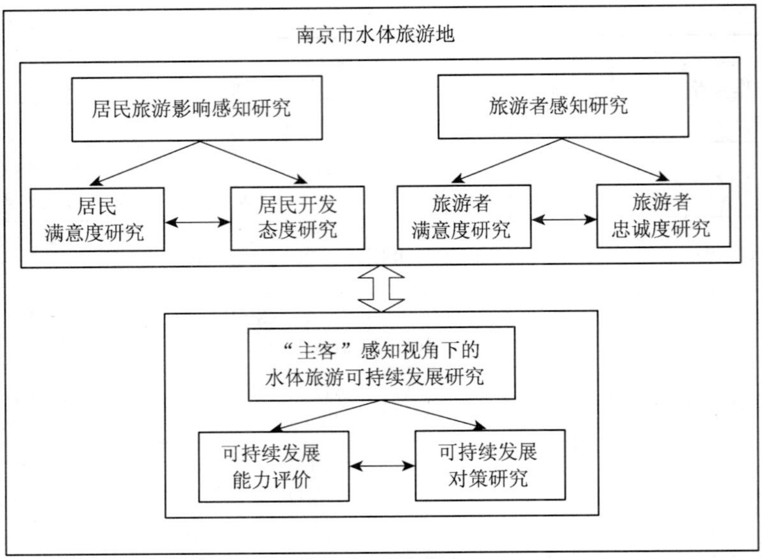

图 1-2　本研究要解决的主要问题

问题 2:水体旅游地居民对旅游影响的感知、态度及参与行为之间存在怎样的关系,如何评估与测量?

对于水体旅游地居民旅游影响感知以及与居民满意度、参与行为之间的关系,目前还没有这一方面的定量研究。本书以南京地区为研究案例地进行了探讨,对这一领域的研究也将起到完善的作用。

问题 3:旅游者对水体旅游地的感知,对旅游体验的满意度,以及由此而出现的一系列购后行为,在这之间存在怎样的关系?如何对此进行定量研究?

对于抽象事物的定量研究,既是管理科学领域的难点,但同时也是各种新思路、新方法不断涌现的热点。翻阅相关文献后可以看出,当前国内对于游客感知及满意度这一方面的定量研究,主要还是关注经济发达地区或知名旅游景点,还没有涉及水体旅游地的研究,本书的研究将填补这方面的空白。

1.4.2　研究方法

运用经济学、社会学、地理学以及其他相关学科的理论与方法,对南京市水体旅游地的“主客”旅游感知、可持续发展评价指标体系进行研究。主要采用下列几种研究方法。

(1) 查阅文献法

通过全面细致的梳理相关研究文献,了解目前关于水体旅游最新的研究进展,掌握旅游感知、旅游可持续发展等方面的各类研究成果,同时参考公开出版发行物资料及水利厅内部资料、南京市旅游资源调查报告等相关资料，在此基础上进行归纳与总结。

（2）比较分析法

通过对当前国内外相关研究的比较分析，在对“主客”旅游感知、满意度及参与行为的模型构建方面，在对水体旅游地可持续发展评价指标体系的研究方面，更加具备科学性与合理性。

（3）野外考察调查法

利用江苏省水利科技项目“水体旅游资源评价与保护开发规划研究——以南京市为例”的调研机会，在江苏省水利厅河道局、南京市水利局的组织下，在市水利局相关负责同志的协助下，对南京市的六合、溧水、高淳、江宁等地区各主要水体旅游资源点进行实地调查，调查从 2012 年 10 月起，至 2013 年 1 月止，历时近三个月，拍摄照片百余张。对南京市水体旅游资源的性质与特征（资源性质、形态、结构、生成过程、演化历史、组成部分）、所处环境（资源单体所在地区域位置、进出交通、与周边旅游集散地和主要旅游区（点）之间关系）、保护与开发现状（资源单体保存现状、保护措施、开发情况）等情况进行走访与考察，尤其注意对数据与资料的收集，从而为后续的研究夯实基础。

（4）田野工作法

田野工作法要求受过培训的研究者进入案例地实地考察，通过观察、走访与座谈等多种形式获取第一手资料，以此了解当地居民的生活、生产、文化与价值观念等一系列有价值的情况。本书选取位于南京市内的国家级水利风景区——金牛湖风景区、外秦淮河风景区、珍珠泉风景区进行调研，考察这三个案例地水体旅游各方面的发展状况。

（5）室内统计与数理分析法

使用 EXCEL、ArcGIS、SPSS、AMOS 等软件，对收集的数据与资料进行整理与统计分析，包括方差分析、相关分析、空间结构分析、结构方程模型分析、指标体系评价分析等多种方法从不同角度对南京市水体旅游“主客”感知与可持续发展能力进行研究。

1.4.3　技术路线

本书从分析国内外相关研究文献入手，通过资料收集与调查研究获取数据，在对南京市水体旅游资源利用现状研究的基础上，以“主客”感知的视角，构建指标体系对南京市水体旅游资源的可持续发展能力进行评价，并进而提出南京市水体旅游可持续发展的政策措施。研究步骤与技术路线见图 1-3 所示。

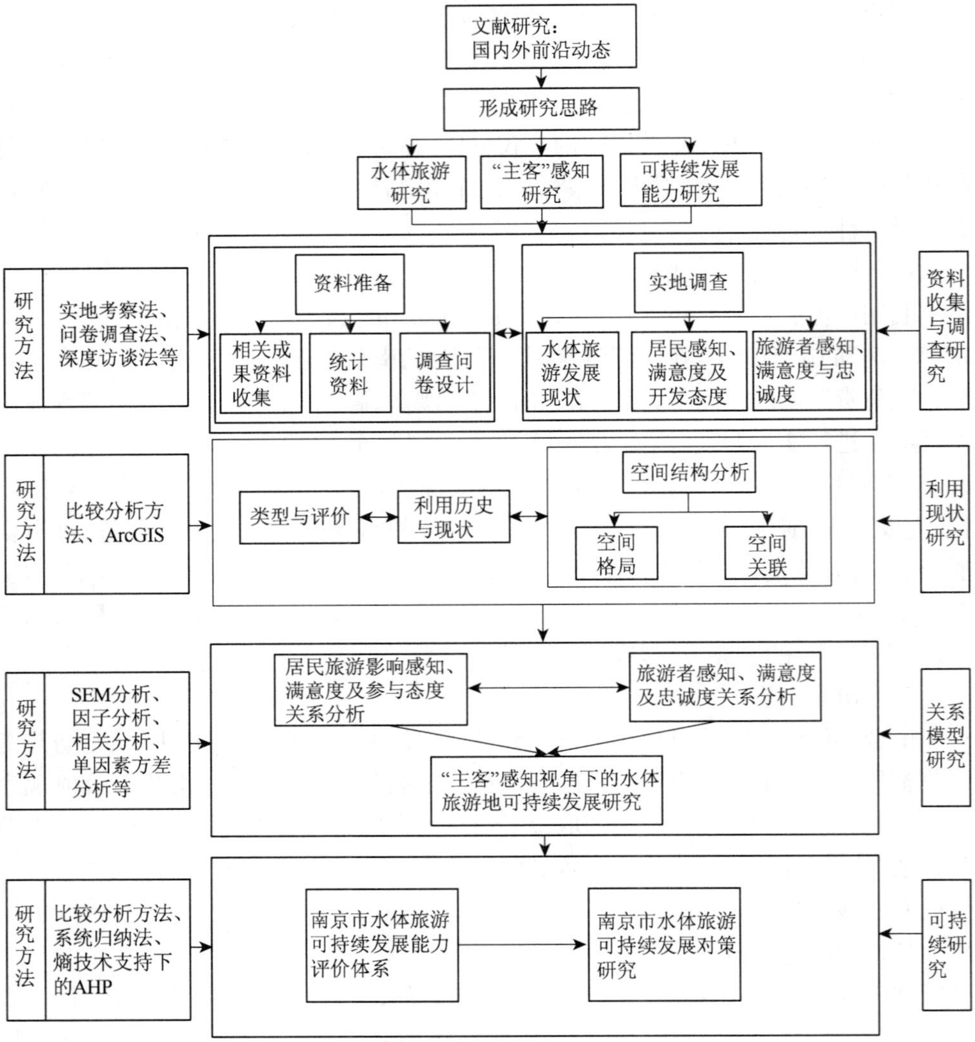

图 1-3 研究步骤与技术路线

1.5 数据来源

到目前为止，许多学者都提出结构模型是一个动态的模型，对所构建的模型在数据上进行拟合，从而实现对模型的完善。但因为结构方程模型(SEM)仅适用于对理论模型的否定，而无法用来证明模型是最优的选择，所以仅对于一个案例地进行一次研究是远远不够的。由于获取数据比较困难、处理数据相对繁琐，大多数研究一般仅就一个案例地展开讨论，如果条件允许，则应选取多个案例地进行研究及对比，从而更好地对模型进行验证（史春云，2007）。本书为了解水体旅游地游客体验感知、满意度与忠诚度以及附近居民感知、满意度与旅游业发展态度，选取外秦淮河、金牛湖、珍珠泉这三处不同地理区位、旅游发展阶段的国家级水利风景区进行比较研究（表 1-10）。除获得了研究区域相关背景信息外，对水体旅游地的游客、附近社区居民等做了大量的问卷调查与深入访谈，基于此获得的第一手数据资料为本书的研究奠定了坚实的基础。

表 1-10 本研究调查问卷类型与数据来源

问卷类型	发放数量（份）	回收数量（份）	有效问卷（份）	有效率（%）
外秦淮河居民问卷	430	428	405	94.63
外秦淮河游客问卷	280	257	243	94.55
金牛湖居民问卷	420	393	377	95.93
金牛湖游客问卷	280	218	208	95.41
珍珠泉居民问卷	430	411	397	96.59
珍珠泉游客问卷	310	273	262	95.97

本次研究主要采取问卷调查的方式进行，选取外秦淮河、金牛湖、珍珠泉作为样本点，问卷在 2013 年 6 月至 7 月间，通过现场调查的方式进行发放。居民问卷（附录 B）共计发放 1 280 份，最终收回的问卷总量为 1 232 份，问卷回收率是 96.25%，除去数据明显缺失（44 份）、填写错误（9 份）造成的无效问卷外，总共收到有效问卷 1 179 份，问卷的有效回收率是 95.70%。游客问卷（附录 C）共计发放 870 份，最终收回的问卷总量为 748 份，问卷回收率是 86%，除去数据明显缺失（21 份）、填写错误（14 份）造成的无效问卷外，总共收到有效问卷 713 份，有效问卷的回收率达到 95.32%。

对于采用结构方程模型（SEM）进行统计分析所需要的样本量，Mueller 的研究显示达到 200 个以上样本量将会使得模型的统计检验力比较好。Thomson 则认为样本量至少要达到观测变量的 10 倍到 15 倍之间，才能较好的通过观测变量来对样本进行分析（侯杰泰，2004）。本书在运用 SEM 方法时注意采纳了上述观点，选取的样本量均符合这两项统计要求。

第2章 水体旅游相关概念及理论基础

2.1 相关概念

2.1.1 水体旅游

根据全国科学技术名词审定委员会的定义，从地理学的角度来说，水体(Water Body)是指由天然或人工形成的水的聚积体，例如海洋、河流(运河)、湖泊(水库)、沼泽、冰川、积雪、地下水和大气圈中的水等；从资源学的角度来说，水体是指水大量聚集分布的场所，按其形态和位置主要有海洋、河流、湖泊、冰川、沼泽、永久积雪、极地冰盖、地下含水层、大气水体、水塘与水库。地球表面的水体主要有：江河、湖泊、海洋、瀑布、涌泉、冰川等，当它们与地质、地貌、气候、植被等因素相结合后，往往会形成各具魅力的水体旅游资源。

旅游是人们为了休闲、娱乐、探亲访友或者商务目的而进行的非定居性旅行，和在游览过程中所发生的一切关系和现象的总和。水体旅游则是人们前往水体及周边区域以寻求愉悦体验为主要目的而度过的一种具有社会、文化休闲和经济消费属性的短期经历。

2.1.2 水体旅游资源

根据国家标准《旅游资源分类、调查与评价》(GB/T 18972—2003)和国家标准《旅游规划通则》(GB/T 18971—2003)的定义，“旅游资源(tourism resource)是自然界和人类社会中凡能对旅游者产生吸引力，可以为旅游业开发利用，并可产生经济效益、社会效益和环境效益的各种事物和因素。”

水体旅游资源是一种特殊类型的旅游资源，也称水利风景资源，是指水域(水体)及相关联的岸地、岛屿、林草、建筑等能对人产生吸引力的自然景观和人文景观。

2.1.3　水利风景区

水是构成风景的基本要素之一，无水不成景，有水源就有人缘，水利工程形成的水体景观是一种宝贵的风景资源，具有独特的风格和新颖的结构形式，风格迥异的水工建筑物本身就能构成旅游景点。

在水利部的《水利风景区管理办法》中，水利风景区被定义为“以水域(水体)或水利工程为依托，具有一定规模和质量的风景资源与环境条件，可以开展观光、娱乐、休闲、度假或科学、文化、教育活动的区域”，水利风景资源被定义为“水域(水体)及相关联的岸地、岛屿、林草、建筑等能对人产生吸引力的自然景观和人文景观”。

水利部的《水利风景区发展纲要》对水利风景区进行了类型划分。按照不同的水利风景资源可以将水利风景区划分为六大类，分别是“水库型、湿地型、自然河湖型、城市河湖型、灌区型与水土保持型”。

水利风景区的存在有着重要意义，在维护水利工程安全的同时，既能更好的保护水环境质量，又能使当地经济获得发展的契机。大力建设水利风景区，既可以满足人民群众不断增长物质文化需求，也是促进人地和谐、落实科学发展观的必然选择。

2.1.4　旅游感知

从国内外相关研究文献的分析来看，旅游感知的研究目前可以概括为旅游者感知、旅游地居民感知、旅游从业人员感知等三个方面。

旅游者感知，是指旅游者对旅游地的印象，即在体验了旅游产品与相关服务之后，旅游者对旅游地形成的总体认知。对于旅游者感知的研究主要集中在两个方面：一是从多角度探查旅游者对于旅游地的产品质量、服务、安全、形象、环境影响以及饭店员工行为等方面的感知；二是分析影响旅游者感知的相关因素。

旅游地居民感知，是指旅游地居民对旅游行为给当地社区带来的影响所产生的感受，居民感知和态度是居民对旅游发展最直观的评价。几乎所有的研究都涉及了居民对当地旅游业发展带来的经济影响的感知。与此同时，国内外研究者对居民在社会与文化影响下的感知研究也越来越重视。对于旅游地居民感知的研究主要可以分为两类，一类是同一区域的居民感知与态度的差异比较，另一类则是不同区域的居民感知与态度的差异比较。

旅游从业人员是指从事旅游经营活动、为旅游者提供旅游服务的人员。旅游从业人员感知，主要是侧重在上述人员对旅游行为给自身职业发展、经济收入带来的影响。旅游从业人员对旅游行为给旅游地社会文化与环境保护施加的影响也会有感知，但总体感受要弱于旅游地社区居民。对于旅游从业人员感知的研究，目前相对前两者来说还比较少。

2.2 相关理论基础

2.2.1 可持续旅游理论

1980 年，世界自然保护联盟(World Conservation Union)在其《世界自然保护大纲》报告中首次提出可持续性(sustainability)的概念。1987 年，世界环境与发展委员会的年度报告《我们共同的未来》将可持续发展(sustainable development)定义为“满足当代人需求，又不损害满足子孙后代需求能力的发展”，并首次将其作为全社会的整体发展目标。

在人类社会不断向前发展的同时保持良好的生态环境是可持续发展的实质要求，涉及社会、经济、文化、资源与环境等各个方面。旅游是现代人类生活的一种基本需求，是当代社会人们生活水平提高的重要标志。旅游业虽然被称为“无烟工业”，但如果不合理的开发旅游资源，同样会对资源环境与文化传承造成破坏。20 世纪 90 年代，世界各国都逐渐认识到旅游业可持续发展的重要性，多个国际组织与机构对此进行了探讨，并做出如下表述(见表 2-1)。

表 2-1 国际组织与机构对旅游业可持续发展的探讨与表述

时间	组织与机构	发布内容	相关表述
1990 年	全球可持续发展大会旅游组织行动策划委员会	《旅游业可持续发展行动战略》	首次从国家和地区的角度提出了旅游业可持续发展的定义、目标、政策与实施步骤，以及政府和旅游企业的任务
1995 年	联合国教科文组织、环境规划署和世界旅游组织	《可持续旅游发展宪章》	可持续旅游就是要形成一种旅游业与社会经济、资源、环境良性协调的发展模式
1996 年	世界旅游组织、世界旅行旅游理事会、地球理事会	《旅游业 21 世纪议程》	确定了旅游管理部门和旅游企业的行动纲领、职责和采取行动的优先领域
1997 年	中国国家旅游局出版(世界旅游组织授权)	《旅游业可持续发展：地方旅游规划指南》	用以指导各地发展旅游业
1999 年	世界自然基金会国际秘书处	《世界自然基金会关于旅游政策主张的声明》	旅游发展应在自然承受力允许的范畴下进行，通过有效保护来维系自然资源再生的能力，使得旅游对生态环境的影响尽可能地降低；充分考虑到旅游地的民族与文化，确保当地居民可以分享旅游经济收益

2.2.2　主客影响-态度模式

美国学者瓦伦·史密斯针对旅游活动中旅游者与居民之间的关系，提出了旅游影响-态度模式(Valene，1980)。在图 2-1 中，数量不断增加的旅游者对旅游地产生越来越大的影响用正三角形来表示，旅游地居民对数量不断增加的旅游者产生的越来越强的反感情绪用倒三角形来表示。

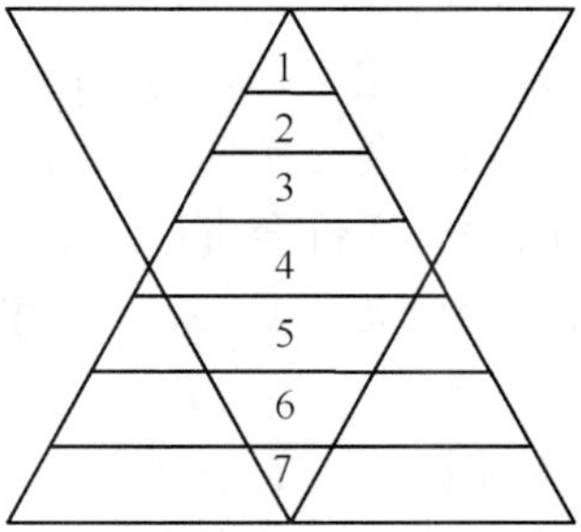

图 2-1　旅游影响-态度模式

①探险旅游者；②精英旅游者；③不落俗套的旅游者；④特殊旅游者；⑤初期大众旅游者；⑥大众旅游者；⑦租赁或包机旅游者。

资料来源：Valene L S. Anthropology and tourism: A science-industry evalustion[J]. Annals of Tourism Researeh, 1980, 7(1): 13-33.

在正三角形的顶部，探险旅游者与精英旅游者人数很少，需要的服务也少，基本不会给当地环境带来破坏，当地居民对他们的到来持欢迎态度。随着旅游者数量的不断增加，情况逐渐发生变化。当大批乘坐飞机从远地而来的旅游者出现时，随之而来的不同旅游需求与应运而生的各种旅游设施，使得当地居民与旅游者之间的冲突也日益激烈。

一个地区发展旅游业的关键点，出现在正三角形与倒三角形重叠的时刻，也就是旅游地周边的大众旅游者出现的初期。这些旅游者希望能够舒适的游玩，必然需要各类的设施。此时旅游地当地的相关管理部门就应该做出抉择，究竟是为了保护当地经济与文化的完整性而对旅游业加强管理甚至做出限制，还是将此看作是发展经济与重建文化的契机而积极推动旅游业的发展。

某个旅游地如果能够顺利完成从初期大众旅游者到大众旅游者的过渡，则表明该旅游地对旅游业的大发展形成了一种适应。旅游业在带来经济效益的同时，对旅游地的社会风气也会产生一些负面影响，但不能将此完全咎于旅游业以及旅游者。相关研究表明，越是贫困的国家或地区，其出售自身拥有事物来换取财富的意愿就越强烈(王丽华，2006)。每个国家都存在各种各样的经济与社会问题，但这与发展旅游业没有必然的联系。重要的是如何解决这些问题，而不是一味地责难外来的旅游者。

美国学者瓦伦·史密斯构建的旅游影响-态度模式，直观形象地展现了旅游影响与居民态度的动态变化与演进过程，特别是明确了政府决策介入的关键点，对于发展旅游业的政策制定具有现实意义与指导作用。

2.2.3　社会交换理论

美国学者 Homans 在 20 世纪 60 年代初提出了社会交换理论，该理论认为人类是理性的人类,其做出的一切行为都会权衡得失,人类行为的根本目的是为了追求最大的利益,人类的全部行为都可以归结为一种能够带来利益或报酬的交换活动。按照社会交换理论,人们总是希望用最少的代价去获取最多的报酬,交换之后形成的得失评价会直接影响当事人的态度。一般说来,利大于弊时将导致对交换行为产生积极态度,弊大于利时将导致对交换行为产生消极态度。

20 世纪 90 年代,Ap(1992)提出了如图 2-2 所示的社会交换过程模型,在解释居民对旅游影响的态度方面显示出社会交换理论良好的适用性,极大地推动了社会交换理论在旅游学中的应用。Ap 认为社会交换理论能够同时反映正面感知与负面感知,这在研究个体或者全体的关系时有很大的优势。按照社会交换理论,旅游地居民会根据自身所获得利益与所支出成本来评价当地旅游业的发展状况。在解释旅游地居民对旅游影响的感知与态度方面,社会交换理论受到国内外学者的广泛重视。

社会交换过程模型包含的基本部分为需求满足、交换关系、交换结果。图 2-2 所示的交换流程为交换开始、交换形成、交换评估。如果形成对交换结果的积极评估,则会促进交换行为的加强。如果形成对交换结果的负面评估,则将导致交换行为的减少甚至交换行为的退出。

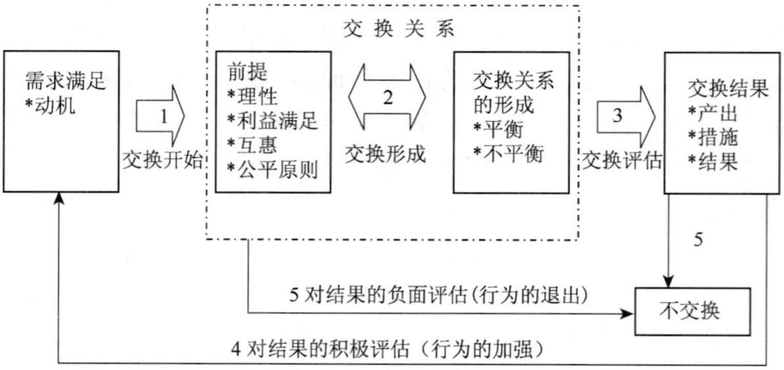

图 2-2 社会交换过程模型

资料来源：Ap J. Residents' perceptions on tourism impacts[J]. Annals of Tourism Research, 1992, 19(4): 665-690.

社会交换理论首先强调社会交换过程实现的动机是需求的满足。Ap 研究中讨论的是旅游地社区居民参与交换的动机就是寻求社区旅游业的发展,是为了满足他们的经济、社会和心理需求,因此居民对旅游的行为表现就体现出他们的感知与态度。第二,社会交换理论强调交换关系的形成前提是理性、利益满足、互惠与公平。模型中的基本假设为交换双方均被看作是理性的经济人,寻求利益与互惠公平是当事双方实行交换的前提。第三,社会交换理论强调交换的评估,只有当交换双方对交换行为的评价为积极的、正面的情况下才能继续进行交换，反过来如果一方对交换的评估为负面的，则交换行为可能被终止。

社会交换理论在旅游学中较多的应用在解释旅游地居民对旅游开发的态度，同时也可以用于解释旅游者的旅行行为。对旅游地居民来说，如果在当地的旅游业发展中所获得的利益大于其所承担的生态、环境、文化等诸多方面的成本，则将持支持当地旅游业发展的积极态度，反之则会持抵制当地旅游业发展的消极态度；对旅游者而言，如果在旅游活动中获得的身心体验大于其付出的时间、金钱等成本，则将持赞赏、推荐与重游等积极态度，反之则会持抱怨、恶评与投诉等消极态度。

2.2.4　社会表征理论

法国社会学家埃米尔·迪尔凯姆的论文《个体表征和集体表征》里面最早使用了“社会表征”的提法（Fredline，2000）。在此基础上，法国社会心理学家塞奇·莫斯科维奇首先提出了社会表征理论（the theory of social representations），“社会表征”被定义为“拥有自身的文化含义并独立于个体经验之外而存在的感知（preconceptions）、形象（images）和价值（values）等组成的知识体系”。

澳大利亚学者 Pearce 是较早将社会表征理论应用于旅游研究的学者，1996 年 Pearce 发表专著《旅游社区关系》，分析了社会交换理论存在的不足，系统阐述了社会表征理论。Pearce 对社会交换理论关于居民感知与态度进行分析的逻辑提出了质疑，认为人们在旅游方面的知识体系会影响到对旅游影响的感知。人们对旅游形成怎样的判断，并不是仅仅来源于个人的得失，而是会受到社会上各种因素的影响。例如居民对发展旅游业的态度部分取决于自身的各项得失权衡，但同时也受到政府、媒体、社交圈与个人经历的影响（应天煜，2004）。

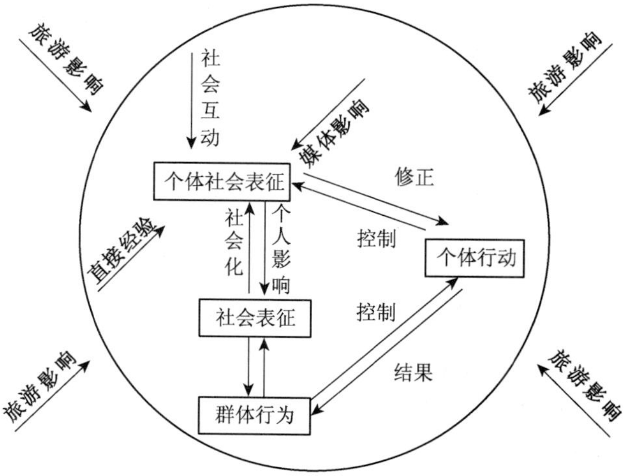

图 2-3　社区旅游社会表征形成机理示意图

资料来源：应天煜. 浅议社会表象理论（Social Representation Theory）在旅游学研究中的应用[J]. 旅游学刊，2004，19(1)：87-92.

图 2-3 描述了社区旅游社会表征的形成机理。在发展旅游业的过程中，一

个地区会受到来自旅游活动的各种影响，这种影响既有积极的一面，也有消极的一面。通过直接经验、媒体影响与社会互动等方式使社区居民形成对于旅游活动的个体感知，即个体社会表征。个体社会表征会在一定程度上对个体行动有控制的作用，而个体行动产生的效果又会对原先的个体社会表征加以修正。同时，个体社会表征还会在社会群体中产生分化与重组，相当数量达成共识的个体将形成一个群体，群体社会表征也由此而产生。

社会交换理论从个体的角度来分析旅游地居民的感知与态度，社会表征理论从群体的角度来分析旅游地居民的感知与态度，这就是这两个理论最大的区别。社会表征理论解释了群体的认知与行为，认为只有在宏观的社会大环境下才能更好地理解与研究社会心理现象。总体上看，社会表征理论为在发展旅游业过程中获得居民的理解与支持，从而实现旅游业的可持续发展，提供了具有参考价值的理论框架。

第3章 南京市水体旅游资源的利用现状分析

3.1 南京市水体旅游资源的类型与评价

3.1.1 水体旅游资源调查

所谓水体旅游资源调查，其目的就是查明当地可以用来发展旅游业的水体旅游资源状况，进而全面的了解水体旅游资源的类型、数量、质量、规模、级别、特点、成因、开发利用情况、价值功能等，为水体旅游资源评价、分级分区、开发规划、产品开发和合理利用等做好准备，为相关旅游业的发展提供决策依据。

为了掌握南京全市水体旅游资源的基本情况，本书根据国家旅游局《旅游资源分类、调查与评价》(GB/T 18972—2003)规定的内容和方法结合研究需求设计了《水体旅游资源单体调查表》(附录 A)，并在江苏省水利厅河道局、南京市水利局等相关单位的协助下，于 2012 年在全市范围内发布调查函及水体旅游资源单体调查表，进行全市水体旅游资源的普查工作。

依托江苏省水利科技项目《水体旅游资源评价与保护开发规划研究——以南京市为例》(2011 年)，在江苏省水利厅河道局、南京市水利局的组织下，在市水利局相关负责同志的协助下，本研究对南京市各主要水体旅游资源点进行实地调研。调查从 2012 年 10 月起，至 2013 年 1 月止，历时近三个月，采用记录、测绘、摄影等手段，通过观察、走访、座谈等方式，进一步理清了南京市水体旅游资源现状。

结合《水体旅游资源评价与保护开发规划研究——以南京市为例》(2011 年)调研获得的大量第一手资料，参照《南京市旅游资源普查与开发规划》(2003 年)、《南京市水资源综合规划》(2010 年)的调查资料，以及《南京市全国第一次水利普查》(2011 年)、《江苏省第二次全省湿地资源调查》(2009 年)的成果，在与江苏省水利厅河道局、南京市水利局、南京市旅游委员会等相关单位共同讨论分析的基础之上，本书选取南京市 67 个重点水体旅游资源单体来进行重点分析，如表 3-1，图 3-1。

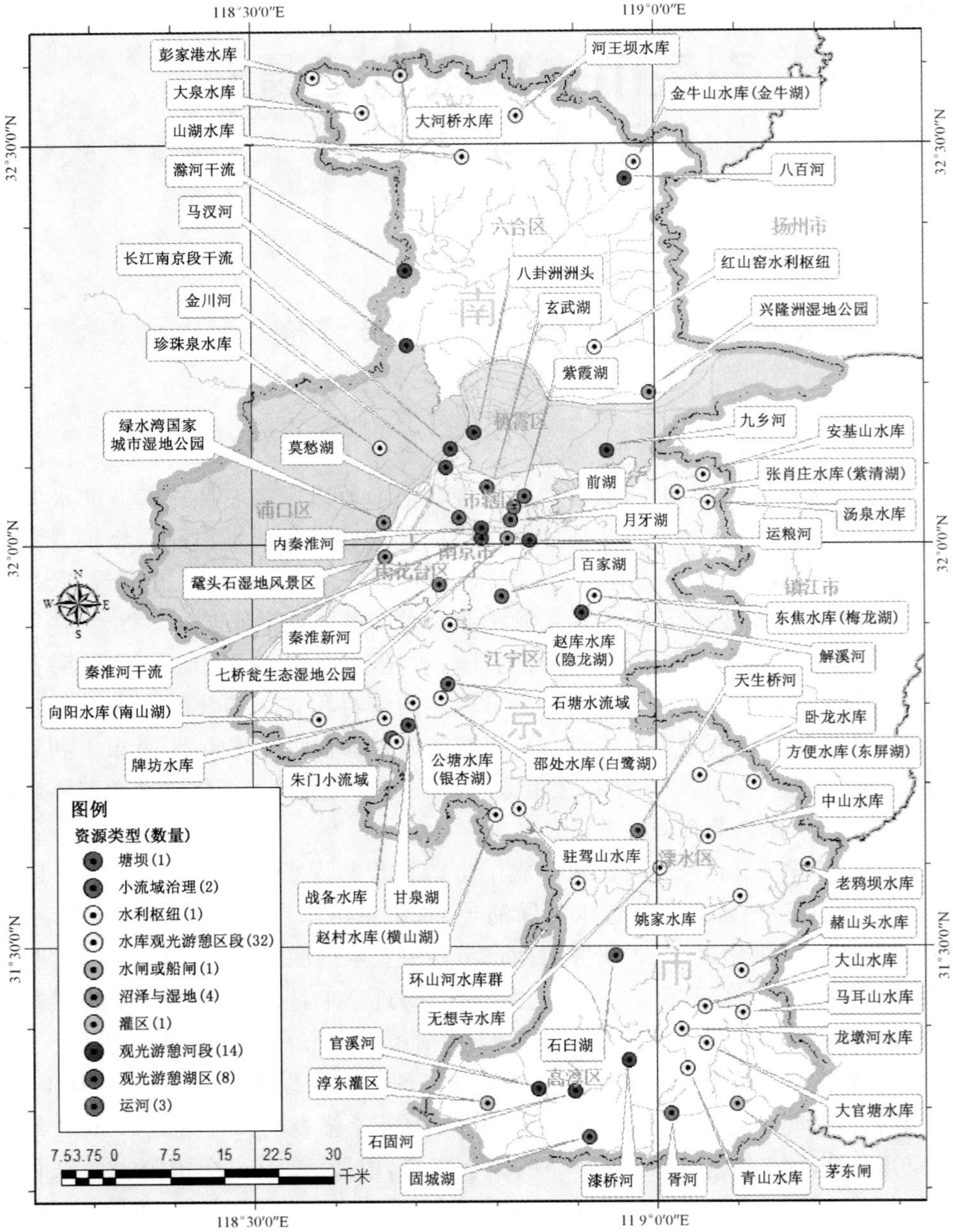

图 3-1　南京市重点水体旅游资源分布图

表 3-1　南京市重点水体旅游资源单体

序号	资源名称	行政位置	地理位置	
			北纬	东经
1	环山河水库群	溧水区石湫镇	31°34′18″	118°54′21″
2	金牛山水库	六合区金牛湖街道	32°28′28″	118°58′22″
3	向阳水库(南山湖)	江宁区江宁街道	31°47′1.1″	118°34′51.1″
4	珍珠泉水库	浦口区	32°07′22″	118°39′44″
5	赵村水库(横山湖)	江宁区横溪街道	31°45′36″	118°48′0″
6	方便水库(东屏湖)	溧水区东屏镇	31°42′04″	119°07′06″
7	无想寺水库	溧水区洪蓝镇	31°35′48″	119°00′15″
8	张肖庄水库(紫清湖)	江宁区汤山街道	32°03′55″	119°01′48″
9	中山水库	溧水区东屏镇	31°42′04″	119°07′06″
10	东焦水库(梅龙湖)	江宁区淳化街道	31°56′03″	118°55′47″
11	邵处水库(白鹭湖)	江宁区谷里街道	31°48′37.5″	118°44′5.7″
12	汤泉水库	江宁区汤山街道	32°03′07″	119°03′55″
13	卧龙水库	溧水区东屏镇	31°41′48″	119°01′48″
14	公塘水库(银杏湖)	江宁区谷里街道	31°48′29.3″	118°42′50.5″
15	大泉水库	六合区竹镇镇	32°32′10″	118°37′40″
16	赵库水库(隐龙湖)	江宁区秣陵街道	31°54′9.3″	118°44′47.3″
17	龙墩河水库	高淳区漆桥镇	32°03′42.1″	118°46′40.1″
18	河王坝水库	六合区马集街道	32°30′14″	118°48′21″
19	山湖水库	六合区竹镇镇	32°30′	118°48′
20	姚家水库	溧水区白马镇	31°32′42″	119°06′24″
21	安基山水库	江宁区汤山街道	32°05′13.68″	119°03′33.66″
22	老鸦坝水库	溧水区白马镇	31°35′24″	119°11′48″
23	驻驾山水库	江宁区禄口街道	31°40′23″	118°49′57″
24	大河桥水库	六合区竹镇镇	32°35′08″	118°39′06″
25	赭山头水库	溧水区晶桥镇	31°27′00″	119°05′12″
26	战备水库	江宁区江宁街道	31°46′30.0″	118°41′37.2″
27	大山水库	高淳区桠溪镇	31°25′14.2″	119°4′44.1″
28	牌坊水库	江宁区江宁街道	31°47′13.6″	118°39′53.1″
29	大官塘水库	高淳区桠溪镇	31°22′42.8″	119°04′5.3″

续表 3-1

序号	资源名称	行政位置	地理位置	
			北纬	东经
30	彭家港水库	六合区竹镇镇	32°35′12″	118°34′41″
31	青山水库	高淳区东坝镇	31°19′41″	119°03′56″
32	马耳山水库	高淳区桠溪镇	31°25′04″	119°06′49″
33	内秦淮河	鼓楼区、玄武区、秦淮区	32°01′29″～32°06′26″	118°44′57″～118°47′42″
34	长江南京段干流	栖霞区、鼓楼区、建邺区、雨花台区、江宁区、浦口区、六合区	32°15′～31°30′14.4″	119°25′1.2″～118°21′57.6″
35	外秦淮河	鼓楼区、建邺区、秦淮区、江宁区	31°57′～32°05′	118°49′～118°44′
36	天生桥河	溧水区洪蓝镇	31°33′30″～31°40′26″	118°57′24″～118°59′50″
37	八卦洲洲头	栖霞区八卦洲街道	32°10′28″	118°49′26″
38	秦淮新河	建邺区、雨花台区、江宁区	31°56′55″～31°58′20″	118°39′11″～118°49′06″
39	滁河截弯	浦口区、六合区、安徽省	32°21′10.4″	118°41′21.3″
40	运粮河	江宁区、秦淮区、玄武区、栖霞区	31°59′16″～32° 01′30″	118°51′1″～118°53′27″
41	胥河	高淳区、溧阳市、安徽省	31°18′05″～31°21′03″	118°57′58 ″～119°12′46″
42	石固河	浦口区、六合区	31°19′03″～31°24′58″	118°53′44″～118°54′14″
43	九乡河	江宁区、栖霞区	32°03′36″～32°10′07″	118°56′46″～118°59′11″
44	金川河	鼓楼区	32°05′16″～32° 06′40″	118°44′38″～118°47′07″
45	官溪河	高淳区阳江镇	31°19′09″～31°22′37″	118°49′08″～118°51′48″
46	解溪河	江宁区淳化街道	31°52′13″～31°58′17 ″	118°52′34″～118°55′02″
47	漆桥河	高淳区、溧水区	31°18′35″～31°23′43″	118°57′01″～119° 01′42″
48	马汊河	浦口区、六合区	32°14′09″～32°15′12″	118°40′16″～118°47′57 ″
49	八百河	六合区、安徽省	32°20′14″～32°28′16″	118°50′54″～118°58′01″
50	玄武湖	玄武区	32°4′12.5″	118°47′18.2″
51	莫愁湖	建邺区	32°1′55″	118°45′40.2″
52	固城湖	高淳区	31°14′～31°18′	118°53′～118°57′

续表 3-1

序号	资源名称	行政位置	地理位置	
			北纬	东经
53	石臼湖	高淳区、溧水区	31°28′	118°51′
54	月牙湖	秦淮区	32°01′51.3″	118°49′36.2″
55	百家湖	江宁区百家湖街道	31°55′53″	118°49′17″
56	前湖	玄武区	32°02′47.3″	118°49′57.6″
57	紫霞湖	玄武区	32°3′33″	118°50′37.8″
58	绿水湾湿地	浦口区江浦街道	31°14′～32°37′	118°22′～119°14′
59	七桥瓮湿地	秦淮区	32°0′25″	118°50′4.6″
60	鼋头石湿地	建邺区江心洲街道	31°58′49.5″	118°40′10.2″
61	兴隆洲湿地	六合区龙袍镇	32°12′3.9″	119°0′22.6″
62	石塘小流域	江宁区横溪街道	31°49′47″	118°44′46″
63	朱门小流域	江宁区江宁街道	31°45′37″	118°40′21″
64	甘泉湖	江宁区陶吴镇	31°45′06″	118°43′45″
65	红山窑水利枢纽	六合区瓜埠镇	32°14′52.2″	118°55′56.4″
66	淳东灌区	高淳区、溧水区	31°27′	119°11′
67	茅东闸	高淳区东坝镇	31°18′17″	118°54′20″

3.1.2　水体旅游资源的类型

3.1.2.1　水体旅游资源的分类体系

根据《旅游资源分类、调查与评价》国家标准（GB/T 18972—2003），目前通用的旅游资源分类体系将我国的旅游资源分为 8 个主类、31 个亚类、155 个基本类型，在其中的 A 地文景观、B 水域风光、C 生物景观、D 天象与气候景观、E 遗址遗迹、F 建筑与设施、G 旅游商品、H 人文活动等 8 个主类中，涉及水体旅游资源的主要有 B 水域风光和 F 建筑与设施 2 大主类，包括 BA 河段、BB 天然湖泊与池沼、BC 瀑布、BD 泉、BE 河口与海面、BF 冰雪地、FG 水工建筑等 7 亚类 21 种基本类型。

基于水资源学、旅游资源学、水利工程学等相关学科基本知识，参考《旅游资源分类、调查与评价》国家标准（GB/T 18972—2003）相关旅游资源分类体系以及国家水利部《水利风景区评价标准》（SL 300—2004）相关内容，本研究修订提出一个相对独立的水体旅游资源分类体系，由“主类”、“亚类”、“基本类型”3 个层次组成，包括 2 个主类、11 个亚类、32 个基本类型（表 3-2）。

表 3-2　水体旅游资源分类体系表

主类	亚类	基础类型
A 自然水域景观	AA 河段	AAA 观光游憩河段　AAB 暗河河段　AAC 古河道段落
	AB 天然湖泊与池沼	ABA 观光游憩湖区　ABB 沼泽与湿地　ABC 潭池
	AC 瀑布	ACA 悬瀑　ACB 跌水
	AD 泉	ADA 冷泉　ADB 地热与温泉
	AE 河口与海面	AEA 观光游憩海域　AEB 涌潮现象　AEC 激浪现象
	AF 冰雪地	AFA 冰川观光地　AFB 长期积雪地
B 水利工程景观	BA 农水工程	BAA 灌区　BAB 渡槽　BAC 泵站　BAD 塘坝　BAE 小流域治理
	BB 水运工程	BBA 运河　BBB 港口渡口与码头　BBC 水闸或船闸　BBD 船坞与涵洞
	BC 水电工程	BCA 水电站
	BD 综合水利工程	BDA 水库观光游憩区段　BDB 水利枢纽　BDC 堤坝　BDD 水井
	BE 其他水文化景观	BEA 水利博物馆　BEB 喷泉　BEC 桥梁
2 主类	11 亚类	32 基本类型

水体旅游资源可以简单地分为自然水域景观、水利工程景观两大类。

自然水域景观按照存在的状态大致可分为点状水（泉、瀑等）、线状水（江河、溪流等）、面状水（湖泊、海洋、冰川等）三类。对于自然水域景观的 15 个基本类型的具体描述如表 3-3 所示。

表 3-3　自然水域景观的 15 个基本类型

基本类型	具体描述	示例
AAA 观光游憩河段	景观优美的河流区段，具有旅游开发价值	桂林漓江、南京秦淮河等
AAB 暗河河段	沿着地下溶洞和岩石裂隙形成的地下河道流动的水流，即喀斯特地区的地下河	龙桥暗河
AAC 古河道段落	在地质历史时期形成，后因河流他移后被废弃的河道	古黄河、古海河等
ABA 观光游憩湖区	水面广袤可供观光游览的湖泊水体区域	太湖、滇池、白洋淀等
ABB 沼泽与湿地	有静止或流动水体的薄层积水区，有大量湿生和沼生植物	北京野鸭湖湿地
ABC 潭池	四周有岸的小片水域，水质清澈且环境幽雅	
ACA 悬瀑	从落差较大悬崖处倾泻下来的水流	尼亚加拉瀑布
ACB 跌水	从落差较小的陡坡流淌下来的水流	
ADA 冷泉	水温低于 20℃的出露泉	杭州虎跑泉

续表 3-3

基本类型	具体描述	示例
ADB 地热与温泉	水温高于 20℃或高于环境年平均温 5℃的地下热水、热气或出露泉	安徽黄山温泉
AEA 观光游憩海域	海面与海滨风光可供观光游憩的海上区域	三亚亚龙湾海滩
AEB 涌潮现象	海水涨潮涌进河口，轰鸣推进中浪头陡立如壁，极具观赏性	钱塘江口大潮
AEC 激浪现象	海浪击岸带来各种海蚀地貌，很有旅游吸引力	普陀山潮音洞激浪
AFA 冰川观光地	现代冰川的观光游览区域	云南玉龙雪山冰川
AFB 长期积雪地	长时间不融化的降雪堆积地面	四川四姑娘山峰顶

水利工程景观是人类为了能够兴利除害而修建水利工程来控制与调配地表水与地下水，由此依附于水利工程而产生的景观。对于水利工程景观的 17 个基本类型的描述如表 3-4 所示。

表 3-4　水利工程景观的 17 个基本类型

基本类型	具体描述
BAA 灌区	有可靠水源，有引、输、配水渠道系统和相应排水沟道的灌溉面积
BAB 渡槽	为使输送渠道水流跨越洼地、道路以及其他水道而修建的桥式交叉建筑物
BAC 泵站	由水泵机组、电气设备以及其他辅助设施所构成的工程建筑
BAD 塘坝	在山区或丘陵地区修筑的一种小型蓄水工程，蓄水量小于 10 万 m^3
BAE 小流域治理	以集水面积小于 100 km^2 的流域为单元进行综合规划，山、水、田、林、路综合治理
BBA 运河	目前仍在运行的由人工开凿用以沟通地区之间水运的水道
BBB 港口渡口与码头	位于江河湖海的沿岸，开展航运、过渡以及商贸等活动的建筑与场所
BBC 水闸或船闸	利用闸门控制流量与调整水位的建筑物
BBD 船坞与涵洞	船坞是用于停泊、制造与修理船舶的岸边建筑，涵洞是有闸门可调节水量的洞穴式水利设施
BCA 水电站	将水能转换为电能的综合工程设施
BDA 水库观光游憩区段	具有调节水流与拦洪蓄水等功能的水利工程形成拦河坝后产生的蓄水区域
BDB 水利枢纽	为满足各项水利任务，在一个相对集中的地段修建的不同类型水工建筑物的综合体
BDC 堤坝	建设于河岸或海岸，用于防水挡水的构筑物
BDD 水井	用于开采地下水的工程构筑物
BEA-BEC 其他水文化景观	其他无法归类的水利工程文化景观

3.1.2.2 南京市水体旅游资源的类型分析

根据上述水体旅游资源分类体系，本书对选取的南京市 67 个重点水体旅游资源单体进行了分类研究（表 3-5），其中各类型水体旅游资源数量比例如图 3-2 所示。

表 3-5 南京市重点水体旅游资源分类表

主类	亚类	基本类型	资源单体	数目（个）	占总体比重（%）
A 自然水域景观	AA 河段	AAA 观光游憩河段	漆桥河、胥河、官溪河、石固河、秦淮新河、解溪河、九乡河、天生桥河、滁河截弯、八百河、马汊河、外秦淮河、运粮河、金川河、秦淮观光带（内秦淮河）、长江南京段干流、八卦洲洲头	17	25.37
	AB 天然湖泊与池沼	ABA 观光游憩湖区	固城湖、石臼湖、玄武湖、莫愁湖、月牙湖、前湖、紫霞湖、百家湖	8	11.94
		ABB 沼泽与湿地	兴隆洲湿地、七桥瓮湿地、鼋头石湿地、绿水湾湿地	4	5.97
B 水利工程景观	BA 农水工程	BAA 灌区	淳东灌区	1	1.49
		BAD 塘坝	甘泉湖	1	1.49
		BAE 小流域治理	朱门小流域（整治工程）、石塘小流域（整治工程）	2	2.99
	BB 水运工程	BBC 水闸或船闸	茅东闸	1	1.49
	BD 综合水利工程	BDA 水库观光游憩区段	龙墩河水库、大山水库、大官塘水库、青山水库、马耳山水库、赵库水库（隐龙湖）、邵处水库（白鹭湖）、公塘水库（银杏湖）、向阳水库（南山湖）、牌坊水库、战备水库、横山湖、东焦水库（梅龙湖）、张肖庄水库（紫清湖）、汤泉水库、驻驾山水库、安基山水库、方便水库（东屏湖）、老鸦坝水库、姚家水库、中山水库、无想寺水库、环山河水库群、卧龙水库、赭山头水库、大泉水库、大河桥水库、彭家港水库、金牛山水库、河王坝水库、山湖水库、珍珠泉水库	32	47.76
		BDB 水利枢纽	红山窑水利枢纽	1	1.49

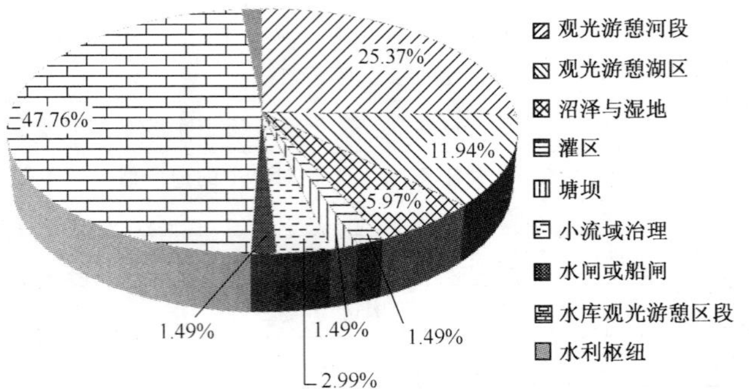

图 3-2 南京各类型水体旅游资源所占比例

3.1.3　南京市水体旅游资源定量评价

3.1.3.1　评价标准及依据

按照《旅游资源分类、调查与评价》(GB/T 18972—2003)制定如表3-6所示的旅游资源评价标准，并依据"旅游资源共有因子综合评价系统"进行赋分，本研究进行资源评价的具体计分方法如表3-7所示。

表3-6　旅游资源评价标准

评价项目	评价因子	赋分等级
资源要素价值(85分)	观赏游憩使用价值(30分)	四级赋分
	历史文化科学艺术价值(25分)	四级赋分
	珍稀奇特程度(15分)	四级赋分
	规模、丰度与几率(10分)	四级赋分
	完整性(5分)	四级赋分
资源影响力(15分)	知名度和影响力(10分)	四级赋分
	适游期或使用范围(5分)	四级赋分
附加值	环境保护与环境安全	四级赋分

注：引自《旅游资源分类、调查与评价》国家标准(GB/T 18972—2003)。

表3-7　旅游资源评价赋分标准

评价项目	评价因子	评价依据	赋值
资源要素价值(85分)	观赏游憩使用价值(30分)	全部或其中一项具有极高的观赏价值、游憩价值、使用价值	30～22
		全部或其中一项具有很高的观赏价值、游憩价值、使用价值	21～13
		全部或其中一项具有较高的观赏价值、游憩价值、使用价值	12～6
		全部或其中一项具有一般观赏价值、游憩价值、使用价值	5～1
	历史文化科学艺术价值(25分)	同时或其中一项具有世界意义的历史价值、文化价值、科学价值、艺术价值	25～20
		同时或其中一项具有全国意义的历史价值、文化价值、科学价值、艺术价值	19～13
		同时或其中一项具有省级意义的历史价值、文化价值、科学价值、艺术价值	12～6
		历史价值，或文化价值，或科学价值，或艺术价值具有地区意义	5～1
	珍稀奇特程度(15分)	有大量珍稀物种，或景观异常奇特，或此类现象在其他地区罕见	15～13
		有较多珍稀物种，或景观奇特，或此类现象在其他地区很少见	12～9
		有少量珍稀物种，或景观突出，或此类现象在其他地区少见	8～4
		有个别珍稀物种，或景观比较突出，或此类现象在其他地区较多见	3～1

续表 3-7

评价项目	评价因子	评价依据	赋值
资源要素价值(85分)	规模、丰度与几率(10分)	独立型旅游资源单体规模、体量巨大;集合型旅游资源单体结构完美、疏密度优良级;自然景象和人文活动周期性发生或频率极高	10～8
		独立型旅游资源单体规模、体量较大;集合型旅游资源单体结构很和谐、疏密度良好;自然景象和人文活动周期性发生或频率很高	7～5
		独立型旅游资源单体规模、体量中等;集合型旅游资源单体结构和谐、疏密度较好;自然景象和人文活动周期性发生或频率较高	4～3
		独立型旅游资源单体规模、体量较小;集合型旅游资源单体结构较和谐、疏密度一般;自然景象和人文活动周期性发生或频率较小	2～1
	完整性(5分)	形态与结构保持完整	5～4
		形态与结构有少量变化,但不明显	3
		形态与结构有明显变化	2
		形态与结构有重大变化	1
资源影响力(15分)	知名度和影响力(10分)	在世界范围内知名,或构成世界承认的名牌	10～8
		在全国范围内知名,或构成全国性的名牌	7～5
		在本省范围内知名,或构成省内的名牌	4～3
		在本地区范围内知名,或构成本地区名牌	2～1
	适游期或使用范围(5分)	适宜游览的日期每年超过300天,或适宜于所有游客使用和参与	5～4
		适宜游览的日期每年超过250天,或适宜于80%左右游客使用和参与	3
		适宜游览的日期超过150天,或适宜于60%左右游客使用和参与	2
		适宜游览的日期每年超过100天,或适宜于40%左右游客使用和参与	1
附加值	环境保护与环境安全	已受到严重污染,或存在严重安全隐患	−5
		已受到中度污染,或存在明显安全隐患	−4
		已受到轻度污染,或存在一定安全隐患	−3
		已有工程保护措施,环境安全得到保证	3

3.1.3.2 南京市重点水体旅游资源定量评价结果

本研究通过发放《水体旅游资源单体调查表》(附录A)、实地考察,以及从江苏省水利厅河道局、南京市水利局获得的相关信息,运用上述评价指标及评分标准,对南京67个重点水体旅游资源单体进行评分,得到南京市重点水体旅游资源等级评价结果(表3-8)。

表 3-8　南京市重点水体旅游资源等级评价结果

级别	数量	资源单体名称
五级	2	长江南京段干流、秦淮观光带(内秦淮河)
四级	13	玄武湖、天生桥河、固城湖、环山河水库群、金牛山水库、外秦淮河、方便水库、赵村水库、莫愁湖、珍珠泉水库、石塘小流域、大泉水库、石臼湖
三级	20	向阳水库、中山水库、兴隆洲湿地、秦淮新河、无想寺水库、朱门小流域、邵处水库、红山窑水利枢纽、甘泉湖、绿水湾湿地、七桥瓮湿地、汤泉水库、八卦洲洲头、鼋头石湿地、山湖水库、张肖庄水库、公塘水库、紫霞湖、百家湖、姚家水库(含湫湖泵站)
二级	19	龙墩河水库、河王坝水库、赭山头水库、老鸦坝水库、卧龙水库、滁河截弯、安基山水库、东焦水库、赵库水库、茅东闸、月牙湖、前湖、彭家港水库、淳东灌区、驻驾山水库、石固河、大河桥水库、大官塘水库、战备水库
一级	13	大山水库、八百河、青山水库、牌坊水库、金川河、胥河、运粮河、九乡河、解溪河、官溪河、漆桥河、马汊河、马耳山水库

对于南京市 67 个重点水体旅游资源单体来说，对评价结果进行统计，优良级旅游资源单体为 35 个(占比 52.2%)，普通级旅游资源单体为 32 个(占比 47.8%)。其中，优良级旅游资源单体由 2 个五级单体、13 个四级单体与 20 个三级单体组成，普通级旅游资源单体由 19 个二级单体与 13 个一级单体组成。各等级旅游资源单体构成比例见图 3-3。

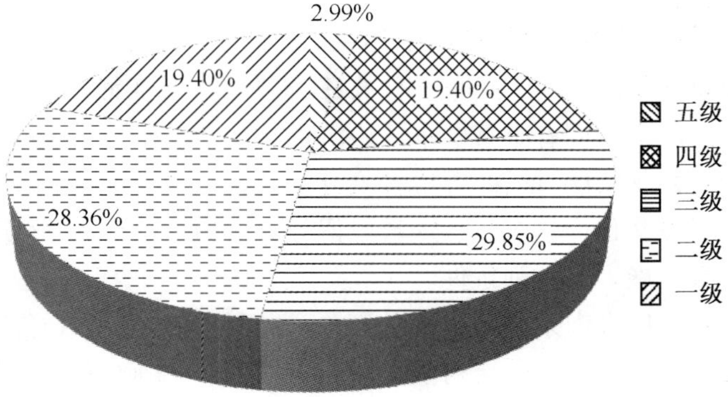

图 3-3　南京重点水体旅游资源等级结构图

南京重点水体旅游资源的等级结构如图 3-4 所示，优良级旅游资源单体主要由观光游憩湖区、水库观光游憩区段、观光游憩河段、沼泽与湿地、塘坝等类型组成。其中，五级旅游资源均为观光游憩河段，而一级旅游资源中观光游憩河段也占很大比例，可见观光游憩河段等级呈现两极分化态势；沼泽与湿地型、塘坝和水利枢纽等类型虽然总体数量少，但是整体质量高，所属资源都为优良级旅游资源；灌区和水闸或船闸都为普通级旅游资源;而观光游憩湖区、水库观光游憩区段在各等级中分布较为平均。

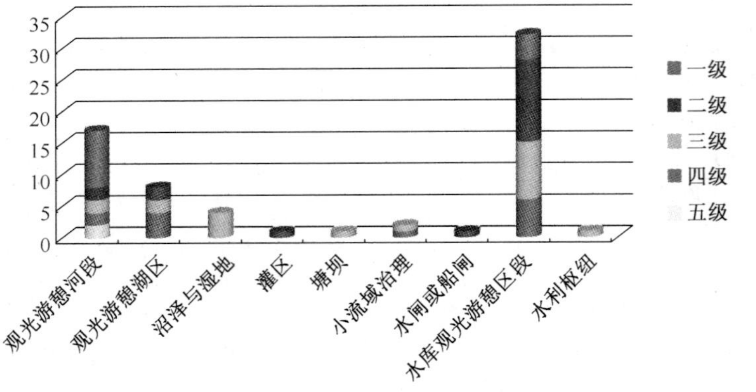

图 3-4　南京各类型水体旅游资源等级结构图

3.2　南京市水体旅游资源利用的历史与现状

3.2.1　水体旅游资源利用的历史

南京"滨江依淮近海",自古就因水而生、得水而兴。南京市地处长江下游,水域面积占土地总面积的 11.4%,境内有长江、水阳江、秦淮河、滁河、固城湖、金牛湖等江河湖泊。南京市拥有丰富的水体旅游资源,不仅涵盖了江、河、湖、泉这些自然形式,而且隐含了桥、船、镇、园等诸多文化形式。各种水体资源不仅单独构景,而且还可以与历史文化、园林建筑、宗教民俗等要素相互融合,为旅游观光、休闲度假等形式的旅游发展提供有利条件。

回顾改革开放以来南京市水体旅游资源开发利用历程,大致经历了三个阶段:初步探索阶段(1978—1990 年)、初显成效阶段(1991—2000 年)与快速发展阶段(2001 年至今)。

3.2.1.1　*初步探索阶段(1978—1990 年)*

改革开放以后我国的旅游业开始起步,最初的发展重点是境外游客的入境旅游,到了 20 世纪 80 年代中后期,国内旅游的需求也逐步显现出来。1982 年,南京被国务院公布为国家第一批历史文化名城,国务院在对南京城市总体规划的批复中强调,南京的城市规划、建设和发展要继承和发扬山、水、城、林相互交融的特色。南京"山水名城"的建设,体现了水体资源开发利用的重要性。从此，秦淮河、玄武湖、莫愁湖等水体资源的价值逐步得到重视和开发利用。

为了顺应旅游观光的需求，南京市主要对特色水体景观资源莫愁湖、玄武湖和十里秦淮等进行了开发利用，将其初步建设成为以水域风光为主要或重要景观元素的观光型景区。1979 年，莫愁湖公园中的胜棋楼经整理后正式开放，汉白玉"莫愁女"雕像在水院落成向游客开放。20 世纪 80 年代，南京市政府对玄武湖进行了大规模的扩建改造，新建了梁洲盆景园、观鱼池、武庙闸等景点，樱洲栽植了大片樱花，游览项目增多，逐步将其打造成为了富有历史文化气息的城市滨水观光公园。20 世纪 80 年代，南京着手整治了"十里秦淮"水环境，1984 年开始对内秦淮河及周边地区进行旅游开发，对周边古建筑进行了精心维修和复建，增添了多元的旅游元素。1984 年南京市政府决定重建珍珠泉景区，并将其列为江苏省重点开发旅游项目，占地 6.6 km^2 的珍珠泉景区开始开发，并于当年 11 月动工复建了茶社、春风亭、鱼乐轩等一批仿明清园林建筑，珍珠泉景区的格局初步形成。

3.2.1.2 初显成效阶段(1991—2000 年)

1991 年，夫子庙及秦淮河风光带入选"中国旅游胜地四十佳"。1995 年，夫子庙秦淮风光带被纳入中国旅游国线景点。2000 年，夫子庙秦淮风光带获国家首批 4A 级旅游区称号，全年接待游客 1 200 万人次。1991 年 6 月，南京市首届龙舟大赛在莫愁湖公园举行；1994 年，珍珠泉风景区成为首批江苏省省级旅游度假区；1996 年，南京市开始建设南山湖旅游度假区，在景区中可开展骑马、垂钓、烧烤、水上游艇等休闲项目；1997 年 8 月，江心洲推出以"看大江风貌，赏田园风光，尝应时鲜果"为主题的"江心洲一日游"获得成功。这些重要事件标志着南京市水体旅游资源开发已经初显成效。

1996 年，国家水利部发出了《关于加强水利旅游工作的通知》，并于 1997 年印发了《水利旅游区管理办法(试行)》，明确要求各地建立国家级水利旅游区。20 世纪 90 年代中期以后，江苏省与南京市各级政府结合水利工程除险加固，开发利用水利风景资源，初步整合工程所在地区内的自然、人文景观，改善道路、通信、供电、供水基础设施，建设吃、住、行、游、购、娱简易配套设施，初步形成了小规模水利旅游区。20 世纪 90 年代末，为贯彻落实省委、省政府关于"打造绿色江苏、建设生态家园"的号召，南京市水行政主管部门实施了以改善水环境为重点的碧水工程，对玄武湖、内秦淮河、东水关等重点水域进行水环境大力整治，使得玄武湖-内秦淮河的活水系统基本形成，水质得到明显改善，为南京市发展城乡水利旅游事业带来了新机遇。

3.2.1.3　快速发展阶段(2001 年至今)

水利部水利风景区评审委员会在 2001 年 7 月正式成立,此后不再沿用水利旅游区的提法,改而称之为水利风景区。2004 年 4 月,水利部批准发布了《水利风景区评价标准》(SL 300—2004)。2001 年,南京市规划局在新一轮南京城市总体规划调整中明确提出了"显山、露水、见城、现江"的规划建设原则,为南京市城乡水体旅游资源开发利用与水利风景区规范的建设管理指明了方向。

进入 21 世纪以来,南京市进一步加快了对主城区的典型水域类景区如玄武湖、秦淮河风光带、白鹭洲等水体旅游资源开发利用,深入挖掘其水文化内涵,打造精品水体旅游产品。如在 2002—2005 年南京市外秦淮河环境综合整治工程基本完成以后,2005 年内秦淮水上游览线开通;2006 年,连通白鹭洲、内秦淮河的水系贯通,白鹭洲开始融入夫子庙秦淮风光带景区;2007 年,外秦淮河秦淮画舫水上游览线路开始正式营运。与此同时,南京市进一步加快了水利风景区建设步伐。2003 年,南京全面启动沿江开发战略,实施了"绿色南京"工程和"绿色沿江"建设计划,强化了滨江景观建设,塑造一流的滨江城市形象。

与此同时,南京市还进一步加快了水利风景区建设步伐。2003 年金牛湖风景区完成了《南京金牛湖旅游风景区规划》,该规划于 2005 年 6 月份获得南京市人民政府批准,2006 年南京市首个国家级水利风景区项目正式花落金牛湖水利风景区。在此之后,外秦淮河水利风景区(2008 年)、珍珠泉水利风景区(2009 年)、天生桥河水利风景区(2009 年)先后创建成为国家级水利风景区。南京市蟠龙湖水利风景区(2011 年)、南京市汤泉水库水利风景区(2011 年)、溧水区方便水库水利风景区(2012 年)先后创建成为省级水利风景区。

此外,南京市对温泉这一特色水体旅游资源的开发利用也取得了一定的成效。南京市拥有江宁汤山和浦口汤泉两处珍贵的温泉旅游资源,经过十多年的开发,目前已形成了以汤山颐尚温泉度假村和汤泉大吉温泉度假村为代表,在长江三角洲地区具有一定影响力的温泉休闲旅游产品,其中由国旅联合股份有限公司开发建设的颐尚温泉度假村自 2004 年试营业、2005 年正式对外开放以来,经过两期工程开发建设,目前已形成了年接待 40 万人次的旅游接待规模。2011 年,江宁区提出了以开发温泉旅游资源为龙头,重点开发建设汤山温泉新城的发展规划,2010 年,浦口区也对"一山三泉"进行了统一规划,提出了重点打造老山现代文化休闲旅游度假区的新构想。

3.2.2　水体旅游资源利用的现状

近年来,在水利部和江苏省水利厅的正确领导与科学指导下,南京市坚持以科学发展观为指导,统筹部署,科学规划,积极开展水体旅游资源的开发建设与管理工作，取得显著成效，具体表现在下面几方面。

3.2.2.1　立足长远发展，科学编制规划

随着南京市水行政主管部门和水管单位对水体旅游资源越来越重视，建设水利风景区并大力发展水利旅游的意愿也在不断增强。在《江苏省水利风景区发展规划纲要》(2007年)和《江苏省水利风景区规划大纲》(2007年)等江苏省水利风景区规划的纲要性文件基础上，南京市充分发挥自身水利工程优势，结合南京水利资源的特点，合理划分景区功能结构和空间布局，进一步加强了各项规划的优化、细化工作，不断提高各项规划标准。

如2008年南京市水利局组织开展了“水文化水景观水旅游规划专题研究”，旨在充分挖掘水文化，塑造独具一格的水景观，创造出极富南京特色的水旅游环境。各水利风景区管理单位，也坚持建管并举、重在管理的方针，健全管理机制，以提高水利工程管理面貌为切入点，加强水利风景资源开发利用与保护，积极编制和管理单位建设规划。部分水利风景区还专门聘请高等院校景区专业或规划设计部门的科技人员，科学合理的编制水利风景区发展规划。如2005年出台的《南京玄武湖景区详细规划》突出了对玄武湖和周边资源进行整合，文化建园，以及以人为本、为市民提供休闲文化场所的主旨，结合景区特色，对景区的功能定位、景点布局、道路交通等各方面进行了细致的设计，将玄武湖定位为城区内生态多样的城市旅游休闲中心。又如六合区金牛湖旅游风景区，先后组织开展了一系列规划编制和研究，聘请美国规划协会开展金牛湖新城及景区概念性规划研究，聘请南京大学、东南大学修编金牛湖的总规、控规和一级新社区规划，聘请南京农业大学、南京林业大学编制高效生态休闲农业发展规划等，以高起点编制规划，打造金牛湖风景区新城风貌。该类兼具合理性、科学性和前瞻性的规划为全面提升水利风景旅游区的品位，提供了很好的建设与发展方案。

3.2.2.2　开发利用有序，综合效益显著

南京市在水体旅游资源的开发利用过程中，注重结合水体资源自身的特色，进行因地制宜的合理开发，采取科学有效的统一管理，有序推进水体旅游资源的开发利用。截止到2012年，南京市水体旅游资源类景区有1个5A级，1个4A级，6个3A级，分别占到了南京市A级景区的20%，8.3%，40%。不难发现，水体旅游资源类等级景区主要集中在3级景区，4级景区数量较少，没有2A级景区，级别较高。我省33家国家级水利风景区中，南京市有4家，占到12%。目前南京市有4家国家级水利风景区，3家省级水利风景区，数量上位于全省的前列。从表3-9和表3-10可以看出，水体旅游资源类景区数量不断增多，新晋级景区正呈现出自传统热点景区向新兴潜力景区转变、区位关系上从主城区向郊区县发展的态势。

表 3-9　南京市水体旅游资源类等级旅游区

年份	景区名称	区属	等级
2004 年	天生桥水利风景区	溧水区	3A 级
2005 年	金牛湖风景区	六合区	3A 级
2005 年	南山湖旅游度假区	江宁区	3A 级
2005 年	银杏湖生态度假区	江宁区	3A 级
2005 年	玄武湖景区	玄武区	4A 级
2009 年	东屏湖水利风景区	溧水区	3A 级
2010 年	夫子庙秦淮风光带	秦淮区	5A 级
2012 年	长江南京段干流幕燕滨江风貌区	栖霞区	3A 级

表 3-10　南京市省级以上水利风景区

年份	景区名称	区属	级别
2006 年	金牛湖水利风景区	六合区	国家水利风景区
2008 年	外秦淮河水利风景区	秦淮区、雨花台区、建邺区、鼓楼区	国家水利风景区
2009 年	珍珠泉水利风景区	浦口区	国家水利风景区
2009 年	天生桥河水利风景区	溧水区	国家水利风景区
2011 年	蟠龙湖水利风景区	江宁区	省级水利风景区
2011 年	汤泉水库水利风景区	江宁区	省级水利风景区
2012 年	东屏湖水利风景区	溧水区	省级水利风景区

南京市在建设水利风景区的过程中，逐步总结规律，不断增强资源利用和保护意识，坚持以人为本，协调旅游资源开发和水体保护的关系，促进人水和谐，在满足社会经济发展需要的同时，又强调尊重自然，并开展一系列水环境治理工作，取得了经济效益和生态效益的双赢，水利风景区综合效益日益显著。已经开发建设的水利风景区如外秦淮河水利风景区、金牛湖水利风景区、珍珠泉水利风景区以及天生桥河水利风景区等，在开发利用过程中注重建设和管理的科学性，强调统筹协调发展，不仅实现了水利风景区建设与发展的基本目标，还带动了当地经济及相关产业的发展，取得了良好的环境、经济和社会效益。

3.2.2.3　拓宽投资渠道，强化宣传推介

南京市在水利风景区的建设过程中，努力拓宽水利风景区的资源开发条件，多种途径吸纳资金来实现投资的多元化。除了争取政府投资外，还积极改善投资环境，吸引更多国家、企业与个人的资金与项目投入到水利风景区的开发与保护之

中。例如：引进国旅联合股份有限公司开发利用汤山温泉这一特殊的水体旅游资源。秦淮河景区充分发挥体制优势，利用政策进行市场化融资，一是自来水费中的城市污水处理费每度上调 0.15 元；二是沿秦淮河河岸 200 m 范围内开发 200 hm^2（3 000 亩）土地；三是拍卖包括旅游线路与广告在内的特许经营权；四是转让沿河两岸的休闲、娱乐设施的经营权。上述四项措施筹得的款项都用来治理秦淮河或是弥补秦淮河建设的资金缺口。

在景区营销方面，南京市充分利用报刊、网络、宣传册等多种媒体，广泛开展水利旅游的宣传和营销，扩大水利风景区的知名度和影响力。例如，南京秦淮河、玄武湖等景区都建有专门网站，及时发布景区旅游信息，介绍水利风景区的建设情况，为各地了解水利风景区提供方便。同时，部分水利风景区还利用节事活动举办的契机，借势宣传，扩大影响。例如，秦淮河景区一年一度的"秦淮灯会"活动，吸引了大量游客，为秦淮河景区带来了可观的经济效益，也对秦淮河景区的宣传起到了很大的促进作用。

3.3　南京市水体旅游资源的空间结构特征

3.3.1　旅游资源空间结构研究综述

3.3.1.1　空间结构基本概念

空间结构理论是在区位论的基础上产生，该理论研究始于 20 世纪三四十年代的德国，随后不断获得发展。二战后，联邦德国学者奥托伦巴和美国学者达恩分别提出了空间结构的概念。此后艾萨德、贝里以及德国学者博芬特尔都对空间结构进行了进一步研究。

随着理论的充实与研究的深入，空间结构理论的内涵与外延不断深化。对于其内涵逐渐形成三个代表性的观点，分别是：①经济（产业）空间结构指的是人类经济活动的地域（空间）组合关系，也就是经济地域的主要物质内容在地域空间上的组合形式与相互关系；②区域空间结构常指以资源、人群活动场所为载荷的产业区位（带）为中心问题的空间分异与组织关系；③社会经济的空间结构是指社会经济客体在空间中的相互关系，以及体现这种关系的客体在空间集聚的规模与形态。

综合上述三个概念的内容，可以认为空间结构指的是在空间中社会经济客体的组合形式，它们之间形成各种关系并且相互作用，由此在空间上形成不同的集聚形态与集聚程度。空间结构理论描述的不是单纯的要素空间分布规律，而是涵盖了几乎所有社会经济客体。

围绕其包含的基本要素（域面、路径、节点、节点层次、扩散、运动模式等），空间结构的研究包含以下五个方面的内容：①空间实体构成的某种等级规模体系，也就是其等级结构；②地域单元的空间分异与组织关系，即空间要素之间的集聚或分散效应；③各种空间实体之间所存在的要素流；④地域单元的空间相互作用与相互关系；⑤区域空间各要素在发展过程中所形成的基本形态与结构模式，即空间结构的模式研究。

3.3.1.2　*旅游资源空间结构研究综述*

旅游资源是旅游系统中重要的节点型要素，旅游资源的空间分布特点，对于旅游产品与旅游流的空间分布有最直接的影响，它们构成了旅游目的地空间结构的最小单元。旅游资源空间结构是旅游（目的地）空间结构研究中的重要内容，往往从属于旅游（目的地）系统空间结构研究。由于旅游资源具有不可移动性，旅游资源空间结构与旅游空间结构在理论和研究方法上也有所不同。

国外研究中，Gunn（1988）提出旅游目的地地带模型，认为该模型由旅游吸引物集聚体、居民点服务中心社区和联系通道三部分组成，但对吸引物聚集体的重要程度或相对等级关系没有进行区分。Pearce（1999）在微观层面上对巴黎旅游空间结构进行了研究，同时探讨了旅游吸引物的集聚效应。Dredge（1999）沿用对吸引物节点的划分来对目的地内部节点层次进行划分，凸显了交通口岸在目的地中的地位，但 Dredge 没有分析目的地内部的空间结构状况。

国内研究中，旅游区划研究的起步较早，而在旅游区划中大多都会对旅游资源的空间结构进行分析，在此基础上对旅游资源空间结构的研究逐步发展，很多学者在这个层面上对旅游资源空间结构进行研究与探讨（阎守邕等，1989）。到 20 世纪 90 年代，旅游区划的相关研究已经告一段落，学者更主要是对旅游区划问题进行更深入的理论探讨，从最初的定性研究开始逐渐转向定量研究，通过定量评价对旅游资源划分等级，在此基础上实现更科学的分区。

随着研究的不断深入，旅游资源空间结构研究从旅游系统空间结构研究中逐渐独立出来，以空间结构理论为基础，针对不同的研究单元，在研究方法与研究内容上不断充实完善。

（1）从研究内容来看，学者们越来越注重旅游资源空间分析的科学性与理论性，将空间结构理论的概念与研究方法应用到旅游资源分析中来，旅游资源空间结构的组成要素及其相互作用的分析和针对其空间结构特征的实证研究成为研究的热点。

旅游资源空间结构组成要素的分析，往往直接基于旅游目的地系统构成要素来进行研究。在旅游资源空间结构研究中，要素间的相互作用也为学者所关注。

旅游资源间相互关系包括屏蔽、竞争、依附、带动、替代等作用(刘睿文,2006)。王衍用(1999)提出“阴影区”理论并指出,近距离的旅游资源雷同会导致旅游资源的“减值效应”;章锦河(2004)提到齐云山的开发受到同类型旅游资源黄山的抑制。毛彦斌(2006)探讨了旅游资源之间的邻近效应,即旅游吸引物处在同一空间,其共性和独特性形成对旅游者吸引的相互影响。旅游资源与交通线路之间是相辅相成的关系,旅游资源的开发往往得益于旅游交通的改善和优化,而旅游交通则常因为高等级旅游资源点而改善。梁旺兵(2005)以陕西省榆林市为例分析了旅游资源与交通之间的关系。

随着旅游空间系统理论的推进以及数理分析方法的应用,基于空间拓扑理论的旅游资源空间结构特征研究逐渐在此研究领域处于主导地位(杨效忠,2004;章锦河,2004;吴必虎,2003)。当前对于旅游资源空间结构特征,主要是从以下三个方面进行研究:一是旅游资源的集聚效应(Dredge,1999);二是等级规模特征(席建超,2004;杨新军,2004;王良健,2004);三是空间网络结构特征(章锦河,2004;杨建华,2005)。

(2) 从研究方法来看,其理论方面的研究大都基于空间结构理论而展开。如在陆大道“点-轴理论”的基础上,分析旅游资源空间布局和旅游地交通网络,并构建了旅游区“点-轴”旅游等级体系(董静,2006;汪德根,2005;李刚,2006);陈秀琼(2006)引入了社会网络理论,在分析旅游系统空间结构时使用社会网络模型特征向量来表征资源点之间的空间布局与相互关系;很多学者在图论理论的基础上,直接对旅游资源网络结构的空间拓扑参数进行了研究(吴晋峰,2002;章锦河,2004;袁俊,2004;杨建华,2005)。戴学军等(2006)、许志晖(2007)对南京市景点的等级结构进行研究,采用了分形的理论与方法,认为南京市旅游景点体系等级结构具有较好的分形特征,并对优化景点体系等级结构的方法和途径进行了分析。

更多学者对旅游区域内资源空间结构特征进行了实证研究,定性或定量的描述了旅游资源的空间布局与结构形式。Stephen(1989)、Pearced(1995)系统阐述了旅游空间分析中所应用的数理分析方法与指数,包括紧密度系数、连接性系数、标准距离、平均中心点、标准偏差椭圆、最邻近分析等。最常见的应用是网络分析方法(图论理论),把旅游资源空间的组成要素(主要包括旅游节点、交通网络等)归纳为一个拓扑结构,利用拓扑参数对资源点空间布局特征和交通网络结构特征做出量化分析。

Vasiliadis(1999)、杨新军(2004)采用最近邻指数方法对旅游地空间结构,主要是旅游资源的集聚性进行了分析;袁俊(2004)、章锦河(2004)、杨建华(2005)运用 α 指数、β 指数、γ 指数、紧密度指数、平均径路长,对各自研究区域旅游资源空间结构如交通网络拓扑结构、资源集聚效应与资源点之间的要素流动性能等方面作了比较全面的分析；王良健(2004)运用景观生态学中的优势度指数、多样化指数与均匀度指数来定量研究旅游资源空间的分布格局；席建超(2004)引入了规模度指数和优越度指数，着重研究了旅游资源群范围内资源单体的等级与规模效应。

(3) 从研究对象上来看，旅游资源空间结构的研究单元除了最小体量的旅游资源单体外，还包括其他与旅游资源相关的旅游单元。旅游资源是旅游吸引物的重要组成要素，旅游吸引物同时也包括吸引旅游者的其他因素，如优良的服务与适宜的接待设施等，它们在空间上的分布很大程度上与旅游资源具有类似的属性。Pearce(1999)、Priskin(2001)与毛彦斌(2006)都在旅游吸引物尺度上对旅游资源空间结构做了研究。同时旅游资源的开发整合也形成了诸如景区(点)、旅游斑块与旅游群之类的旅游单元，很多研究针对这个层面的旅游单元展开；罗明春(2001)、吴必虎(2003)、杨新军(2004)分别以4A级景区、森林公园等为研究对象在景区层面分析了旅游空间结构；王庆伟(2006)将旅游斑块作为研究对象，对其空间结构和优化措施进行了分析与研究；席建超(2004)、陈鹰(2007)等分别引入了旅游资源集合体与旅游资源群的概念，对资源群间和群内的旅游资源空间结构进行研究。对于不同旅游单元的空间结构特征分析，大部分学者都采用和旅游资源空间结构特征相同的分析方法与同样的特征值指标来衡量和测算。

综上所述，旅游空间结构研究多集中在旅游系统或旅游目的地各要素关系或者旅游空间结构发展模式研究，而对微观层面上的旅游资源研究在深度与广度上仍显不足，特别是本书研究的水体旅游资源领域，几乎在国内外的研究中还是空白。而在旅游资源空间结构特征的实证研究中，所采用的研究方法也比较单调，主要是利用拓扑分析等数理分析方法，较多的侧重在交通网络的空间特征和资源点聚集效应，而对于等级结构等的研究较少。因此，本书试图在旅游空间结构理论的基础上，构建科学的水体旅游资源空间结构分析框架，并以南京市为例研究其水体旅游资源的空间结构特征，为实现水体旅游资源的可持续发展提供思路。

3.3.2 水体旅游资源空间结构分析框架构建

在文献研究总结的基础上，从旅游空间结构的内涵出发，本书认为水体旅游资源空间结构特征可以从空间格局、空间关联两个方面来说明，运用规模度指数、优越度指数、邻近指数、基尼系数、通达度指数等指标，可构建水体旅游资源空间结构分析框架，如表3-11所示，各目标层代表的含义解释如下：

表 3-11 水体旅游资源空间结构分析框架

目 标	测量指标	测量方法
空间格局	差异度	规模度指数
		优越度指数
	集聚度	最邻近点指数
		基尼系数
		不平衡指数
空间关联	连接度	β 指数
		γ 指数
	通达度	通达度指数
		平均径路长
		紧密度指数

3.3.2.1 空间格局

在地理学中,空间格局是指地理要素的空间分布与配置。本研究中具体是指一定空间范围内水体旅游资源在该区域的空间分布情况,即区域间水体旅游资源的差异性和集聚性,这里运用差异度和集聚度来衡量。

(1) 差异度

差异度指研究区域内各种类型的水体旅游资源分布情况以及水体旅游资源的丰度、广度和知名度。主要用数量差和质量差两个指标来衡量,其中数量差是指研究区域内各种类型旅游景点的数量,用规模度指数测定;质量差是指研究区域内具有的知名度较大、级别较高、景点类别较多的旅游景点的数量,这里用优越度指数测定。

① 规模度指数

规模度指数是指单位面积内旅游资源的个体数量,其值越大,表明区域内旅游资源规模越大(李敏,2008),本书中规模度指数是指单位面积内水体旅游资源的个体数量。水体旅游资源表现为点状、线状以及面状三种形态,本书计算中"点"用空间包含统计数量,"线"用空间相交统计数量,"面"也用空间相交统计数量,这样的计算结果相较于以往单纯点状资源点统计来得更为合理。因此,区域规模度指数可以用公式(3-1)来计算:

$$G_i = \frac{n_{0i} + n_{1i} + n_{2i}}{A_i} \tag{3-1}$$

式中,G_i 为区域规模度指数;n_{0i} 为点状水体旅游资源单体个数;n_{1i} 为线状水体旅游资源单体个数;n_{2i} 为面状水体旅游资源单体个数;A_i 为区域面积。

G_i 越大,则区域单位面积内水体旅游资源单体的数量就越多,规模就越大;反之，则就越小。

② 优越度指数

优越度指数是表示高层次水体旅游资源在更高层次水体旅游资源群中的地位指标。它表明区域水体旅游资源组成中此类水体旅游资源类型在总体中的支配程度。区域水体旅游资源优越度指数 Y_i 可以用公式(3-2)来计算：

$$Y_i = \frac{H_i}{N} \tag{3-2}$$

式中，Y_i 为区域水体旅游资源群的优越度指数；H_i 为区域内高级别水体旅游资源单体数量；N 为水体旅游资源群旅游资源单体总数。

当 Y_i 越大时，代表区域内水体旅游资源群的优越度越大；反之，则区域水体旅游资源群的优越度就越小。

区域水体旅游资源的优越度研究对于区域水体旅游开发有重要的指导意义。可以对水体旅游资源的品位、特质、开发条件等有一个全面而客观的认识，从而确定其所处地位以及进行旅游开发的主次顺序，为制定水体旅游开发规划等提供科学的判断标准或理论依据。

(2) 集聚度

本书的集聚度是指在一个相对独立的行政区域内，该区域内所有水体旅游资源在空间的分布状况。主要用最邻近点指数、基尼系数和不平衡指数三个指标来测度。

① 最邻近点指数

点状要素的三种空间分布类型为均匀、随机和凝聚，一般常用最邻近点指数与最邻近距离来进行判别。

最邻近距离是一个地理指标，被用来描述点状事物在地理空间中相互之间的邻近程度。最邻近点分析法能比较准确与客观的确定布点格局属性，在旅游空间结构的研究中得到广泛运用。

所谓最邻近距离，就是测定出每个点与其最邻近点之间的距离 $\bar{r}_1$，对这些距离取平均值，即为表征邻近程度的平均最邻近距离。当区域中的点状分布为随机型(Poisson 分布型)时，其理论上的最邻近距离可用公式表示为：

$$\bar{r}_E = \frac{1}{2\sqrt{\frac{n}{A}}} = \frac{1}{2\sqrt{D}} \tag{3-3}$$

式中，$\bar{r}_E$ 为理论最邻近距离；A 为区域面积；n 为点数；D 为点密度。

对于点状要素的三种空间分布类型来说，最邻近距离由大到小依次为均匀分布、随机分布与凝聚分布。

最邻近点指数(R)定义为实际最邻近距离与理论最邻近距离之比：

$$R = \frac{\bar{r}_1}{\bar{r}_E} = 2\sqrt{Dr_1} \tag{3-4}$$

式中，$\bar{r}_1$ 为实际最邻近距离。

当 R 为 1 时，$\bar{r}_1 = \bar{r}_E$，说明点状分布为随机型；当 $R>1$ 时，$\bar{r}_1 > \bar{r}_E$，点状要素趋于均匀分布；当 $R<1$ 时，$\bar{r}_1 < \bar{r}_E$，点状要素趋于凝聚分布。

② 基尼系数

地理学中常使用基尼系数(Gini)来研究离散区域的空间分布，通过对比不同研究对象的区域分布差异，找出其中关于地域分布的变化规律。本书使用基尼系数来考察水体旅游资源在南京市行政分区中的空间分布状况。基尼系数的计算公式如下(吴必虎，2003)：

$$\text{Gini} = \frac{-\sum_{i=1}^{N} P_i \ln P_i}{\ln N} \tag{3-5}$$

$$C = 1 - \text{Gini} \tag{3-6}$$

式中，P_i 为第 i 个区域中水体旅游资源数量占南京市总量的比重；N 为区域数量；C 为分布均匀度。

基尼系数的数值在 0 与 1 之间，数值越大则说明集中程度越高。

③ 不平衡指数

不平衡指数是指在不同区域或不同层级中研究对象分布的均衡程度。就本书的研究对象水体旅游资源单体而言，可以用不平衡指数(S)来度量其在南京市各区县中的分布均衡状况。不平衡指数使用洛伦兹曲线中计算集中指数的公式(周一星，1995)：

$$S = \frac{100\sum_{i=1}^{n} Y_i - 50(n+1)}{100n - 50(n+1)} \tag{3-7}$$

式中，n 为区县数量；Y_i 为各区县水体旅游资源数量占全市的比重；该比重从大到小排序后，第 i 位的累计百分比。

S 的数值在 0 与 1 之间，如果水体旅游资源在各区县中平均分布，则 $S=0$；若水体旅游资源全部集中在某一个区县，则 $S=1$。

3.3.2.2　空间关联

空间关联主要指一定空间范围内各地理要素之间的相互联系便利性。连接紧密，通达度高的旅游交通，尤其是快速交通是区域水体旅游发展的重要条件，也是区域水体旅游地空间有序发展和空间合理布局的关键。旅游交通条件的变化直接导致区域水体旅游地空间结构以及其外部具体形态的演进。因此对区域水体旅游资源空间联系的研究尤为重要，分析旅游空间关联主要会用到连接度与通达度这两个指标。

以水体旅游资源单体的赋存地为节点，来分析区域水体旅游资源的交通结构，是研究空间分布的常用方法。可以看出，以连接各节点的交通线路为路径，形成了一个空间网络资源系统。一般情况下使用水体旅游资源节点间旅游交通网络的完善与否来衡量水体旅游资源空间结构的优劣。旅游系统网络由水体旅游资源点及其间相连的交通线路所组成，通常用平面图来进行描述，对其进行定量研究则可以采用图论的有关拓扑指数等方法。

一般采用β指数、γ指数来衡量旅游交通网络的连接度，而采用通达度指数、平均径路长和紧密度指数来衡量其通达度。

(1) 连接度

交通网络的发达程度可以用连接度来表示，表征在研究区域内各个水体旅游资源点相互之间客流联系的可能性，即节点间有无直接交通连接。

① β指数

β指数被用来表征网络中节点的平均连线数目，能够度量网络连接性的高低。水体旅游地往往有多个旅游资源节点，在不同节点间互相连接的交通路线越多，则表示连接性越高，旅游者在各水体旅游地之间的来往也越便捷。β指数较高是优化水体旅游资源空间网络结构的必要条件。β指数的计算公式为：

$$\beta = \frac{L}{P} \tag{3-8}$$

式中，β表示交通网的连接度；L表示交通网中边的数量，即每两两节点的直接连接数目；P表示交通网中顶点的数量，即节点数。

一般来说β的范围处于0～3之间，在这个范围内β值越大，表明网络的连接度越好。

② γ指数

γ指数类似于β指数，用来反映一个区域交通网络的连通发达程度，为网络各节点间的实际连线数和理论最大连线数目的比，其计算公式为：

$$\gamma = \frac{L}{3(P-2)} \tag{3-9}$$

式中，L、P的含义同β指数相应含义。

γ 指数取值范围为 0～1，$\gamma=0$ 时，说明网络中无连线，即节点间互不相连；$\gamma=1$ 时，表明节点间皆有连接。γ 指数的大小与节点层次无关。

（2）通达度

通达度可以衡量在网络中节点间移动的难易程度，即从每个节点出发，到达其他节点的通畅程度，表征旅游资源点之间联系的快捷性。

① 通达度指数

通达度指数是指网络中从一个顶点到其他所有顶点的最短路径的平均距离。公式为：

$$A_i = \frac{\sum_{i=1}^{n} D_{ij}}{n} \tag{3-10}$$

式中，A_i 表示顶点 i 在网络中的通达度指数；D_{ij} 表示顶点 i 到顶点 j 的最短距离；累计和表示顶点 i 到所有其他顶点的距离。

明显地，A_i 所得值越小，则说明该点的通达度越高。

② 平均径路长

可以使用平均径路长来衡量网络中节点间的通达性。当两个节点间有直接的交通连线存在时记为 1，没有则记为 0，每对节点间的距离用沿最短径路所介入的连线数表示。

在网络最短径路矩阵中，任一节点的平均径路长是由矩阵中该节点行内正值节点数去除行总数得出。任一节点的行总数或平均径路长越小，表示该节点的网络通达性越好，反之则越差。行总数或平均径路长最小的节点往往是网络的中心。

③ 紧密度指数

旅游区应该具有良好的通达性，使得旅游经济流可以在网络节点间顺畅流动。区域的形状是某旅游区内部可进入程度的有效衡量尺度。同等条件下，形状越紧凑，区域内的货运或客运就越利于进行，通达性能就越好。紧密度指数（C）说明区域形状的紧凑程度。其公式为：

$$C = \frac{T}{D} \tag{3-11}$$

式中，T 为与研究区域同面积圆的直径；D 为研究区域中相离最远的两节点之间的距离。

一般情况下 C 的数值在 0 与 1 之间，如果区域形状为一条直线，则 $C=0$；如果区域形状为一个圆，则 $C=1$；当 C 值越趋向于 1 时，区域越紧凑。

3.3.3　南京市水体旅游资源空间结构分析

3.3.3.1　空间格局分析

（1）差异度

① 规模度指数

从表3-12中可以看出，南京市水体旅游资源数量呈现出空间分布不均衡的态势。江宁区拥有的水体旅游资源数量最多，总共有22个，占到了24.4%，其次是六合区(14.44%)和溧水区(13.33%)、高淳区(13.33%)，这四个区的水体旅游资源总量占了全市的50%以上。而其他几个区的水体旅游资源数量则相对较少。

但事实上，区域内绝对的资源数量往往并不能很好地说明问题，由于区域面积各有差异，资源的密度比绝对数量更有说服力。本书引用规模度指数 $G_i = (n_{0i} + n_{1i} + n_{2i})/A_i$ 来说明各区水体旅游资源的密度分布公式(3-1)。其中南京市各区面积引自南京市所辖及各区政府网站。

表3-12　南京市各区水体旅游资源规模度指数

区域	资源总数(个)	区面积(km^2)	规模度指数(%)	区域	资源总数(个)	区面积(km^2)	规模度指数(%)
溧水区	12	1 061	1.131 0	玄武区	5	77	6.493 5
六合区	13	1 474	0.882 0	秦淮区	5	49	10.204 1
江宁区	22	1 624	1.354 7	栖霞区	4	373	1.072 4
浦口区	6	907	0.661 5	建邺区	5	91	5.494 5
高淳区	12	803	1.494 4	雨花台区	2	92	2.173 9
鼓楼区	4	54	7.407 4	南京	90	6 605	1.362 6

由表3-12及图3-5得出，南京市水体旅游资源点的规模度指数为1.362 6；11个区中，共有6个区的规模度指数大于南京市整体指数，按大小顺序分别为：秦淮区、鼓楼区、玄武区、建邺区、雨花台区、高淳区；其余5个区的规模度较低。可以明显地看出，主城区的规模度指数要远大于郊区，主要是由于郊区拥有更大的区域面积，结果造成规模度指数较低的结果。江宁区对比尤为明显，资源总数居第一位，但规模度指数却远远落后；这样的区域已经有较好的水体旅游开发基础，而旅游交通已经成为阻碍区域水体旅游发展的瓶颈，在水体旅游规划与开发中需要注意。

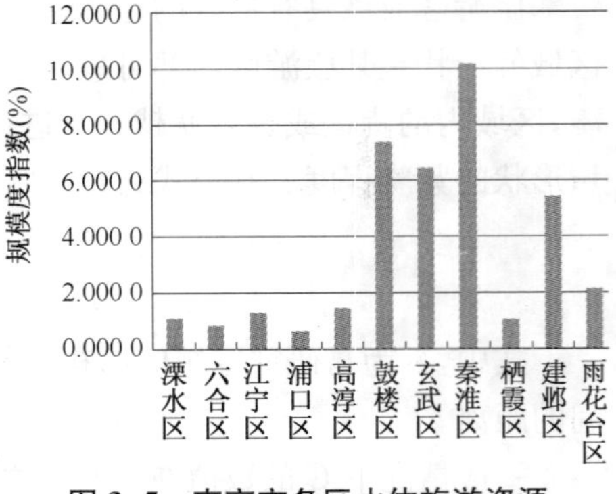

图3-5　南京市各区水体旅游资源规模度指数

② 优越度指数

根据评价结果，本书在南京市选取了67个水体旅游资源，其中有五级资源2个、四级资源13个、三级资源20个、二级资源19个、一级资源有13个，如图3-6所示。其中优良级水体旅游资源共35个，占总水体旅游资源数目的52.2%，达到约一半的比例。

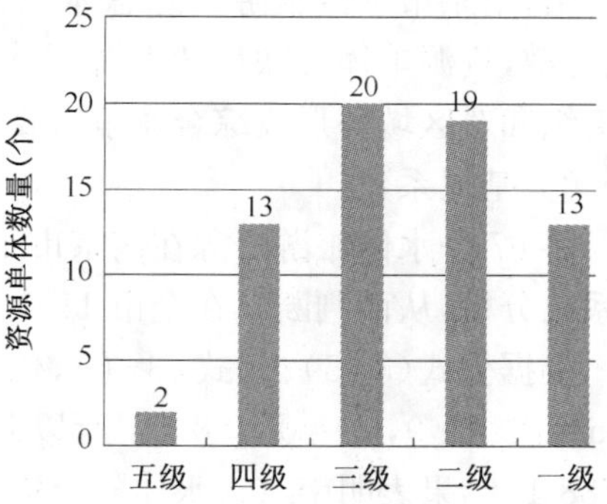

图3-6　南京市水体旅游资源等级数量结构

表3-13反映了南京各区域水体旅游资源的优越度指数情况，建邺区和雨花台区具有明显的优势，两区入选的水体旅游资源均是优良级，其次是鼓楼区、秦淮区、玄武区、江宁区、溧水区，优越度指数均在0.5以上，而栖霞区、浦口区、六合区、高淳区优越度指数则稍差。综合来看，南京水体旅游资源在各区域内分布差距较大，有待进一步发展。

表3-13　南京市各区水体旅游资源优越度指数

区域	资源总数(个)	优良级(个)	优越度指数(%)	区域	资源总数(个)	优良级(个)	优越度指数(%)
溧水区	12	7	58.33	玄武区	5	3	60.00
六合区	13	6	46.15	秦淮区	5	3	60.00
江宁区	22	13	59.09	栖霞区	4	2	50.00
浦口区	6	3	50.00	建邺区	5	5	100.00
高淳区	12	2	16.67	雨花台区	2	2	100.00
鼓楼区	4	3	75.00				

(2) 集聚度

① 最邻近点指数

本书所选取的67个水体旅游资源单体，分布面积6 605 km^2，经纬度数据采用江苏省水利科技项目"水体旅游资源评价与保护开发规划研究——以南京市为例"课题调查结果，部分资源点使用Google Earth和www.mapabc.com查询得到(线状、面状水体旅游资源取其旅游功能突出的节点代表)。根据公式(3-3)，计算出67处南京水体旅游资源理论最邻近距离为：

$$\bar{r}_E = \frac{1}{2\sqrt{\frac{n}{A}}} = \frac{1}{2\sqrt{\frac{67}{6\ 605}}} = 4.964(\text{km})$$

使用 ArcGIS 软件，测得各个资源与其最邻近资源的实际直线距离 $\bar{r}_1$ = 5.083 6 km。所以，$\bar{r}_1 > \bar{r}_E$，最邻近指数 R=1.024>1，分布类型属于均匀型。可以看出，南京市水体旅游资源总体上为均匀型分布，资源点在区域内分布相对均匀、分散，资源单体关联程度不高，不易于组团开发形成规模效益，对旅游线路的空间组织和对区域外形成综合竞争力要求较高。

② 基尼系数

将 67 个水体旅游资源在南京市 11 个行政分区分布的个数(表 3-14)，进行基尼系数分析，从而判断其在全市 11 个行政分区中分布均匀情况。

根据公式(3-5)、公式(3-6)，代入数值计算，H=0.508 0，H_m=2.397 9，Gini=0.211 9，C=0.788 1。所以基尼系数 Gini 是 0.211 9，分布均匀度 C 为 0.788 1。结果表明南京市水体旅游资源在 11 个行政分区中的集中程度较弱，且分布的均匀度较高。

表 3-14 水体旅游资源在南京市 11 个分区中的分布

区域	资源总数(个)	所占比重(%)	累计比重(%)	区域	资源总数(个)	所占比重(%)	累计比重(%)
江宁区	22	24.44	24.44	秦淮区	5	5.56	83.33
六合区	13	14.44	38.88	玄武区	5	5.56	88.88
溧水区	12	13.33	52.22	栖霞区	4	4.44	93.33
高淳区	12	13.33	65.55	鼓楼区	4	4.44	97.77
浦口区	6	6.67	72.22	雨花台区	2	2.22	100.00
建邺区	5	5.56	77.77	合计	90	100	

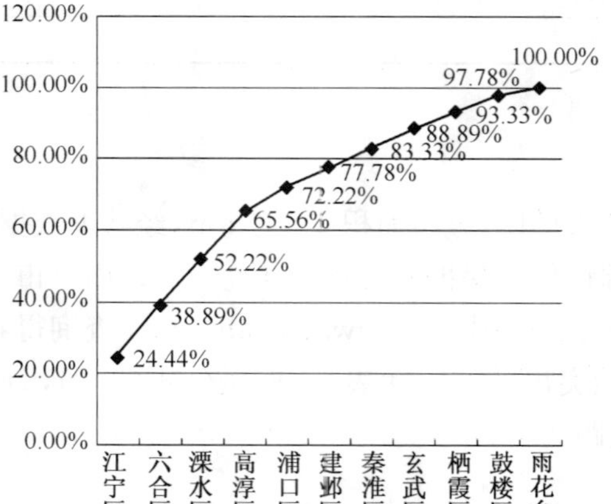

图 3-7 南京市各区水体旅游资源数量洛伦兹曲线图

③ 不平衡指数

水体旅游资源在南京市 11 个区中的分布如表 3-14 所示，按照公式(3-7)进行计算，不平衡指数 S=0.388 9，说明在南京 11 个区中水体旅游资源的分布较不均衡。考察水体旅游资源在各区分布的洛伦兹曲线(图 3-7)可以看出，仅江宁区、六合区、溧水区、高淳区所拥有的水体旅游资源数量就达到了全南京市总数的一半以上。

3.3.3.2　空间关联分析

(1) 连接度

① β指数

根据南京市水体旅游资源空间结构平面拓扑示意图(图 3-8),节点间的连接数目 $L=147$,节点数 $P=67$,根据公式(3-8)得出:

$$\beta=\frac{L}{P}=\frac{147}{67}=2.194$$

可见,南京水体旅游地交通网络的连接度较好,各景点之间的交通路线密度较大,具有较高的交通营运能力。

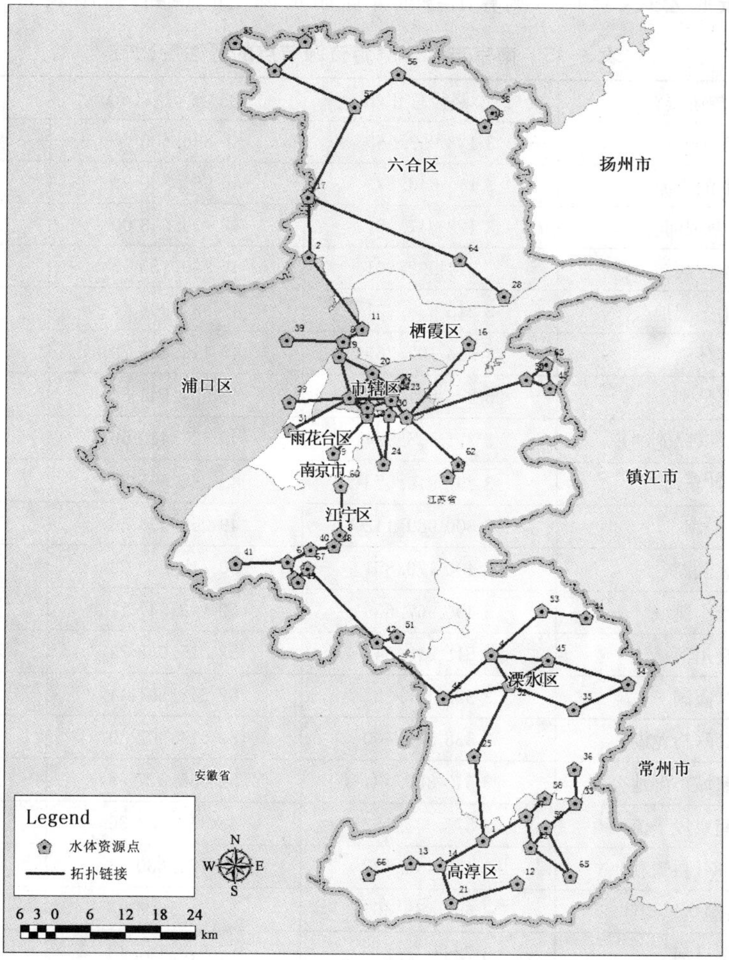

图 3-8　南京市水体旅游资源空间结构平面拓扑示意图

② γ指数

根据公式(3-9),计算得出南京市旅游资源交通网络连接度指数γ的值为:

$$\gamma=\frac{L}{3(P-2)}=\frac{147}{3(67-2)}=0.754$$

水体旅游资源点之间的连通水平较高,过半数资源点均有与邻近点形成交通连接,形成较稠密的水体旅游网络,为南京水体旅游竞争力的提升提供了较好的条件。

(2) 通达度

① 通达度指数

在网络中从一个顶点到达其他全部顶点的最短路径的平均距离,被称为通达度指数。按照公式(3-10),测算出各水体旅游资源之间距离,得出表 3-15。

表 3-15　南京市水体旅游资源节点的通达度比较

水体旅游资源	最小路径总和(m)	通达度指数(m)	排序
百家湖	3 138 052.582	46 836.605 70	1
秦淮河干流	3 146 643.673	46 964.830 94	2
内秦淮河	3 178 047.381	47 433.543 00	3
运粮河	3 211 992.461	47 940.185 98	4
七桥瓮生态湿地公园	3 215 658.731	47 994.906 44	5
月牙湖	3 244 102.265	48 419.436 79	6
莫愁湖	3 276 611.203	48 904.644 82	7
赵库水库(隐龙湖)	3 291 538.524	49 127.440 66	8
秦淮新河	3 297 910.573	49 222.545 87	9
前湖	3 300 989.142	49 268.494 66	10
玄武湖	3 400 176.851	50 748.908 22	11
石塘小流域	3 496 967.656	52 193.547 11	12
金川河	3 518 510.542	52 515.082 72	13
紫霞湖	3 520 407.227	52 543.391 44	14
东焦水库(梅龙湖)	3 538 598.460	52 814.902 39	15
绿水湾国家城市湿地公园	3 543 350.434	52 885.827 38	16
长江南京段干流	3 573 953.152	53 342.584 36	17
邵处水库(白鹭湖)	3 583 450.132	53 484.330 33	18
鼋头石湿地风景区	3 667 888.665	54 744.606 93	19
解溪河	3 729 432.218	55 663.167 43	20

续表 3-15

水体旅游资源	最小路径总和(m)	通达度指数(m)	排序
公塘水库(银杏湖)	3 775 778.610	56 354.904 62	21
甘泉湖	3 828 841.397	57 146.886 52	22
无想寺水库	3 876 642.347	57 860.333 53	23
赵村水库(横山湖)	3 917 120.738	58 464.488 62	24
卧龙水库	3 918 984.867	58 492.311 45	25
天生桥河	3 926 162.955	58 599.447 09	26
战备水库	3 971 996.210	59 283.525 53	27
牌坊水库	3 997 455.331	59 663.512 41	28
朱门小流域	4 001 126.379	59 718.304 17	29
九乡河	4 031 283.901	60 168.416 44	30
环山河水库群	4 108 893.019	61 326.761 47	31
珍珠泉水库	4 150 033.323	61 940.795 86	32
八卦洲洲头	4 152 282.715	61 974.368 88	33
中山水库	4 162 078.609	62 120.576 26	34
张肖庄水库(紫清湖)	4 208 506.345	62 813.527 54	35
驻驾山水库	4 256 069.678	63 523.428 03	36
向阳水库(南山湖)	4 338 592.668	64 755.114 45	37
石臼湖	4 347 305.960	64 885.163 59	38
方便水库(东屏湖)	4 412 058.720	65 851.622 68	39
汤泉水库	4 440 290.641	66 272.994 64	40
安基山水库	4 462 533.123	66 604.971 99	41
马汊河	4 769 201.134	71 182.106 48	42
溱桥河	5 061 213.730	75 540.503 43	43
滁河干流	5 090 070.622	75 971.203 32	44
姚家水库	5 091 425.273	75 991.421 99	45
老鸦坝水库	5 153 900.079	76 923.881 78	46
龙墩河水库	5 177 256.962	77 272.491 97	47
青山水库	5 256 834.912	78 460.222 56	48
赭山头水库	5 323 671.523	79 457.783 92	49
大山水库	5 418 200.328	80 868.661 61	50
大官塘水库	5 420 534.485	80 903.499 77	51

续表 3-15

水体旅游资源	最小路径总和(m)	通达度指数(m)	排序
石固河	5 505 101.545	82 165.694 71	52
马耳山水库	5 573 996.993	83 193.984 97	53
胥河	5 618 121.065	83 852.553 21	54
红山窑水利枢纽	5 677 151.785	84 733.608 74	55
官溪河	5 826 697.878	86 965.639 97	56
茅东闸	5 909 217.292	88 197.273 01	57
山湖水库	5 957 606.885	88 919.505 75	58
固城湖	6 027 055.003	89 956.044 82	59
兴隆洲湿地公园	6 231 178.665	93 002.666 64	60
八百河	6 314 101.916	94 240.327 11	61
金牛山水库	6 331 255.264	94 496.347 22	62
淳东灌区	6 430 278.664	95 974.308 42	63
大泉水库	6 739 622.153	100 591.375 40	64
大河桥水库	6 916 188.989	103 226.701 30	65
彭家港水库	6 966 035.482	103 970.678 80	66
河王坝水库	7 258 781.577	108 340.023 50	67
平均	67 989.088 8		

南京市主要水体旅游资源点之间平均通达度指数为 67 989.088 8 m,通达度指数小于平均值的有 41 处节点,通达度指数大于平均值的有 26 处节点,如表 3-15 所示。百家湖、秦淮河干流、内秦淮河、运粮河、七桥瓮生态湿地公园等是通达性最好的点(通达度指数数值最小),它们与区内各点的最短路径总和分别为3 138 052.582 m、3 146 643.673 m、3 178 047.381 m、3 211 992.461 m、3 215 658.731 m。淳东灌区、大泉水库、大河桥水库、彭家港水库、河王坝水库等是通达性最差的点(通达度指数数值最大),它们与区内各点的最短路径总和分别为6 430 278.664 m、6 739 622.153 m、6 916 188.989 m、6 966 035.482 m、7 258 781.577 m。

通达性较差的水体旅游资源在发展旅游业时将会在一定程度上受到制约。比如全省饮用水水质最好、风景秀丽的天然湖泊固城湖,其旅游资源具有很好的观光与生态价值,已经达到四级旅游资源的评定质量标准,但该处节点到其他各点的最短路程和为 6 027 055.003 m,通达度指数为 89 956.044 82 m,可以看出固城湖的通达度不高,加大交通设施与旅游线路的建设力度,是推动固城湖旅游业加速发展的重要途径。

总的说来，市区大部分资源点，包括莫愁湖、玄武湖、月牙湖、金川河、内秦淮河等通达度指数均低于平均值，节点通达性良好；六合和高淳的旅游资源点，如金牛山水库、淳东灌区等通达性较差，游客的可进入性不强。这也符合从城市中心到周边区县其交通条件逐渐下降的规律。

② 平均径路长

南京市主要水体旅游资源网络的最短径路矩阵和平均径路长如表3-16所示。南京市水体旅游资源网络平均径路长的均值为10.63，由此可知，南京水体旅游的通达性总体上较好。在本书研究的67个水体旅游资源节点中，平均径路长小于该均值的节点数有37个。其中解溪河、金川河、石臼湖、八百河和九乡河的平均径路长在7.80～7.94之间，石固河、固城湖、秦淮河干流、百家湖、石塘小流域、七桥瓮生态湿地公园、绿水湾国家城市湿地公园等节点的平均径路长在8.05～8.94之间，这些节点具有较好的旅游资源开发交通区位条件。而其余平均径路长大于均值10.63的节点数有30个，它们的平均径路长在10.65～15.42之间，其中茅东闸、邵处水库(白鹭湖)、红山窑水利枢纽等节点的连通性最差，平均径路长分别为14.44、14.88和15.42，开发这样的水体旅游资源首先要重视交通路网的建设。将表3-15与表3-16进行对比可以看到，通达度指数与平均径路长这两种分析方法得出了比较相似的结论，说明研究成果具有很高的可信度。

③ 紧密度指数

区域通达性除了与交通网络密度有关外，还与交通网络所形成的交通区形状有关。区域的形状是某旅游区内部可进入程度的有效衡量尺度。同等条件下，形状越紧凑，旅游资源开发越占优势。根据上文中提到的紧密度指数C来衡量旅游区的形状紧凑程度。根据公式3-11，先计算所有资源点之间的最短距离，取最短距离之中的最大值$D=183\ 564.93$ m；再计算南京市的面积，进而得到$T=91\ 698.34$ m，故南京水体旅游地的紧密度指数$C=T/D=0.50$，0.50的紧密度指数显示该区域相对紧凑，这也使得南京市发展旅游交通以提高区域内旅游资源网络的通达性具有良好的先天条件。

表3-16　南京市水体旅游资源空间网络最短径路矩阵与平均径路长比较

名称	行总数	平均径路长	名称	行总数	平均径路长
漆桥河	919	13.92	天生桥河	670	10.15
马汊河	605	9.17	秦淮河干流	540	8.18
运粮河	854	12.94	长江南京段干流	596	9.03

续表 3-16

名称	行总数	平均径路长	名称	行总数	平均径路长
朱门小流域	596	9.03	金牛山水库	777	11.77
石塘小流域	553	8.38	珍珠泉水库	612	9.27
秦淮新河	618	9.36	公塘水库(银杏湖)	718	10.88
内秦淮河	919	13.92	向阳水库(南山湖)	840	12.73
八卦洲洲头	740	11.21	赵村水库(横山湖)	653	9.89
胥河	693	10.50	汤泉水库	803	12.17
官溪河	570	8.64	方便水库(东屏湖)	655	9.92
石固河	531	8.05	中山水库	679	10.29
解溪河	515	7.80	环山河水库群	917	13.89
九乡河	524	7.94	龙墩河水库	720	10.91
滁河干流	566	8.58	邵处水库(白鹭湖)	982	14.88
八百河	519	7.86	战备水库	653	9.89
金川河	516	7.82	张肖庄水库(紫清湖)	868	13.15
玄武湖	605	9.17	驻驾山水库	640	9.70
固城湖	531	8.05	无想寺水库	905	13.71
莫愁湖	793	12.02	卧龙水库	651	9.86
紫霞湖	648	9.82	大泉水库	773	11.71
百家湖	548	8.30	彭家港水库	830	12.58
石臼湖	516	7.82	河王坝水库	716	10.85
月牙湖	905	13.71	山湖水库	838	12.70
前湖	577	8.74	大山水库	715	10.83
兴隆洲湿地公园	589	8.92	大官塘水库	890	13.48
绿水湾国家城市湿地公园	570	8.64	赵库水库(隐龙湖)	700	10.61
七桥瓮生态湿地公园	560	8.48	牌坊水库	715	10.83
鼋头石湿地风景区	574	8.70	东焦水库(梅龙湖)	892	13.52
青山水库	621	9.41	安基山水库	703	10.65
马耳山水库	854	12.94	红山窑水利枢纽	1 018	15.42
老鸦坝水库	654	9.91	茅东闸	953	14.44
姚家水库	637	9.65	淳东灌区	781	11.83
赭山头水库	590	8.94	甘泉湖	763	11.56
大河桥水库	840	12.73	平均		10.63

3.3.3.3　南京市水体旅游资源空间结构

综上，通过对南京市水体旅游资源的空间格局和空间关联两个目标分析，运用差异度、集聚度、连接度和通达度测量指标，采用一系列数学测量方法进行计算，得出以下结论：

从资源绝对数量来看，南京市水体旅游资源数量空间分布不均衡。江宁区拥有的水体旅游资源数量最多，接下来依次为六合区、溧水区和高淳区。结合考虑各区域面积，从资源分布密度来看，南京市水体旅游资源主要并且大量的集中在主城区内。从不同等级的水体旅游资源分布来看，建邺区和雨花台区具有明显的优势，两区入选的水体旅游资源均是优良级，其次是鼓楼区、秦淮区、玄武区、江宁区、溧水区，而栖霞区、浦口区、六合区、高淳区优越度指数则稍差。从资源区域内的集聚程度来看，南京市水体旅游资源总体上为均匀型分布，资源点在区域内分布相对均匀、分散，资源单体关联程度不高。

通过对南京市水体旅游资源的空间网络结构分析表明，南京市各个水体旅游地的网络连接性与通达性整体上较好，各景点之间的交通路线密度较大，过半数资源点均有与邻近点形成交通连接，形成相对较高的紧凑度和较稠密的水体旅游网络，这些都为南京市发展水体旅游提供了较好的先天条件。

第4章 水体旅游地"主客"感知分析

4.1 案例地概况

本书的研究目的就是要探索普遍适用于"主客"感知视角下的不同水体旅游地可持续发展评价的模型与方法。因此选择外秦淮河、金牛湖和珍珠泉三个不同类型、不同地理区位和交通条件、不同景观资源的水体旅游地作为实证案例地进行研究，具有一定的代表性与典型性(表 4-1，图 4-1)。

表 4-1 研究案例地概况

水体旅游地		外秦淮河	金牛湖	珍珠泉
区位条件		地处南京市区 南京主城的西南侧 距南京市中心约 6 km	地处南京远郊 六合区的东北部 距南京市中心约 72 km	地处南京近郊 浦口区定山西南麓 距南京市中心约 20 km
交通状况		四周为"井"字形的城市快速路，交通路网四通八达	原六合县城至景区有直达公交，自驾车可从宁扬、宁连、宁淮公路到达景区	南京市区至景区有公交直达，景区主干道与国道相连，距浦口火车站及轮渡约 7 km
旅游资源	水体水质	Ⅳ类水质 水体表面轻度浑浊	优于Ⅱ类水质 水体表面清澈、无杂物	优于Ⅱ类水质 水体表面清澈、无杂物
	人文风貌	景区河道两岸集中体现了南京山水城林的风貌，河堤绿化配套成熟，市民休闲、游客观光，生活气息浓郁	南京最大人工湖泊，景区内植物种类丰富，植被覆盖率很高，森林景观丰富，有大量野生动物，湖中养殖多种鱼类水产	南京唯一的省级旅游度假区，景区内建有野生动物生态园，栽种有大量乔木、花灌木、灌木、竹类等植物
	水文景观	长江支流、古护城河；有三汊河河口闸、武定门节制闸等设施	湖面浩渺、水平如镜；有金牛湖主坝、尖山输水天桥等设施	一泓清泉、秀丽湖景；有佛手湖水库、珍珠泉水库等设施
	主题与特色	外秦淮河画舫畅游；石头城公园、水木秦淮街区、水西门市民广场、渡江胜利纪念馆等	情侣游、师生游与家庭游；多种水上、陆上娱乐项目；景区美食亦令人印象深刻	一泉三景闻名天下；竹排、野营烧烤、索道、滑道、游乐园、名石馆、佛像馆、高尔夫球场
旅游现状		国家级水利风景区；秦淮水上观光旅游年接待游客已超过 20 万、河口闸水利文化旅游年接待游客可达 10 万	国家级水利风景区、国家 AAA 级旅游区、省级森林公园；2012 年游客数量 65 万人次，实现旅游收入 6 500 万元	国家级水利风景区、国家 AAAA 级旅游区、省级旅游度假区；2012 年游客数量 306 万人次、实现旅游收入 16 380 万元

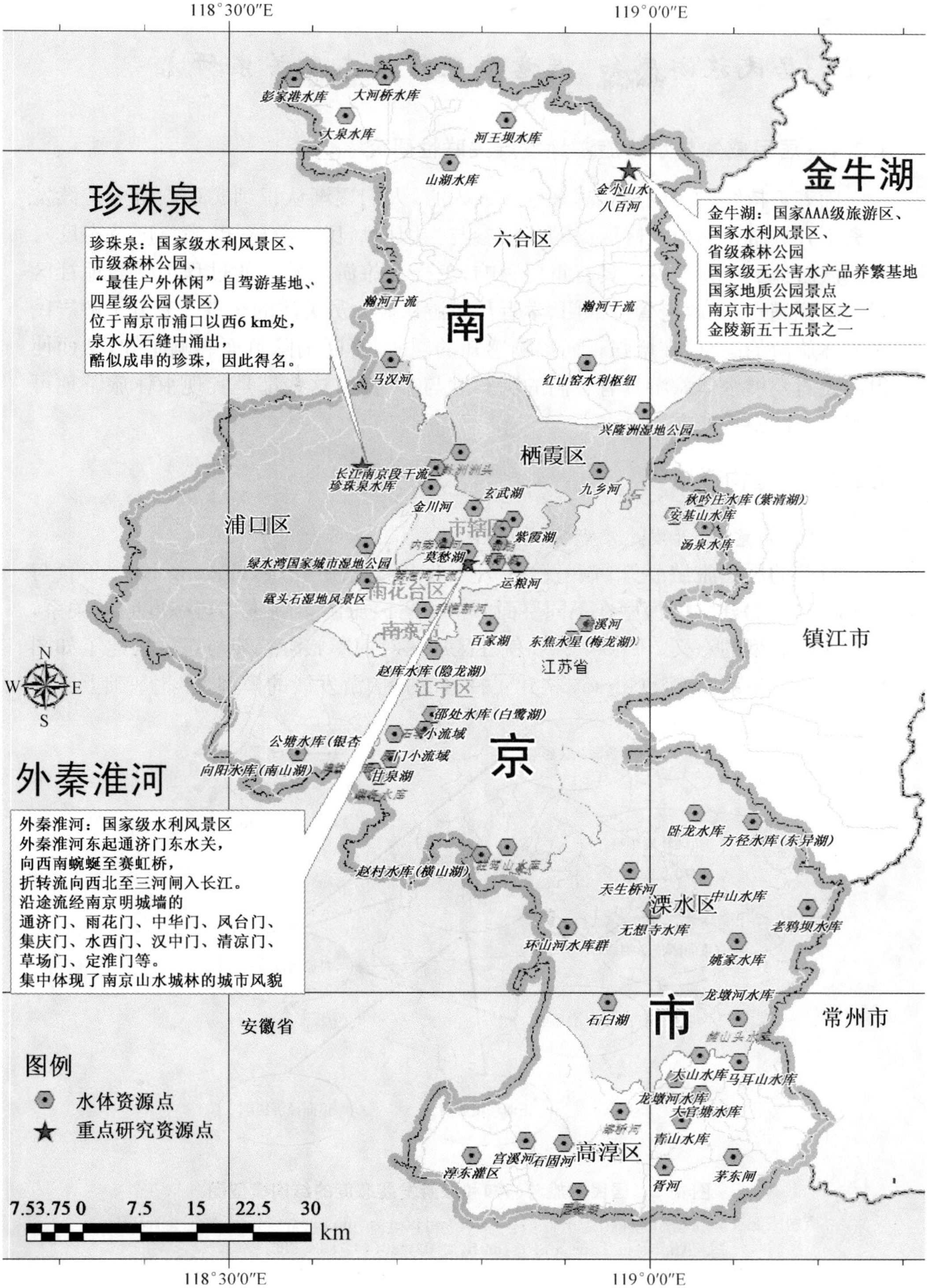

图 4-1　研究案例地区位示意图

4.2 居民旅游感知、满意度及开发态度关系研究

4.2.1 居民感知与水体旅游地发展关联性研究

随着可持续发展的观念越来越深入人心，人们逐渐认识到实现旅游可持续发展离不开旅游目的地社区居民的积极参与。因此居民旅游感知、满意度及态度对水体旅游地的可持续发展具有重要影响，怎样在旅游业发展的过程中使当地社区居民感到满意，是政府管理部门、学者与旅游从业人员关注的焦点。充分了解居民对水体旅游的态度，在增强正面影响感知的同时，不断消除负面影响感知，从而使得居民对发展水体旅游具有较高的满意度与参与度，这些都是实现水体旅游地可持续发展的根本所在。

4.2.2 模型构建

4.2.2.1 满意度、开发态度研究回顾

目前的居民旅游感知、满意度及开发态度关系研究中，Choong-Ki(2003)与Gursoy(2004)建立的模型在不同层面分析了居民旅游影响感知与态度间的关系，具有比较典型的意义。Choong-Ki 就社区居民对博彩旅游感知与态度构建了如图4-2 所示的关系模型。Gursoy 构建了社区支持旅游发展的模型，在此基础上又调

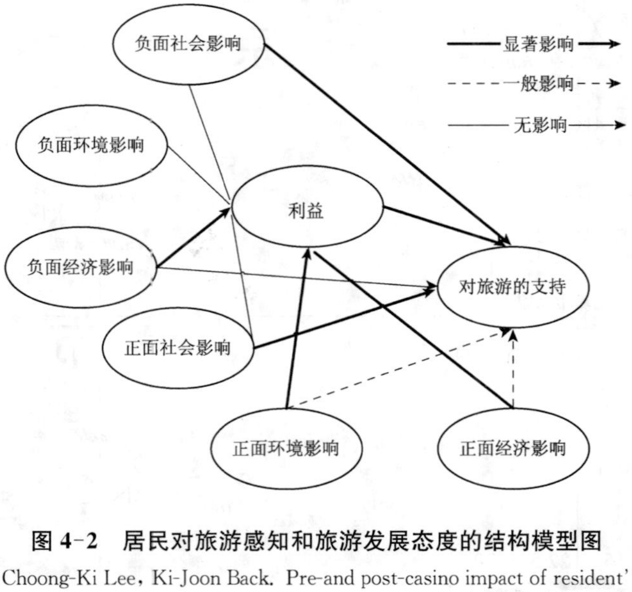

图 4-2 居民对旅游感知和旅游发展态度的结构模型图

资料来源：Choong-Ki Lee，Ki-Joon Back. Pre-and post-casino impact of resident' perception [J]. Annals of Tourism Researeh，2003，30(4)：868-885.

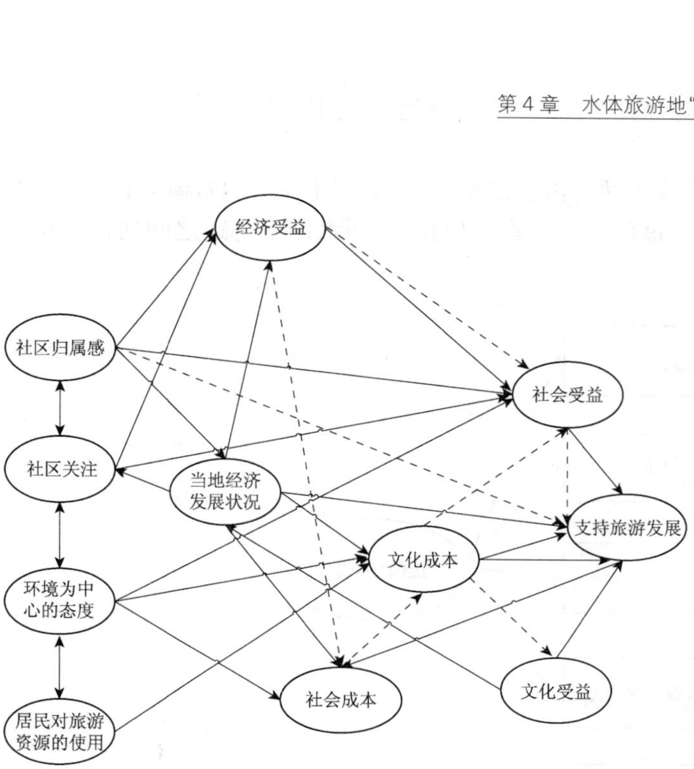

图 4-3　居民对旅游感知和态度的改进模型图

注：图中实线为影响显著关系，虚线是在原模型基础上新增加的路径。

资料来源：Gursoy D, Mc Cleary K W. An integrative model of tourists' information search behavior[J]. Annals of Tourism Research, 2004, 31(2): 353-373.

研了美国华盛顿州与爱达荷州两地的居民，于 2004 年构建了如图 4-3 所示的居民对旅游感知与态度的改进模型。

Choong-Ki 与 Gursoy 建立的模型都非常成功，但是仔细分析却依然存在各自的不足之处。Gursoy 的模型有一定的局限性，因为在测度居民旅游影响感知时仅考虑了正面经济维度与负面社会维度。Choong-Ki 的模型在研究居民对旅游影响的感知时从经济、社会文化与环境三个层面进行了分析，但是用利益这一维度来代表居民旅游感知，没有能体现出旅游负面影响感知与居民态度之间的关系。

4.2.2.2　理论模型

结构方程模型在旅游社区居民的应用研究中，最常见的潜变量就是居民对社区旅游开发的态度，研究重点是影响社区居民对旅游开发态度的因素。本书的主要目的是研究居民的水体旅游发展满意度和水体旅游发展态度的主要驱动因素，并尝试建立旅游感知视角下水体旅游地可持续发展的定量评价方法。在前人对于社区居民旅游发展影响感知与旅游发展态度的研究基础上，选取居民水体旅游影响的正面感知、负面感知为两个外生结构变量，选取水体旅游开发态度、居民满意度为两个内生结构变量（如图 4-4 所示），研究目的地居民满意度与水体旅游发展态度的影响因素，以判断不同水体旅游地之间居民旅游发展态度的驱动要素。

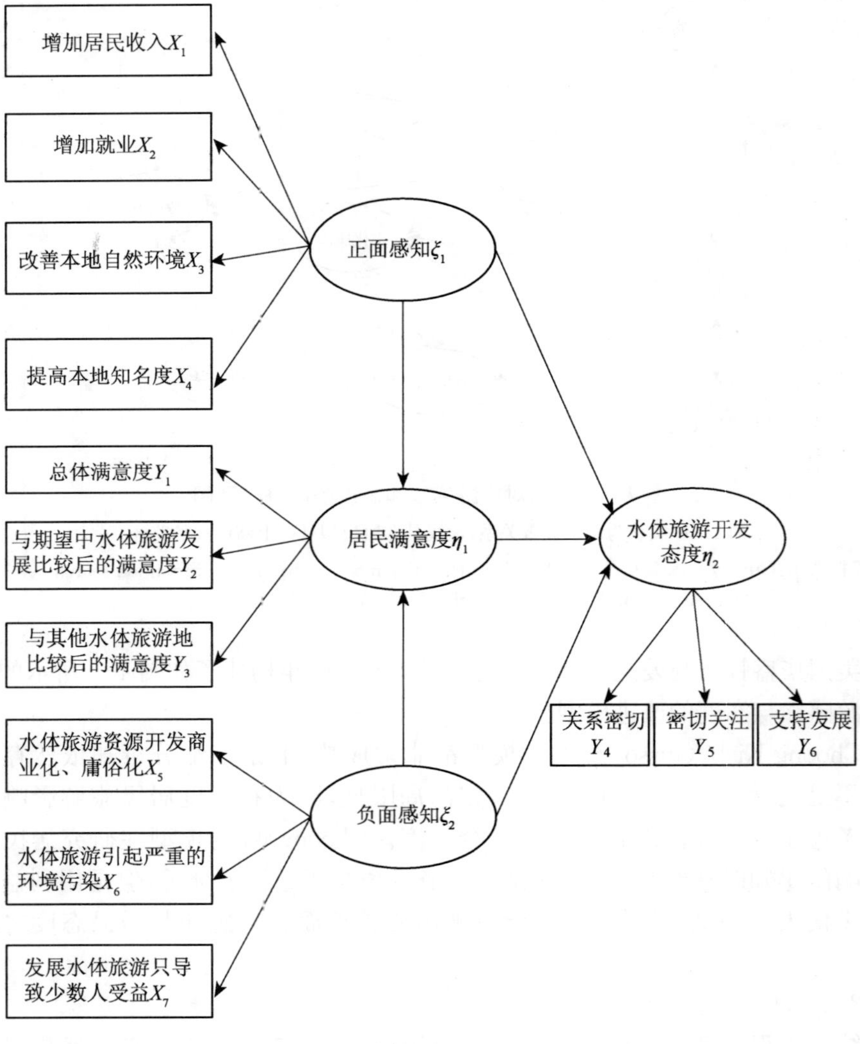

图 4-4　社区居民感知、满意度与态度理论模型图(RPSA-model)

本书建立包含 4 个结构变量和 13 个观测变量的理论模型，分别在南京外秦淮河国家级水利风景区、南京金牛湖国家级水利风景区以及南京珍珠泉国家级水利风景区三个案例地对居民进行问卷调查。问卷设计的每个题项中，均包含有五个维度的 Likert 量表。其中，1 代表“强烈反对”，5 代表“非常同意”，1 至 5 所对应的居民态度逐步改变。

第一个内生结构变量是居民满意度，观测变量采用三个测量因子，即 a.“对水体旅游发展的总体满意度”、b.“与期望中的水体旅游发展相比较，居民对本地水体旅游发展的满意度”、c.“与其他水体旅游地相比较，居民对本地水体旅游发展的满意度”。评价分为“强烈反对”、“反对”、“一般”、“同意”与“非常同意”，分别赋值为 1～5 分。各个水体旅游地的可持续发展能力强弱，就可以通过对总体满意度的评价反映出来。

第二个内生结构变量是居民对水体旅游开发的态度。设定三个测量因子衡量，即 a.“发展水体旅游与我关系密切”、b.“我密切关注水体旅游发展”、c.“我非常支持水体旅游发展”。回答按程度高低分五等级，分别赋值为 5～1 分。

在两个外生结构变量中，首先是居民对水体旅游影响的正面感知。本书从环境因素、经济因素、社会因素这三个方面出发，选择了针对水体旅游地具有代表性的四个观测变量“增加居民收入”、“增加就业”、“提高本地知名度”、“改善本地自然环境”，较为综合全面地反映出水体旅游地周边居民对发展水体旅游的正面影响感知。

居民对水体旅游影响的负面感知是本模型中的另一个外生结构变量。本书中采用了“水体旅游资源开发商业化、庸俗化”、“发展水体旅游只导致少数人受益”、“发展水体旅游引起严重的环境污染”这三个从社会的、经济的、环境的角度来考虑的观测变量。

两个外生结构变量的观测变量的评价均分为“强烈反对”、“反对”、“一般”、“同意”与“非常同意”，分别赋值为 1～5 分。

在居民 RPSA-model 感知结构方程模型中：潜在变量列于椭圆形中，观测变量列于长方形中。ξ 表示外生潜变量（共计 2 个隐变量，故 η 为 2×1 矩阵）；η 表示内生潜变量（共计 2 个隐变量，故 η 为 2×1 矩阵）；B 表示一些内生潜变量对其他内生潜变量的效应数矩阵（2×1）；Γ 表示外生潜变量对内生潜变量的效应系数矩阵（2×2）；ζ 表示结构方程误差项（error or residual term），是（2×1）矩阵。RPSA-model 结构方程内部模型表示为方程（4-1）：

$$\eta = B\eta + \Gamma\xi + \zeta \tag{4-1}$$

并可对应表示为方程（4-2），其中 β 与 γ 为通径系数（path coefficients）。β_{ij} 是 η_j 对 η_i 的通径系数，表示作为起因变量的 η_j 对作为效应变量的 η_i 的直接影响程度；γ_i 表示外生潜变量对 η_i 的通径系数，即作为起因变量的 ξ_i 对作为效应变量的 η_i 的直接影响程度。

$$\begin{bmatrix}\eta_1\\ \eta_2\end{bmatrix}=\begin{bmatrix}0 & \\ -\beta_{21} & \end{bmatrix}\begin{bmatrix}\eta_1\\ \eta_2\end{bmatrix}+\begin{bmatrix}\gamma_{11} & \gamma_{12}\\ \gamma_{21} & \gamma_{22}\end{bmatrix}\begin{bmatrix}\xi_1\\ \xi_2\end{bmatrix}+\begin{bmatrix}\zeta_1\\ \zeta_1\end{bmatrix} \tag{4-2}$$

对于外生变量，有方程(4-3)：

$$X=\Lambda_x\xi+\delta \tag{4-3}$$

对于内生变量，有方程(4-4)：

$$Y=\Lambda_y\eta+\varepsilon \tag{4-4}$$

将方程(4-3)与方程(4-4)展开可得到以下数学方程式(4-5)、式(4-6)。

$$\begin{bmatrix}x_1\\ x_2\\ x_3\\ x_4\\ x_5\\ x_6\\ x_7\end{bmatrix}=\begin{bmatrix}\lambda_{11} & 0\\ \lambda_{21} & 0\\ \lambda_{31} & 0\\ \lambda_{41} & 0\\ 0 & \lambda_{52}\\ 0 & \lambda_{62}\\ 0 & \lambda_{72}\end{bmatrix} \tag{4-5}$$

$$\begin{bmatrix}y_1\\ y_2\\ y_3\\ y_4\\ y_5\\ y_6\end{bmatrix}=\begin{bmatrix}\lambda_1 & 0\\ \lambda_2 & 0\\ \lambda_3 & 0\\ 0 & \lambda_6\\ 0 & \lambda_7\\ 0 & \lambda_8\end{bmatrix}\begin{bmatrix}\eta_1\\ \eta_2\end{bmatrix}+\begin{bmatrix}\varepsilon_1\\ \varepsilon_2\\ \varepsilon_3\\ \varepsilon_4\\ \varepsilon_5\\ \varepsilon_6\end{bmatrix} \tag{4-6}$$

式中，X 为外生观测变量构成的向量矩阵(7×1)；Λ_x 为 X 对 ξ 的测度系数或载荷矩阵(7×2)；δ 为 X 的测量误差构成的向量矩阵(7×1)；γ 为内生观测变量构成的向量矩阵(6×1)；Λ_y 为 Y 对 η 的测度系数(regression weight)或因子载荷(factor loadings)矩阵(6×2)；ε 为 Y 的测量误差构成的向量矩阵(6×1)。

居民感知 RPSA-model 结构方程模型中一共有八个基础参数矩阵需要在线性结构关系模型中估计，Λ_x、Λ_y、Γ、B、Φ、ψ、Θ_ε、Θ_δ、Λ_x、Λ_y 矩阵是因子载荷矩阵，Γ、B 是结构通径系数矩阵；Φ 是外生潜在变量 ξ 的方差协方差矩阵；Ψ 是结构方程误差项 ζ 的方差协方差矩阵；Θ_ε、Θ_δ 是观测误差(ε、δ)的方差协方差矩阵；内

生潜在变量 η 用以下公式可计算得：

$$\mathrm{Var}(\eta)=\mathrm{Var}\left(\Gamma\xi+\frac{\zeta}{I-B}\right) \tag{4-7}$$

RPSA-model 结构方程模型假定：ε 与 η 不相关；δ 与 ξ 不相关；ζ 与 ξ 不相关；ζ、ε 和 δ 之间均不自相关，即 $E(\eta\zeta')=0$, $E(\xi\zeta')=0$, $E(\zeta)=0$, $E(\varepsilon)=0$, $E(\delta)=0$, $E(\eta\varepsilon')=0$, $E(\xi\delta')=0$。Σ 表示模型成立时的理论协方差矩阵，若用 S 表示由样本得到的协方差矩阵，通过用 S 去拟合 Σ，即可估计出模型中的自由参数，计算出相应系数值，同时可对模型的拟合性进行假设检验。上述分析可借助统计分析软件（SPSS PASW Statistics 18.0）和结构方程建模软件（Amos 17.0）实现。

4.2.3　假设提出

本书参考了前人对于居民旅游影响感知和旅游发展态度的研究模型，在此基础上构建了水体旅游地居民旅游影响感知、满意度及开发态度之间关系的验证性因子分析结构模型，如图 4-4 所示。用此模型来分析南京地区水体旅游地居民对旅游影响感知、满意度和开发态度之间的相互关系，为揭示南京地区水体旅游地居民旅游影响感知、满意度和开发态度的特征提供依据，并基于此评价不同案例地旅游可持续发展的水平，同时就出现的问题进行分析。结合图 4-4 的理论模型，本书提出以下五组假设，如表 4-2 所示：

表 4-2　社区居民感知、满意度与态度理论模型中的五组假设

假设	内　　容	关系
H_1	居民对水体旅游影响的正面感知与水体旅游发展满意度	显著正向关系
H_2	居民对水体旅游影响的正面感知与居民的水体旅游开发态度	显著正向关系
H_3	居民对水体旅游影响的负面感知与水体旅游发展满意度	显著负向关系
H_4	居民对水体旅游影响的负面感知与居民的水体旅游开发态度	显著负向关系
H_5	居民对水体旅游发展的满意度与居民的水体旅游开发态度	显著相关关系

4.2.4　居民样本人口统计学特征

本研究于 2013 年 6 月和 7 月先后在外秦淮河国家级水利风景区、金牛湖国家级水利风景区、珍珠泉国家级水利风景区对周边居民进行了访谈式问卷调查，以检验本研究所提出的居民感知理论模型与假设路径。

表 4-3　三地问卷调查居民的基本人口统计学特征

基本情况	分类	所占百分比(%)			基本情况	分类	所占百分比(%)		
		外秦淮河	金牛湖	珍珠泉			外秦淮河	金牛湖	珍珠泉
年龄	平均(岁)	39	37	33	职业	政府公职人员	13.33	3.45	6.80
性别	男	45.93	59.95	43.83		企事业管理人员	8.40	8.49	4.53
	女	54.07	40.05	56.17		专业/文教技术人员	18.27	2.12	3.53
文化程度	小学及以下	1.23	18.30	1.76		服务销售商贸人员	5.68	4.77	13.60
	初中	9.14	22.02	19.14		工人	1.98	11.94	10.83
	高中	11.36	35.01	31.23		农民	0.00	25.20	21.16
	大专	31.60	16.18	21.66		学生	20.99	12.20	27.96
	本科	36.30	8.49	25.94		离退休人员	28.15	18.30	10.33
	研究生及以上	10.37	0.00	0.25		其他	3.21	13.53	1.26
出生于本地		18.77	71.09	21.16	本地平均居住时间(年)		13	21	15

注:外秦淮河，$N=405$;金牛湖，$N=377$;珍珠泉 $N=397$。

表 4-3 是三处水体旅游地的居民样本人口统计学基本特征。可以看出，外秦淮河、金牛湖和珍珠泉抽样调查的居民平均年龄相近，分别为 39 岁、37 岁和 33 岁，外秦淮地区平均样本年龄偏大。三地受调查居民在性别上，金牛湖男性近六成，而外秦淮河和珍珠泉则女性偏多。在文化程度上发现金牛湖受调查样本小学及以下(包括文盲)的人数比重远远大于其他两地，本科及本科以上的学历人数远低于其他两地，说明金牛湖居民受教育程度整体偏低，亟须兴办教育，提高居民的文化教育水平。而外秦淮河地区本科及本科以上学历人数所占比重最高，这与外秦淮河石头城两岸集聚了很多高校及高校教师住所有很大的关系，整体文化素质层次较高。职业构成上，外秦淮河居民样本中文教技术人员、政府公职、离退休人员、学生(特别是大学生)所占比例较高，而金牛湖居民样本中农民、工人、学生所占比例较高。在本地平均居住时间上，外秦淮河和珍珠泉受调查样本分别为 13 年和 15 年，远低于金牛湖。三地居民在是否出生于本地上差异尤其悬殊，有 71.09%的金牛湖居民是土生土长的当地人，而外秦淮河与珍珠泉仅有 18.77%、21.16%的居民为当地人，有超过一半的居民来自于外地，说明外秦淮河、珍珠泉与外界人口流动较大，而金牛湖相对还比较封闭，社区基本组成单纯，以原住居民为主，人员流动量非常少。

4.2.5　模型分析

4.2.5.1　数据常态检验

运用 SPSS PASW Statistics 18.0 统计软件，将三个国家级水利风景区外秦淮

河景区、金牛湖景区与珍珠泉景区作为案例地，建模所需要的数据通过细致的调研来获得，同时应注意对数据的整理与检查，出现异常数据经过核对能校正的予以修改，不能校正的则予以删除，从而把误差降到最小，对缺省的数据采用样本均值替代法处理后进行数据常态统计。从表 4-4 可以看出，所有指标的偏度 $|S|<3$、峰度 $|K|<10$，即各观测变量评价值均在正常状态。

表 4-4 三个案例地居民 RPSA-model 观测变量评价

案例地	指标	均值	标准差	偏度	峰度	案例地	指标	均值	标准差	偏度	峰度
外秦淮河国家级水利风景区	Y_1	3.556	1.002	−0.502	0.171	金牛湖国家级水利风景区	Y_1	3.464	0.896	−0.093	−0.567
	Y_2	3.311	0.994	−0.305	−0.288		Y_2	3.332	0.862	−0.170	−0.178
	Y_3	3.365	0.962	−0.435	0.006		Y_3	3.252	0.966	−0.007	−0.302
	Y_4	3.415	1.150	−0.507	−0.365		Y_4	3.650	1.008	−0.368	−0.371
	Y_5	3.356	1.153	−0.560	−0.420		Y_5	3.459	1.059	−0.175	−0.629
	Y_6	3.995	1.027	−0.914	0.281		Y_6	4.082	0.906	−0.681	−0.130
	X_1	4.094	0.859	−1.286	2.564		X_1	4.215	0.785	−1.029	1.562
	X_2	4.274	0.899	−1.492	2.519		X_2	4.233	0.788	−1.029	1.296
	X_3	3.842	0.965	−0.876	0.906		X_3	3.838	0.944	−0.549	−0.125
	X_4	3.832	1.109	−0.825	0.131		X_4	3.910	0.906	−0.661	0.348
	X_5	3.447	1.074	−0.036	−0.681		X_5	3.305	0.997	−0.172	−0.338
	X_6	3.462	1.051	−0.123	−0.676		X_6	3.652	1.048	0.057	−0.382
	X_7	3.657	1.085	−0.408	−0.470		X_7	3.718	1.105	0.125	−0.477
珍珠泉国家级水利风景区	Y_1	3.791	0.915	−0.349	−0.328	珍珠泉国家级水利风景区	X_1	4.317	0.728	−0.806	0.138
	Y_2	3.602	0.950	−0.322	−0.130		X_2	4.355	0.726	−0.936	0.693
	Y_3	3.572	0.966	−0.323	−0.385		X_3	4.058	0.858	−0.617	−0.193
	Y_4	3.733	1.080	−0.505	−0.422		X_4	4.060	0.883	−0.694	0.173
	Y_5	3.675	1.072	−0.424	−0.560		X_5	3.443	1.092	−0.270	−0.584
	Y_6	4.174	0.851	−0.686	−0.316		X_6	3.013	1.040	−0.323	−0.580
							X_7	2.883	1.043	−0.463	−0.322

注：外秦淮河，$N=405$；金牛湖，$N=377$；珍珠泉 $N=397$。

表 4-4 显示三个水体旅游地中，居民对珍珠泉水体旅游发展的满意度相对较高，外秦淮河排在第二，金牛湖则较低。对水体旅游发展的总体满意度(Y_1)、与期

望中的旅游发展相比较后居民对本地水体旅游发展的满意度(Y_2)、与其他地方相比较后居民对本地旅游发展的满意度(Y_3)这三项观测变量均是珍珠泉案例地得分最高;与期望中的旅游发展相比较后居民对本地水体旅游发展的满意度(Y_2),此项观测变量外秦淮河地区排在三者最末;其余两项 Y_1、Y_3 则是金牛湖处于落后的位置。珍珠泉景区近年来,在江苏"沿江开发"、南京"跨江发展"等宏观发展战略的进一步推动下,紧紧抓住区划调整和市里简政放权的机遇,大力招商引资,加快基础设施建设,旅游项目越来越多,人气越来越旺,影响力越来越大,已经基本形成"南有中山陵、北有珍珠泉"的南京旅游新格局。《"一山三泉"地区旅游发展战略规划》提出将旅游业发展作为浦口区的支柱产业和动力产业,将"一山三泉"地区建设成为以温泉度假、生态休闲为特色,旅游观光与度假相结合,兼具商务、会议、康体、科普旅游等功能的国家级旅游度假区,规划提出珍珠泉度假区作为四大重点战略旅游景区之一。可见珍珠泉在浦口地区旅游业发展的重要地位,景区和浦口当地居民的生活也有密切的联系,为浦口居民提供较有价值的景观和室外活动的场所空间,当地居民对发展旅游抱有极大的热情,对珍珠泉水体旅游发展的满意度也相对较高。

外生潜变量所有 7 个观测变量中有 4 个是珍珠泉分值最高,均是居民正面感知观测变量,包括增加居民收入(X_1)、增加就业(X_2)、改善本地自然环境(X_3)、提高本地知名度(X_4)。金牛湖的基本生活水平显著提高(X_2)、改善本地自然环境(X_3)均分落后,而外秦淮河的促进经济发展(X_1)、提高本地知名度(X_4)均分落后。外秦淮河附近居民个人经济条件相对而言在三者中最高,生活水平较高,而且绝大多数附近居民的职业集中在高校教师、政府机关工作人员等,经济收入受到旅游行业发展影响的直接效应不明显,因而对增加居民收入(X_1)、提高本地知名度(X_4)两项观测变量敏感度不高也在情理之中。负面感知三个观测变量中,外秦淮河的水体旅游资源开发商业化、庸俗化(X_5)均分最高,而金牛湖的引起环境严重污染(X_6)和发展水体旅游只导致少数人受益(X_7)均分最高。金牛湖附近居民职业多以农民、工人为主,相对来说对经济收益回报较为关注,敏感程度也较高,对发展水体旅游是否会引起少数人、少数集团收益较为关注。

4.2.5.2 测量模型检验

本书的主要分析工具是 AMOS17.0 统计软件,对所提出的概念模型使用结构方程模型(SEM)方法进行相关假设检验。SEM 方法的两个基本组成部分包括测量模型与结构模型。借鉴 Anderson(1988)提出的相关结构方程两阶段检验方法,本书为了保证结构模型检验的信度与拟合质量,第一步先测量模型检验,然后再进行结构模型检验。

估计测量模型的有效性与模型的拟合度均可采用验证性因子分析。如表 4-5 所示，对构建的测量模型使用 AMOS17.0 进行分析：

a. 外秦淮河：$\chi^2 = 135.567(df = 49)$、$\chi^2/df = 2.767$、$p < 0.001$、RMSEA = 0.066、CFI = 0.961、TLI = 0.938、GFI = 0.953、NFI = 0.941；

b. 金牛湖：$\chi^2 = 151.423(df = 57)$、$\chi^2/df = 2.657$、$p < 0.001$、RMSEA = 0.066、CFI = 0.935、TLI = 0.911、GFI = 0.941、NFI = 0.901；

c. 珍珠泉：$\chi^2 = 119.360(df = 59)$、$\chi^2/df = 2.023$、$p < 0.001$、RMSEA = 0.051、CFI = 0.965、TLI = 0.954、GFI = 0.956、NFI = 0.934。

三处水体旅游地有 13 个观测变量，其标准化因子负荷如表 4-6 所示在 0.648 到 0.920 之间，达到因子载荷大于 0.4 的标准，标准化的因子负荷高度显著，显示各观测变量对潜变量都具有比较强的解释能力，本研究所构建的模型达到可以接受的水平。

表 4-5　三处水体旅游地测量模型拟合指标

	χ^2	df	χ^2/df	RMSEA	CFI	TLI	GFI	NFI
外秦淮河	135.567	49	2.767	0.066	0.961	0.938	0.953	0.941
金牛湖	151.423	57	2.657	0.066	0.935	0.911	0.941	0.901
珍珠泉	119.360	59	2.023	0.051	0.965	0.954	0.956	0.934

注：外秦淮河，$N = 405$；金牛湖，$N = 377$；珍珠泉 $N = 397$。

表 4-6　测量模型的信度与效度检验

案例	构念	测量项目	标准负荷	残差方差	Cronbach's α 系数	CR	AVE
外秦淮河	ξ_1	X_1	0.739	0.454	0.815	0.858	0.603
		X_2	0.723	0.477			
		X_3	0.868	0.247			
		X_4	0.767	0.412			
	ξ_2	X_5	0.864	0.254	0.775	0.917	0.786
		X_6	0.920	0.154			
		X_7	0.874	0.236			
	η_1	Y_1	0.776	0.398	0.863	0.837	0.632
		Y_2	0.853	0.272			
		Y_3	0.752	0.434			
	η_2	Y_4	0.881	0.224	0.747	0.873	0.698
		Y_5	0.848	0.281			
		Y_6	0.773	0.402			

续表 4-6

案例	构念	测量项目	标准负荷	残差方差	Cronbach's α 系数	CR	AVE
金牛湖	ξ_1	X_1	0.732	0.464	0.814	0.812	0.519
		X_2	0.725	0.474			
		X_3	0.751	0.436			
		X_4	0.671	0.550			
	ξ_2	X_5	0.648	0.580	0.705	0.817	0.602
		X_6	0.848	0.281			
		X_7	0.816	0.334			
	η_1	Y_1	0.835	0.303	0.719	0.834	0.627
		Y_2	0.763	0.418			
		Y_3	0.775	0.399			
	η_2	Y_4	0.821	0.326	0.751	0.857	0.668
		Y_5	0.879	0.227			
		Y_6	0.746	0.443			
珍珠泉	ξ_1	X_1	0.741	0.451	0.744	0.841	0.570
		X_2	0.780	0.392			
		X_3	0.762	0.419			
		X_4	0.736	0.458			
	ξ_2	X_5	0.795	0.368	0.792	0.880	0.710
		X_6	0.906	0.179			
		X_7	0.823	0.323			
	η_1	Y_1	0.794	0.370	0.745	0.855	0.663
		Y_2	0.833	0.306			
		Y_3	0.816	0.334			
	η_2	Y_4	0.873	0.238	0.802	0.885	0.719
		Y_5	0.876	0.233			
		Y_6	0.792	0.373			

注：外秦淮河，$N = 405$；金牛湖，$N = 377$；珍珠泉 $N = 397$。

为了确保命题验证的科学性，利用统计软件 SPSS PASW Statistics 18.0，检验测量模型的信度与效度（表 4-6）。

使用 Cronbach's α 系数对测量指标的内部一致性进行信度检验，外秦淮河景区、金牛湖景区与珍珠泉景区所有观测变量的 Cronbach's α 系数在 0.705 到 0.863 之间，大于 0.6 的最低标准；使用组合信度（Composite Reliability, CR）对测量指标的内部一致性进行信度检验，这三个景区的组合信度最低为 0.812，大于 0.5 的参考标准。由此可以判定，测量模型中的观测变量具有良好的内部一致性。使用平均变异抽取量(Average Variance Extracted, AVE)，检验测量模型的会聚效度。外秦淮河景区所有观测变量的 AVE 最低为 0.603、金牛湖景区所有观测变量的 AVE 最低为 0.519、珍珠泉景区所有观测变量的 AVE 最低为 0.570，均满足了有关 AVE 应该大于 0.50 的标准，表明各观测变量能够较好的测度其所属的潜在变量。以上均表明本研究的各项观测变量具有收敛效度。

本书采用 Fornell & Larker(1981)建议的 AVE 比较法来检验量表的区别效度。外秦淮河景区、金牛湖景区与珍珠泉景区的量表中任意两个变量相关系数的平方均小于各自的 AVE 值，如表 4-7、表 4-8、表 4-9 所示，表明在各项观测变量之间都存在显著差异，量表具有良好的区分效度。可以看出，本书的量表有效并且可靠，用来进行模型假设验证是可行的。

表 4-7 外秦淮河相关系数矩阵

外秦淮河	η_1	η_2	ξ_1	ξ_2
η_1	1.000			
η_2	0.401**	1.000		
ξ_1	0.496**	0.403**	1.000	
ξ_2	0.149**	0.001	0.245**	1.000

注：外秦淮河，$N=405$。

表 4-8 金牛湖相关系数矩阵

金牛湖	η_1	η_2	ξ_1	ξ_2
η_1	1.000			
η_2	−0.013	1.000		
ξ_1	0.294**	0.078	1.000	
ξ_2	0.407**	−0.106*	0.247**	1.000

注：金牛湖，$N = 377$。

表 4-9 珍珠泉相关系数矩阵

珍珠泉	η_1	η_2	ξ_1	ξ_2
η_1	1.000			
η_2	0.495**	1.000		
ξ_1	0.390**	0.495**	1.000	
ξ_2	0.128*	0.270**	0.111**	1.000

注：珍珠泉 $N = 397$。

为了使研究结果更为可靠，本书最后采用 Harman's 单因素方差检验来进行同源误差检验。所谓同源误差是指由测量方法造成的变异，这种误差并不是由观测变量造成。同源误差会影响到研究变量间的相关关系，严重情况下将会导致错误结论的产生。对所有变量进行因子分析时，如果有同源误差存在，则会出现一个变量或一个变量组合，解释了大部分变量的方差。检验结果显示，外秦淮河景区、金牛湖景区、珍珠泉景区这三处水体旅游地，因子对变量最大的解释程度分别为33.26%、20.46%、27.67%，于是可以认为不存在同源误差。

4.2.5.3 结构模型分析和假设检验

用最大似然估计法在AMOS17.0中对结构模型进行检验。结构模型中包括居民正面感知、居民负面感知两个外生潜变量，分别用了4个和3个题项测量；居民满意度、居民对水体旅游的开发态度为内生潜变量，分别都用3个题项测量。通过分析可以得到结构方程模型的拟合度指数：

a. 外秦淮河：$\chi^2 = 186.687(df = 52)$、$\chi^2/df = 3.590$、$p < 0.001$、RMSEA = 0.080、CFI = 0.939、TLI = 0.909、GFI = 0.939；

b. 金牛湖：$\chi^2 = 139.052(df = 56)$、$\chi^2/df = 2.483$、$p < 0.001$、RMSEA = 0.063、CFI = 0.943、TLI = 0.920、GFI = 0.946；

c. 珍珠泉：$\chi^2 = 119.360(df = 59)$、$\chi^2/df = 2.023$、$p < 0.001$、RMSEA = 0.051、CFI = 0.965、TLI = 0.954、GFI = 0.956。

拟合度指数显示这三个水体旅游地的结构模型拟合度均较好。

本书呈现路径系数的方式借助于非标准化系数，即非标准化系数越大代表在路径关系中影响越大、重要性越高。对结构方程模型中结构变量的路径系数进行检验（表4-10、表4-11、表4-12）可以发现，三处水体旅游地居民SEM研究结果基本一致，三处水体旅游地除了居民水体旅游影响的负面感知与水体旅游发展满意度的非标准化系数不显著，即H_3没有被支持，其他所有假设都与预先设定基本吻合。即居民对水体旅游影响的正面感知与水体旅游发展满意度有显著正向关系；居民对水体旅游影响的正面感知与居民的水体旅游开发态度有显著正向关系；居民对水体旅游影响的负面感知与居民的水体旅游开发态度有显著负向关系；居民对水体旅游发展的满意度与居民的水体旅游开发态度有显著相关关系。

表4-10 外秦淮河居民RPSA-model整体结构模型路径系数估计值

假设及路径		非标准化路径系数	标准误差	临界比	P	假设支持否
H_{1a}	正面感知→满意度(+)	0.777	0.098	7.922	***	是
H_{2a}	正面感知→开发态度(+)	0.534	0.129	4.133	***	是
H_{3a}	负面感知→满意度(−)	−0.091	0.470	−1.926	0.054	否
H_{4a}	负面感知→开发态度(−)	−0.119	0.054	−4.133	0.028	是
H_{5a}	满意度→开发态度(+)	0.491	0.102	4.821	***	是

注：a——外秦淮河，$N = 405$；*** 表示显著性水平小于0.001。

表 4-11　金牛湖居民 RPSA-model 整体结构模型路径系数估计值

	假设及路径	非标准化路径系数	标准误差	临界比	P	假设支持否
H_{1b}	正面感知→满意度(+)	0.361	0.063	5.728	***	是
H_{2b}	正面感知→开发态度(+)	0.323	0.073	4.436	***	是
H_{3b}	负面感知→满意度(−)	−0.136	0.094	−1.437	0.151	否
H_{4b}	负面感知→开发态度(−)	−0.196	0.097	−2.010	0.044	是
H_{5b}	满意度→开发态度(+)	0.202	0.078	2.585	0.010	是

注:b——金牛湖,$N=377$;*** 表示显著性水平小于 0.001。

表 4-12　珍珠泉居民 RPSA-model 整体结构模型路径系数估计值

	假设及路径	非标准化路径系数	标准误差	临界比	P	假设支持否
H_{1c}	正面感知→满意度(+)	0.606	0.093	6.525	***	是
H_{2c}	正面感知→开发态度(+)	0.699	0.129	5.401	***	是
H_{3c}	负面感知→满意度(−)	−0.034	0.068	−0.508	0.612	否
H_{4c}	负面感知→开发态度(−)	−0.246	0.055	−4.509	***	是
H_{5c}	满意度→开发态度(+)	0.639	0.113	5.649	***	是

注:c——珍珠泉,$N=397$;*** 表示显著性水平小于 0.001。

根据 Baron & Kenny(1986)建议的方法,我们对居民满意度的中介效应进行检验。本研究首先构建了居民正面感知、居民负面感知对水体旅游开发态度的直接效应模型,然后,我们建立了居民满意度对正、负两种居民感知和水体旅游开发态度之间关系的部分中介模型及完全中介模型。从表 4-13、表 4-14、表 4-15 的拟合指数可以看出,在拟合程度上部分中介模型普遍优于完全中介模型。

表 4-13　外秦淮河结构方程模型间的比较

	直接模型 $\beta(t$-值)	部分中介模型 $\beta(t$-值)	假设模型 $\beta(t$-值)
路径			
正面感知→满意度(+)		0.78(7.92)***	0.84(8.48)***
正面感知→开发态度(+)	0.77(6.43)***	0.53(4.13)***	
负面感知→满意度(−)		−0.09(−1.93)	−0.05(−1.18)
负面感知→开发态度(−)	−0.06(−1.09)	−0.12(−4.13)*	
满意度→开发态度(+)		0.49(4.82)***	0.68(8.18)***

续表 4-13

	直接模型 β(t-值)	部分中介模型 β(t-值)	假设模型 β(t-值)
模型整体拟合			
χ^2	128.42	186.69	129.18
df	29	52	48
RMSEA	0.09	0.08	0.06
CFI	0.94	0.94	0.96
GFI	0.94	0.94	0.95
NFI	0.93	0.92	0.94
IFI	0.94	0.94	0.96

注：β为非标准化的系数；外秦淮河，$N=405$。

表 4-14　金牛湖结构方程模型间的比较

	直接模型 β(t-值)	部分中介模型 β(t-值)	假设模型 β(t-值)
路径			
正面感知→满意度(+)		0.36(5.73)***	0.38(6.11)***
正面感知→开发态度(+)	0.39(5.63)***	0.32(4.43)***	
负面感知→满意度(−)		−0.14(−1.44)	−0.11(−1.25)
负面感知→开发态度(−)	−0.17(−1.75)	−0.20(−2.01)*	
满意度→开发态度(+)		0.20(2.59)*	0.34(4.40)***
模型整体拟合			
χ^2	83.88	139.05	167.25
df	29	56	58
RMSEA	0.07	0.06	0.07
CFI	0.95	0.94	0.93
GFI	0.96	0.95	0.94
NFI	0.93	0.91	0.89
IFI	0.95	0.94	0.93

注：β为非标准化的系数；金牛湖，$N=377$。

表 4-15　珍珠泉结构方程模型间的比较

	直接模型 $\beta(t$-值）	部分中介模型 $\beta(t$-值）	假设模型 $\beta(t$-值）
路径			
正面感知→满意度（+）		0.61(6.53)***	0.72(7.19)***
正面感知→开发态度（+）	1.08(8.46)***	0.70(5.40)***	
负面感知→满意度（−）		−0.03(−0.51)	−0.23(−4.37)***
负面感知→开发态度（−）	−0.13(−1.83)	−0.25(−4.51)***	
满意度→开发态度（+）		0.64(5.65)***	1.00(9.09)***
模型整体拟合			
χ^2	81.87	119.36	151.54
df	32	59	61
RMSEA	0.06	0.05	0.06
CFI	0.96	0.97	0.95
GFI	0.96	0.96	0.95
NFI	0.94	0.93	0.91
IFI	0.96	0.97	0.95

注：β 为非标准化的系数；珍珠泉 $N = 397$。

对三个研究案例地居民的 RPSA-model 分析显示与预先的假设基本吻合，除了不支持 H_3 之外，其余假设均被支持。由图 4-5、图 4-6、图 4-7 分析可知，三处水体旅游地居民正面感知不仅对居民满意度存在显著的正向影响，而且对居民水体旅游开发态度也都存在着显著的影响。居民满意度对居民水体旅游开发态度的相关性方面，三地表现略有不同，外秦淮河、珍珠泉表现为显著相关影响，而金牛湖的居民满意度对居民水体旅游开发态度表现为相关，但未达到 0.001 水平上显著。由此，居民对水体旅游发展的正面感知是提升居民满意度，并直接关系居民对水体旅游开发态度的重要因素，影响着水体旅游地的可持续发展能力。发展水体旅游的同时，重视水体旅游地居民正面感知，提升居民满意度，是我们今后水体旅游规划开发要注意的环节之一。

居民负面感知对水体旅游开发态度三处水体旅游地均表现为一定程度上的相关性，其中外秦淮河、金牛湖表现为 0.05 水平上的显著，而珍珠泉表现为 0.001 水平上显著。负面感知对居民满意度的相关性上，三处均没有显著被支持。

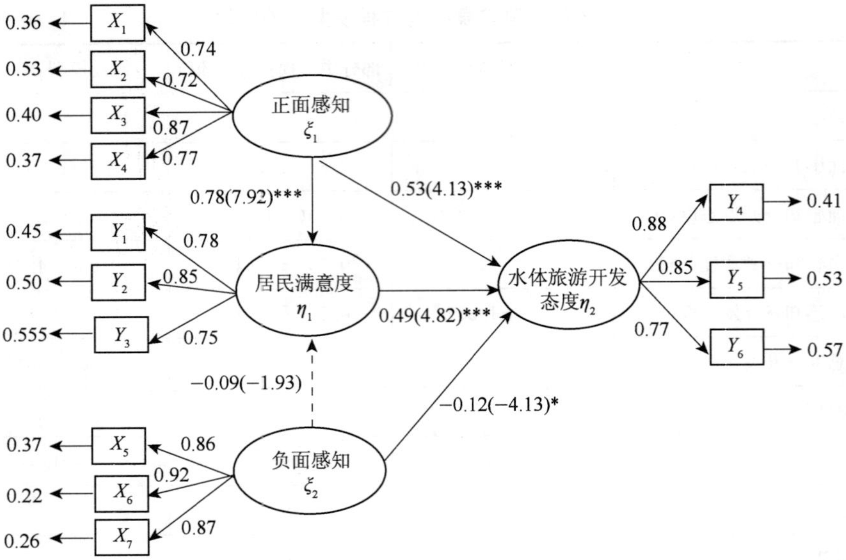

图 4-5 外秦淮河居民感知结构方程模型的标准化解

注：→表示路径显著、- - →表示路径不显著；* 表示在 0.05 水平上显著、* * 表示在 0.01 水平上显著、*** 表示在 0.001 水平上显著。

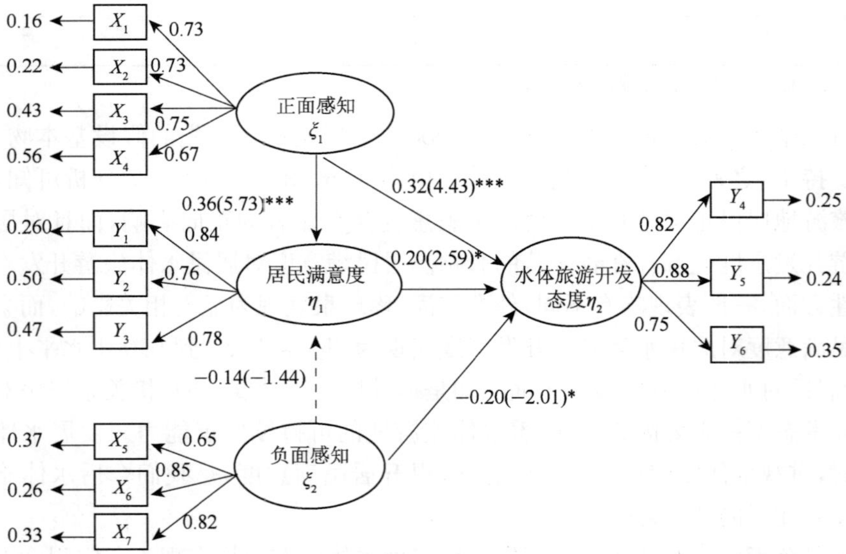

图 4-6 金牛湖居民感知结构方程模型的标准化解

注：→表示路径显著、- - →表示路径不显著；* 表示在 0.05 水平上显著、* * 表示在 0.01 水平上显著、*** 表示在 0.001 水平上显著。

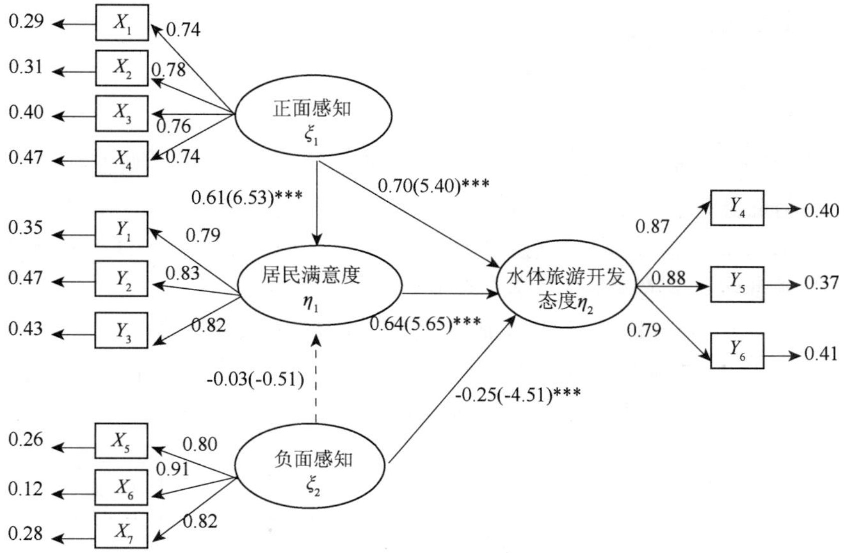

图 4-7　珍珠泉居民感知结构方程模型的标准化解

注：→表示路径显著、- - →表示路径不显著；* 表示在 0.05 水平上显著、* * 表示在 0.01 水平上显著、* * * 表示在 0.001 水平上显著。

4.3　游客感知、满意度与忠诚度关系研究

4.3.1　游客感知与水体旅游地发展关联性研究

游客满意度与忠诚度也是旅游地可持续发展的重要影响因子，怎样创建令游客满意的旅游地，是在研究旅游地如何发展时政府、学者与旅游从业人员的关注焦点。充分重视到影响游客满意度与忠诚度的因素，着力提升游客旅行体验的满意度，在游客口碑中占得先机，吸引潜在游客的到来，提升旅游地的知名度与竞争力。

南京市水体旅游地能否持续、协调发展取决于能否立足水资源、水文化，打造精品水体旅游景观，营造出令人向往的游憩氛围。各个水体旅游地的区位条件不尽相同，通过对游客感知的研究来分析各个水体旅游地发展的优势与劣势。通过构建游客对水体旅游地感知-满意度-忠诚度的模型，探讨影响游客满意度与忠诚度的因素并验证两者之间的关系，分析游客感知视角下的水体旅游地可持续发展能力的差异。

4.3.2 模型构建

4.3.2.1 满意度、忠诚度研究回顾

(1) 满意度

旅游者满意的概念来源于顾客满意。顾客满意是一个营销概念,指的是顾客对于产品与服务在多大程度上满足了自己需求的一种判断,这种判断是顾客在消费之后产生的主观感受,难以直接进行测量。如何通过定量分析的方法,相对客观而准确的测度顾客满意度,许多学者对此做过研究。

美国学者 Oliver(1980)构建了满意度决策的因果认知模型(图 4-8),该模型以事前的期望、态度、购买意愿、不确认与事后的满意度、态度、购买意愿之间的关系为研究对象,这也就是期望差异模型(Expectation Disconfirmation Model)。

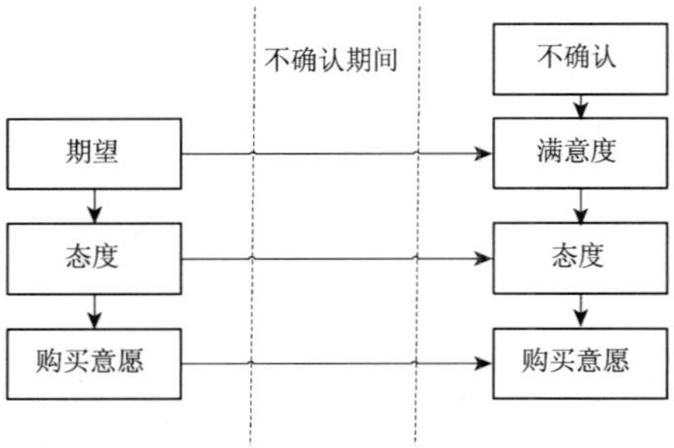

图 4-8 期望差异模型

资料来源:Oliver R L. A cognitive model of the antecedents and consequences of satisfaction decisions[J]. Journal of Marketing Researeh, 1980, 17(4): 460-469.

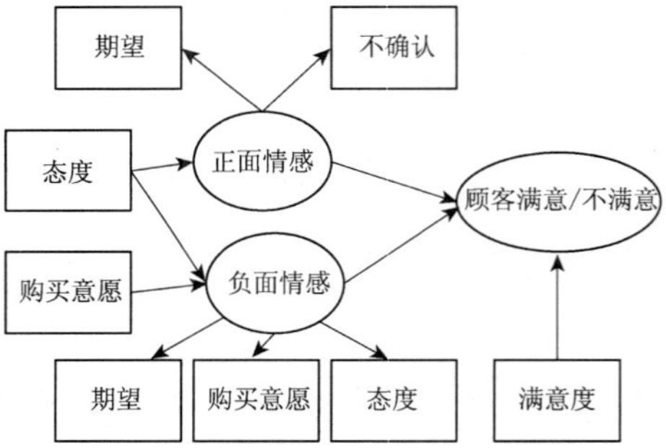

图 4-9 属性基础满意模式

资料来源:Oliver R L. A conceptual model of service quality and service satisfaction: compatible goal, different concepts[J]. Advances in Service marketing and Management, 1993(2): 64-86.

Oliver(1993)又提出了如图 4-9 所示的属性基础满意模型。该模型将满意度视为正面情感、负面情感、产品属性满意、产品属性不满意以及不确认的函数。该模型认为正面情感与负面情感都受到属性满意与不满意的影响,而对属性绩效的客观满意判断是顾客一种心理实现的反应,可以用欢喜与兴趣两方面来描述正面情感,可以用外因、内因与状态三个归因来源对负面情感进行分析。

美国顾客满意度指数模型 ACSI(American Customer Satisfaction Index)如图 4-10 所示,由多个联邦政府机构共同制定并被用来作为测度顾客满意度的工具。欧洲顾客满意度指数模型 ECSI(European Customer Satisfaction Index)如图4-11 所示,是当前测度顾客满意度的宏观主流模型。与美国模型相比较,欧洲模型的结构变量增加了"形象"、去掉了"顾客抱怨",同时将感知质量划分为感知软件质量与

感知硬件质量两个部分。

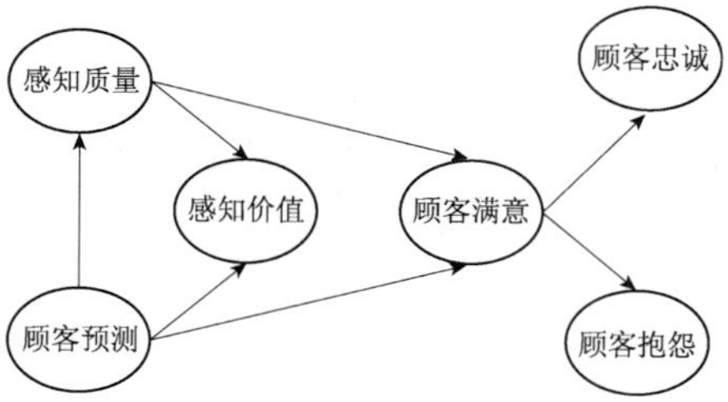

图 4-10 美国顾客满意度指数模型

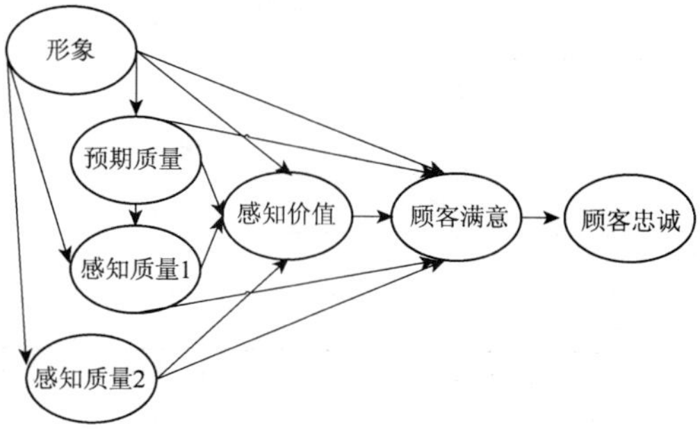

图 4-11 欧洲顾客满意度指数模型

资料来源：国家质检总局质量管理司，清华大学中国企业研究中心. 中国顾客满意指数指南[M]. 北京：中国标准出版社，2003：2-21.

目前关于旅游目的地游客满意度的研究文献并不多见。Pizam(1978)对游客满意的定义得到旅游学界的广泛接受，他认为对于某一旅游地而言，游客满意就是游客期望与实际旅游感知相比较的结果。游客期望和感知相比较是一种心理过程，根据期望与感知的高低情况可以分为以下四类(表 4-16)：

表 4-16 游客期望与实际旅游感知相比较的四类情况

种类	游客期望	实际旅游感知	游客满意度
第 1 类	较高期望	较高实际旅游感知	比较满意
第 2 类	较低期望	较高实际旅游感知	非常满意
第 3 类	较高期望	较低实际旅游感知	非常不满意
第 4 类	较低期望	较低实际旅游感知	不太满意

资料来源：Pizam A. Tourism's impacts: The social costs to the destination community as perceived by its residents[J]. Journal of Travel Research, 1978, 16(4): 8-12.

(2) 忠诚度

旅游者忠诚概念来源于顾客忠诚。忠诚也是一个营销概念，是指在未来持续购买某一产品或服务的行为，进而产生对同一品牌的重复购买。Giffin(1995)认为顾客对于某产品或服务的依恋心理与重复购买是构成顾客忠诚的两个基本因素。Shoemaker(1999)指出顾客忠诚表现在重新购买意愿与合作关系活动这两个方面。具体说来，顾客忠诚有四种形态(见表 4-17)。

目前，态度衡量方式、行为衡量方式与复合衡量方式是衡量忠诚度的三种主要方式。态度衡量方式认为应根据顾客的态度、偏好或购买意愿来衡量忠诚度。行为衡量方式认为应根据顾客的购买顺序、购买比率与购买概率来衡量忠诚度。复合衡量方式则对上述的两种方式进行了整合，兼顾到态度与行为这两个方面，弥补了前两种衡量方式各自存在的不足。

表 4-17 顾客忠诚的四种形态

情感依恋	重复购买	形态
有	有	溢价忠诚
无	有	惯性忠诚
有	无	潜在忠诚
无	无	无忠诚

资料来源：Shoemaker S, Lewis R C. Customer loyalty: The future of hospitality marketing[J]. Hospitality Management, 1999, 18(4): 345-370.

(3) 满意度与忠诚度关系

Anderson(1990)通过研究得出结论，认为顾客满意度与再购买行为之间具有非常强的相关性。Zeithaml(1996)认为如果顾客感到满意，其购后行为主要有两点，一是向他人做正面口碑的推荐，二是愿意用较高价格进行购买。Kod(2002)在对美国饭店业的实证研究中发现，顾客满意度对顾客的忠诚与合作有正面显著影响。也有学者指出，满意度不是忠诚度的充分条件，而仅是必要条件。例如一般游客游览某一旅游地，即使对选择的酒店还比较满意，但再次入住该酒店的可能性并不大。因此旅游业常用再次光顾与口碑宣传这两个指标来衡量与评价忠诚度。如果游客对于旅游地的满意度较高，则有可能出现重游或是向亲朋好友进行推荐的行为。对于潜在游客来说，身边熟人的亲身经历与推荐被看做是最值得信赖的信息来源，也是人们选择出游目的地最常见的参考。

4.3.2.2 理论模型

本书在游客感知视角下，探讨南京市水体旅游地的可持续发展，应着重关注水体旅游地特有的自然资源、人文资源以及游客对水体旅游地的软件、硬件服务感知(见图 4-12)。

本书建立包含 5 个结构变量和 14 个观测变量的理论模型，分别在南京外秦淮河国家级水利风景区、南京金牛湖国家级水利风景区以及南京珍珠泉国家级水利风景区三个案例地进行游客问卷调查。问卷设计的每个题项中，均包含有五个维度的 Likert 量表。其中，1 代表“非常差”或“强烈反对”，5 代表“非常好”或“完全赞同”，1 至 5 所对应的居民态度逐步改变。

内生结构变量之一是游客忠诚度。采用游客的重游意愿、推荐意愿作为观测变量的测量因子。调查问卷中用“我愿意再次来本景区游玩”与“我愿意推荐他人来本景区游玩”这两项提问来反映。按照回答时对提问认可程度从大到小划分为五个等级，分别赋值为 5～1 分。

内生结构变量之二是总体满意度。总体满意度不能由一个单方面的服务事例

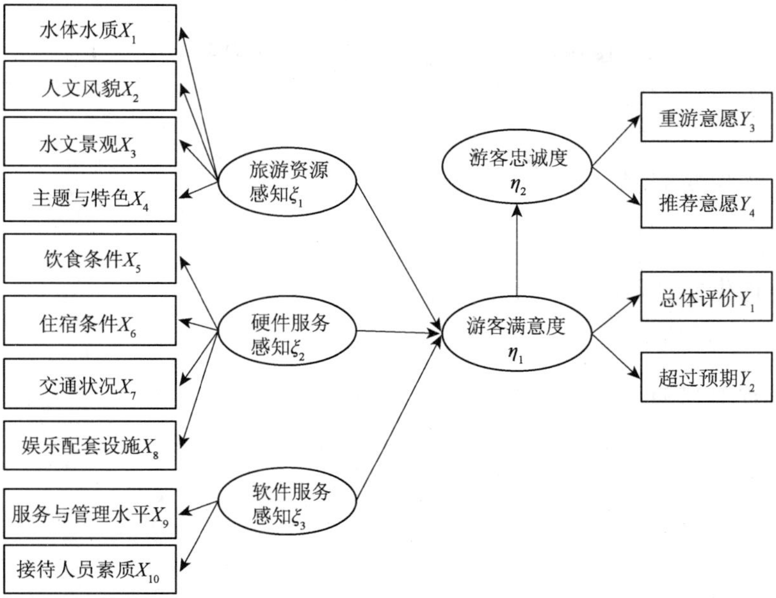

图 4-12　游客感知、满意度与忠诚度理论模型图(TPSL-model)

来反映，而是来自于每一个服务交易和对整个服务体验过程的感知。调查问卷中用“我对这次旅游的总体评价非常高”与“这次旅游超过了我原来的预期” 这两项提问来反映，同样也划分为五个等级，分别赋值为 5～1 分。

外生结构变量有三个，分别是旅游资源感知、软件服务感知与硬件服务感知。资源禀赋决定了在某一个地理区位上发展旅游产业的潜力，对于水体旅游地来说，旅游资源感知可以用“水体水质”、“人文风貌”、“水文景观”与“主题与特色”作为观测变量。欧洲顾客满意度指数模型 ECSI 将感知质量划分为感知软件质量与感知硬件质量两个部分。借鉴于此，本书亦将服务价值感知用两个结构变量来表示，即软件服务感知与硬件服务感知。其中软件服务感知用“服务与管理水平”与“旅游接待人员素质”作为观测变量，硬件服务感知用“饮食条件”、“住宿条件”、“交通状况”与“娱乐配套设施”作为观测变量。对于这三个外生结构变量，其观测变量均划分为五个等级即“非常满意”、“满意”、“一般”、“不满意”与“非常不满意”，分别赋值为 5～1 分。

因此，游客 TPSL-model 理论模型的结构方程数学表达式为式(4-8)：

$$\eta = B\eta + \Gamma\xi + \zeta \tag{4-8}$$

并可对应表示为方程(4-9)：

$$\begin{bmatrix}\eta_1\\ \eta_2\end{bmatrix}=\begin{bmatrix}0\\ \beta_{21}\end{bmatrix}\begin{bmatrix}\eta_1\\ \eta_2\end{bmatrix}+\begin{bmatrix}\gamma_{11} & \gamma_{12} & \gamma_{13}\\ 0 & 0 & 0\end{bmatrix}\begin{bmatrix}\xi_1\\ \xi_2\\ \xi_3\\ \xi_4\end{bmatrix}+\begin{bmatrix}\zeta_1\\ \zeta_2\end{bmatrix} \tag{4-9}$$

对于外生变量，有方程(4-10)：

$$X=\Lambda_x\xi+\delta \tag{4-10}$$

对于内生变量，有方程(4-11)：

$$Y=\Lambda_y+\varepsilon \tag{4-11}$$

将方程(4-10)与方程(4-11)展开可得到以下数学方程式(4-12)、式(4-13)。

$$\begin{bmatrix}x_1\\ x_2\\ x_3\\ x_4\\ x_5\\ x_6\\ x_7\\ x_8\\ x_9\\ x_{10}\end{bmatrix}=\begin{bmatrix}\lambda_{11} & 0 & 0\\ \lambda_{21} & 0 & 0\\ \lambda_{31} & 0 & 0\\ \lambda_{41} & 0 & 0\\ 0 & \lambda_{52} & 0\\ 0 & \lambda_{62} & 0\\ 0 & \lambda_{72} & 0\\ 0 & \lambda_{82} & 0\\ 0 & 0 & \lambda_{93}\\ 0 & 0 & \lambda_{103}\end{bmatrix}\begin{bmatrix}\xi_1\\ \xi_2\\ \xi_3\end{bmatrix}+\begin{bmatrix}\delta_1\\ \delta_2\\ \delta_3\\ \delta_4\\ \delta_5\\ \delta_6\\ \delta_7\\ \delta_8\\ \delta_9\\ \delta_{10}\end{bmatrix} \tag{4-12}$$

$$\begin{bmatrix}y_1\\ y_2\\ y_3\\ y_4\end{bmatrix}=\begin{bmatrix}\lambda_{11} & 0\\ \lambda_{21} & 0\\ 0 & \lambda_{32}\\ 0 & \lambda_{42}\end{bmatrix}\begin{bmatrix}\eta_1\\ \eta_2\end{bmatrix}+\begin{bmatrix}\varepsilon_1\\ \varepsilon_2\\ \varepsilon_3\\ \varepsilon_4\end{bmatrix} \tag{4-13}$$

式中，X 为外生观测变量构成的向量矩阵(10×1)；Λ_x 为 X 对 ξ 的测度系数或负荷矩阵(10×1)；δ 为 X 的测量误差构成的向量矩阵(10×1)；Y 为内生观测变量构成的向量矩阵(4×1)；Λ_y 为 Y 对 η 的测度系数(regression weight)或因子负荷(factor loadings)矩阵(4×2)；ε 为 Y 的测量误差构成的向量矩阵(4×1)。

4.3.3 假设提出

综上所述，根据图 4-12 所示的研究模型提出如下四组假设，如表 4-18 所示：

表 4-18　游客感知、满意度与忠诚度理论模型中的四组假设

假设	内　　容	关系
H_1	游客满意度与游客忠诚度	显著正向关系
H_2	游客对水体旅游地旅游资源感知与游客满意度	显著正向关系
H_3	游客对水体旅游地硬件服务感知与游客满意度	显著正向关系
H_4	游客对水体旅游地软件服务感知与游客满意度	显著正向关系

H_1：游客满意度对游客忠诚度有显著正向影响，即满意度直接影响游客的重游意愿和推荐意愿；

H_2：游客对水体旅游地旅游资源的感知与游客满意度存在着相关关系；

H_3：游客对水体旅游地饮食、住宿、交通及娱乐配套设施等硬件服务的感知与其满意度之间存在着相关关系；

H_4：游客对水体旅游地服务与管理水平、接待人员素质的感知与其满意度之间存在着相关关系。

4.3.4　游客样本人口统计学特征与游客感知差异

4.3.4.1　游客样本人口统计学特征

本研究于 2013 年 6 月和 7 月先后在外秦淮河、金牛湖、珍珠泉对游客进行问卷调查与深入访谈以获得数据，通过数据分析来检验本研究所构建的游客感知理论模型与假设路径。三个案例地的游客样本人口统计学基本特征如表 4-19所示。

在年龄方面，外秦淮河游客主要集中在 15～24 岁以及 65 岁以上两组年龄段，金牛湖和珍珠泉的游客主要都以中青年为主，相对来说，金牛湖在 15～24 岁，25～44 岁以及 45～64 岁三个年龄段上面的分布较为平均，而珍珠泉的游客以前两个年龄段居多。究其原因，外秦淮河石头城公园一带位于南京市主城区，其周边集聚了南京艺术学院、江苏教育学院以及河海大学等多所高校，而河两岸附近的居民生活区也非常密集，年轻的大学生们和平时空闲时间较多的附近退休老年人构成了外秦淮河游客的主要组成部分，所以外秦淮河的游客年龄分布呈现出两头多，中间相对较少的格局。金牛湖和珍珠泉的地理位置相对较为偏僻，两者的游客主要以热爱旅游的中青年为主，其中相当一部分是有孩子的三口之家（以珍珠泉最为明显），故而游客年龄段相对较为年轻。

表 4-19　游客样本人口统计学基本特征

基本情况	分类	所占百分数(%)			基本情况	分类	所占百分数(%)		
		外秦淮河	金牛湖	珍珠泉			外秦淮河	金牛湖	珍珠泉
年龄	14 岁以下	1.23	4.81	6.49	性别	男	45.27	55.29	48.85
	15～24 岁	43.21	27.40	39.31		女	54.73	44.71	51.15
	25～44 岁	10.29	41.83	35.88	游客来源	本市	50.21	83.65	57.25
	45～64 岁	15.23	21.63	15.65		省内	32.51	11.06	31.30
	65 岁以上	30.04	4.33	2.67		省外	17.28	5.29	11.45
文化程度	小学及以下	1.65	2.40	0.38		国外	0.00	0.00	0.00
	初中	2.88	4.81	7.63	职业	公务员	5.35	8.17	2.29
	高中	9.88	12.50	11.07		企事业管理人员	2.06	35.10	17.94
	大专	1.23	23.56	21.76		专业/文教技术人员	17.28	6.73	14.50
	本科	62.14	53.85	55.34		服务销售商贸人员	2.88	2.88	9.54
	研究生及以上	22.22	2.88	3.82		工人	0.41	0.00	4.96
平均月收入	≤1000 元	42.80	34.62	36.26		农民	0.41	0.00	1.53
	1 001～3 000 元	22.63	15.38	17.18		军人	0.00	0.96	1.91
	3 001～5 000 元	28.81	39.42	33.97		学生	37.86	30.77	32.82
	5 001～7 000 元	4.94	6.73	8.78		离退休人员	27.57	5.29	3.44
	7 000 元以上	0.82	3.85	3.82		其他职业者	6.17	10.10	11.07

注：外秦淮河，$N=243$；金牛湖，$N=208$；珍珠泉，$N=262$。

在文化程度方面，三地游客主要都以大专和本科学历居多，差异不大。

在平均月收入方面，三地游客平均月收入情况较为接近，低经济收入游客主要是以学生特别是大学生为代表，此外，这三处水体旅游地的主要客源市场集中在南京本市，而南京作为江苏省会，经济水平较为发达，市民经济收入较高，因此三地的高经济收入游客比重也相对较高。

在性别方面，三地游客性别差异较小，男性、女性比例大致相当，金牛湖游客中男性略多于女性。

在游客来源方面，三地都以南京本地游客为主，本省游客其次，值得注意的是，调研样本中三地均无国外游客(其中在金牛湖调研时 2 名国外游客拒绝填写调研问卷)，间接说明南京作为中国优秀旅游城市之一，在国际客源市场上知名度较低，其旅游资源(包括水体旅游资源)的深度开发、旅游产品的更新升级、旅游营销方式的国际化均需要引起重视。

在职业方面，外秦淮河因河两岸居民生活区集中了如南京大学、南京师范大学、河海大学等诸多南京高校教师群体，其游客构成除了学生、离退休人员以外，文教技术人员也占了多数，金牛湖和珍珠泉的游客构成上学生群体依然是主力军，其他主要游客包括了企事业管理人员、公务员等。

游客出游基本情况见表 4-20。

表 4-20　游客活动基本情况表

基本情况	分类	所占百分数(%)			基本情况	分类	所占百分数(%)		
		外秦淮河	金牛湖	珍珠泉			外秦淮河	金牛湖	珍珠泉
出行方式	旅行社组团	9.47	0.00	14.12	信息来源	广播	2.06	21.15	6.87
	家人、亲朋旅游	34.57	49.52	58.40		电视	1.65	19.23	3.05
	独自出游	23.87	28.85	7.25		报纸杂志	2.88	15.38	4.20
	找驴友结伴游	0.00	0.00	0.00		书籍	14.40	1.44	2.67
	单位组织	12.35	9.13	15.65		亲友同事的推荐	59.26	32.69	21.37
	其他	19.75	12.50	4.58		旅游网络	4.94	9.13	45.04
交通方式	飞机、火车	0.00	4.81	7.63		旅行社的招徕	9.47	0.00	13.36
	公共汽车、地铁	14.81	13.94	17.18		其他	5.35	0.96	3.44
	自驾车	5.35	81.25	66.79	出游目的（多选）	改换生活环境	7.55	6.61	17.94
	自行车、步行	79.84	0.00	8.40		欣赏自然风光	29.65	24.62	11.29
距离	十分遥远	0.00	33.65	15.65		增长知识	14.02	11.71	2.22
	远	6.58	62.98	70.23		参加节庆活动	0.00	0.00	23.19
	不太远	25.51	3.37	11.07		放松紧张情绪	23.72	25.83	35.48
	很近	67.90	0.00	3.05		增加阅历见识	16.98	14.71	8.87
逗留时间	半天	94.24	3.85	1.15		品尝美食	8.09	16.52	1.01
	1 天	5.76	58.65	89.69	人均总花费	100 元以下	79.84	20.19	49.62
	2 天	0.00	24.04	9.16		100～300 元	10.70	27.40	24.05
	3～4 天	0.00	13.46	0.00		300～500 元	9.47	27.88	16.79
	5 天及以上	0.00	0.00	0.00		500～1 000 元	0.00	14.90	9.54
						1000 元以上	0.00	9.62	0.00

注：外秦淮河，$N=243$；金牛湖，$N=208$；珍珠泉，$N=262$。

家人、亲朋结伴旅游是三地主要旅游方式，此外企事业单位、学校等组织形式亦占一部分份额。本次调研中金牛湖游客无旅行社组团形式，说明金牛湖在外地游客中的吸引力较低，这与该地的地理区位以及知名度有一定的关系。

从游客的旅游目的来看，三处水体旅游地风光优美，景色宜人，故以欣赏自然风光、放松紧张情绪为主，占到五成左右。三地的共同特点是优美的水景观成为重要吸引因子。同时，游客对饮食、节庆活动的选择参与比例也比较高，如以"金牛湖湖鲜宴"为代表的金牛湖农家乐，如在第二届亚洲青年运动会前夕举办的"亚青前奏、童话之旅"等一系列主题活动。

从游客获取水体旅游地的信息渠道来看：外秦淮河景区因为亲朋好友推荐而来的游客比例达到半数，可见外秦淮河景区具有良好的口碑效应；金牛湖景区通过亲友推荐而来的游客比例约占三成，而从广播电视、报纸杂志等传统媒体上获取金牛湖景区信息的游客占了较大比例；珍珠泉景区则仅有近两成游客是经由口碑推荐而来，而更多的是依靠网络与旅行社的推销带来了大量游客。

到达水体旅游地方式上看，因为位于主城区，公共交通发达，加之游客多数为城区市民，外秦淮河八成左右游客以步行、自行车或者公共交通的方式前来，非常绿色、环保；金牛湖和珍珠泉因为地理区位相对较为偏僻，六成以上的游客以自驾车方式前来，其余还有部分游客选择公共交通的方式。

从游客逗留时间上来看，外秦淮河的游客几乎九成以上逗留半天左右时间，珍珠泉的游客平均逗留时间以1天为主，金牛湖的游客平均逗留时间相对较长，以1天及1天以上为主。因此，除了金牛湖之外，外秦淮河和珍珠泉的游客人均花费数额偏小，半数及半数以上的这两地游客旅游人均花费都在100元以下。绝大多数的外秦淮河游客甚至无需消费，人均花费额为零，而珍珠泉的游客除了门票收取了相关费用以外，其他旅游开支相对也较少。总体而言，金牛湖在三地对比中人均旅游开支最多，其次是珍珠泉，外秦淮河最少。

4.3.4.2 游客样本感知差异

具体分析不同游客在水体旅游地的感知差异，有利于旅游地政府与旅游业从业人员识别挑剔的游客群体，采取相应措施，满足不同游客群体的需求，以提高游客总体满意度与促进水体旅游地的可持续发展。

① 性别与游客感知差异

结果显示(表4-21)，女性游客比男性游客在总体评价(Y_1)和推荐意愿(Y_4)上都给予三处水体旅游地较高的评价，而金牛湖的男性游客比女性游客在超过预期(Y_2)上显示出了稍高的满意度，在反应游客忠诚度的重游意愿(Y_3)上，除了珍珠泉，其余两地的游客均是女性比男性显示出了更高的重游意愿。但总体来说，无论方差或者均值，性别在三处水体旅游地都未达到显著程度的感知差异。

表 4-21　性别与游客感知的方差分析

感知指标	性别	外秦淮河			金牛湖			珍珠泉		
		均值	标准差	显著性	均值	标准差	显著性	均值	标准差	显著性
X_1	1	3.527	0.926	0.350	3.676	0.700	0.070	4.169	0.786	0.697
	2	3.647	1.039		3.874	0.860		4.132	0.747	
X_2	1	3.918	0.847	0.102	3.743	0.760	0.012	3.980	0.861	0.065
	2	4.090	0.783		4.039	0.917		4.175	0.833	
X_3	1	3.918	0.836	0.504	3.952	0.699	0.839	4.000	0.808	0.054
	2	3.842	0.920		3.932	0.744		4.184	0.698	
X_4	1	3.809	0.818	0.916	3.790	0.756	0.550	3.899	0.953	0.456
	2	3.797	0.935		3.854	0.785		3.982	0.831	
X_5	1	3.636	0.810	0.332	3.667	0.828	0.230	3.574	0.963	0.620
	2	3.737	0.797		3.796	0.719		3.632	0.875	
X_6	1	3.645	0.797	0.930	3.895	0.634	0.394	3.581	0.969	0.232
	2	3.654	0.749		3.816	0.711		3.719	0.867	
X_7	1	3.645	0.819	0.698	3.381	0.924	0.986	3.899	0.939	0.385
	2	3.684	0.732		3.379	1.001		4.000	0.931	
X_8	1	3.655	0.735	0.879	3.362	1.011	0.449	3.770	0.941	0.951
	2	3.669	0.756		3.456	0.764		3.763	0.895	
X_9	1	3.500	0.946	0.109	3.543	0.832	0.994	3.750	0.887	0.730
	2	3.684	0.838		3.544	0.789		3.711	0.957	
X_{10}	1	3.564	0.883	0.245	3.590	0.863	0.573	3.791	0.957	0.948
	2	3.692	0.827		3.524	0.827		3.798	0.933	
Y_1	1	3.873	0.731	0.658	4.086	0.822	0.920	3.980	0.795	0.107
	2	3.917	0.817		4.097	0.811		4.140	0.797	
Y_2	1	3.718	0.847	0.272	3.981	0.930	0.707	3.953	0.883	0.852
	2	3.842	0.895		3.932	0.942		3.974	0.926	
Y_3	1	3.755	0.950	0.035	3.933	0.943	0.538	3.959	1.029	0.925
	2	4.023	1.004		4.019	1.066		3.947	1.021	
Y_4	1	3.964	1.004	0.226	4.057	0.908	0.878	4.061	0.970	0.601
	2	4.113	0.910		4.078	1.016		4.123	0.923	

注：1代表男性；2代表女性。外秦淮河，$N=243$；金牛湖，$N=208$；珍珠泉，$N=262$。

② 年龄与游客感知差异

从年龄上来看(图 4-13、图 4-14、图 4-15),三地都发现 65 岁以上的老人是满意程度较高的游客,尤其在外秦淮河,老年游客的总体满意度显著高于中青年游客的感知;相比较而言,三地的中青年游客总体满意度都较低,尤以 45～64 岁年龄段的游客满意度较低。

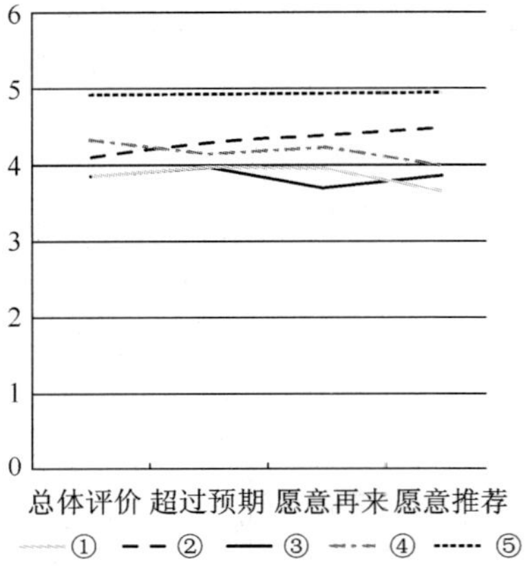

图 4-13　外秦淮河游客年龄与感知差异图

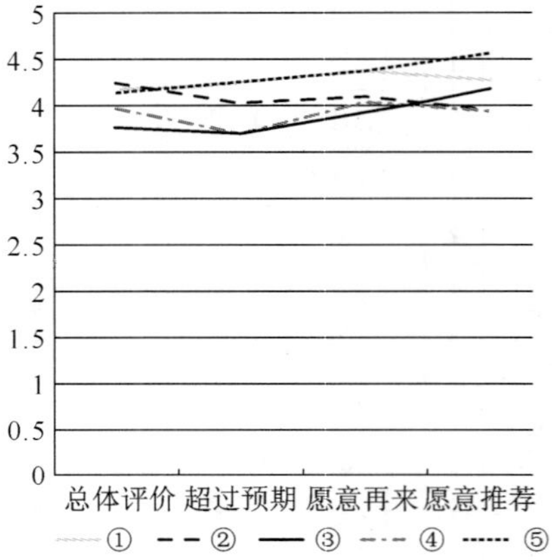

图 4-14　金牛湖游客年龄与感知差异图

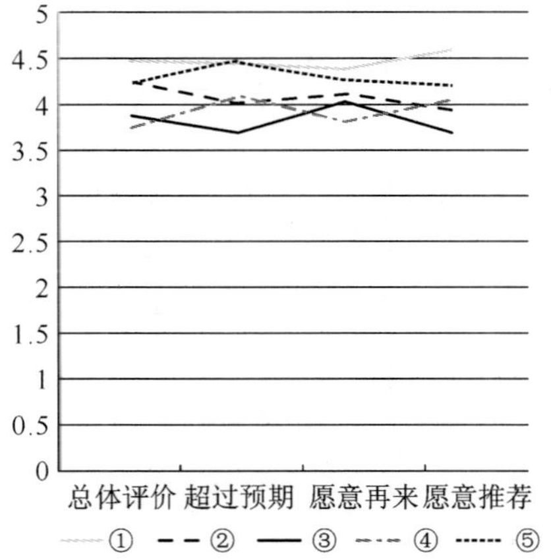

图 4-15　珍珠泉游客年龄与感知差异图

图 4-13 至图 4-15 注:年龄 ①14 岁以下;②15～24 岁;③25～44 岁;④45～64 岁;⑤65 岁以上。

仔细对各年龄组所有指标进行多重方差分析可以发现，外秦淮河中青年游客的主要不满在人文风貌、水体水质、主题特色、饮食等方面，金牛湖和珍珠泉中青年游客的主要不满具体体现在饮食、住宿、水文景观等方面，因此可以说中青年游客是较挑剔的游客，水体旅游地都应特别重视中青年游客（25～64 岁）的需求，因为中青年游客构成最主要的消费群体，占到三处水体旅游地游客的近五成。

三地游客感知不同的年龄组是儿童，珍珠泉儿童游客的感知显著高于中青年龄组的游客，而外秦淮河的儿童游客满意度在各年龄组中最低，并且其推荐意愿也是最低的，具体体现在主题与特色、饮食感知的不满意方面。因此外秦淮河应特别注意针对儿童游客的身心特点，以提高儿童游客的满意度。

③ 文化程度与游客感知差异

由图 4-16、图 4-17、图 4-18 可见，总体上的规律为文化程度越低，满意度越高，反之文化程度越高，则可能的感知满意度越低。三地小学及以下文化程度的游客分别在主题与特色、人文风貌、水文景观、接待人员素质方面满意程度最高，而外秦淮河中研究生及以上文化程度的游客分别在水体水质、交通状况、水文景观、主题特色方面满意度较低，珍珠泉中研究生及以上文化程度的游客在饮食条件、住宿条件的满意度最低。因此我们可以说文化程度越高的游客越挑剔，旅游地建设就应该多向挑剔的游客咨询建议，以实现不断地创新与完善，提高旅游地竞争力，实现水体旅游地的可持续发展。

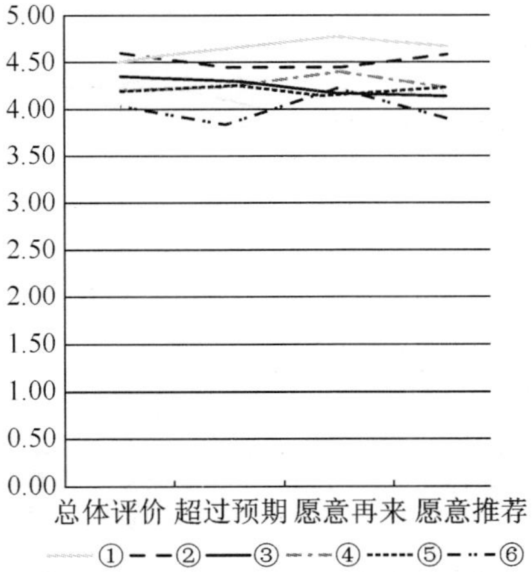

图 4-16　外秦淮河游客文化程度与感知差异

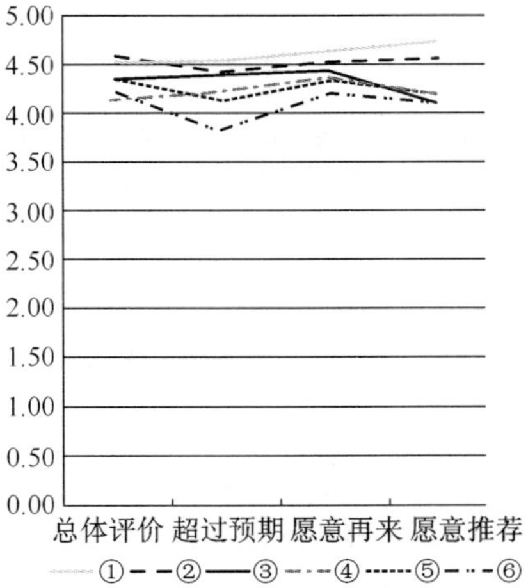

图 4-17　金牛湖游客文化程度与感知差异

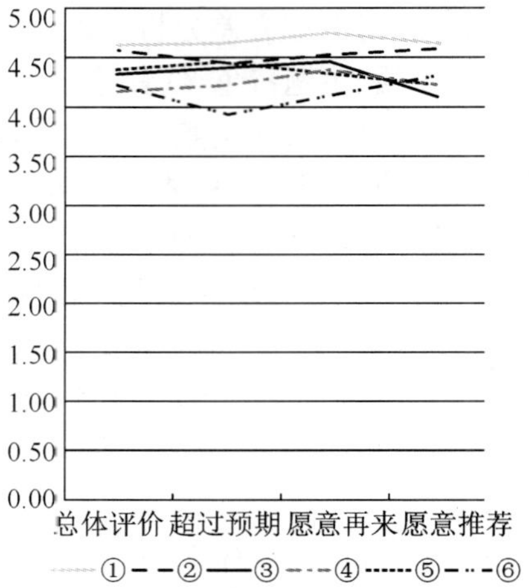

图 4-18　珍珠泉游客文化程度与感知差异

图 4-16 至图 4-18 注：文化程度 ①小学及以下；②初中；③高中；④大专；⑤本科；⑥研究生及以上。

④ 经济收入与游客感知差异

游客的经济收入越高，则其感知满意度越低，见图 4-19、图 4-20、图 4-21 所示。

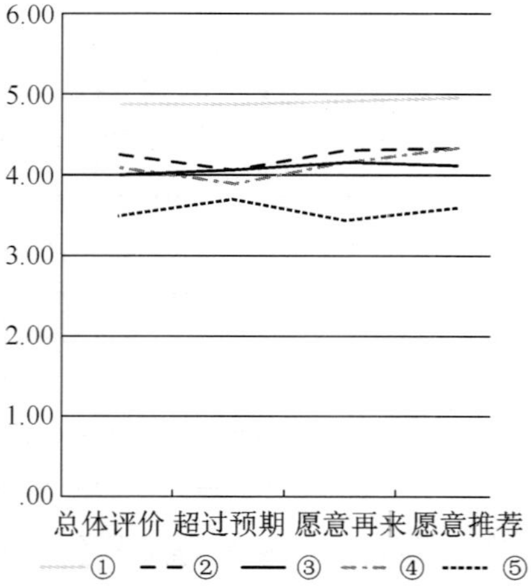

图 4-19　外秦淮河游客经济收入与感知差异

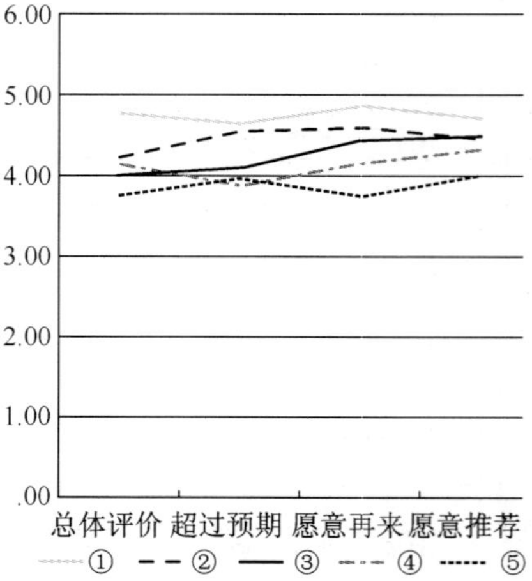

图 4-20　金牛湖游客经济收入与感知差异

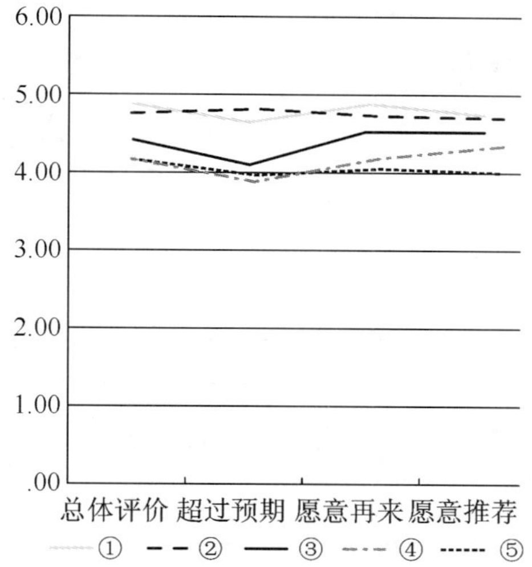

图 4-21　珍珠泉游客经济收入与感知差异

图 4-19 至图 4-21 注：平均月收入（元）①≤1 000；②1 001～3 000；③3 001～5 000；④5 001～7 000；⑤7 000 以上。

经济收入与游客感知的反差尤其体现在最高收入游客的低满足感，如外秦淮河中最高收入游客在水体水质、水文景观、主题与特色等方面满意度都是较差的，珍珠泉中最高收入游客对饮食、交通、水体水质等方面的服务感知表现出较大的不满。而收入低于 1 000 元的游客相对来说是感知最满意的群体，如在珍珠泉，收入低于 1 000 元的游客在接待人员素质、主题与特色、人文景观等方面的感知都是较高的；在金牛湖，收入低于1 000 元的游客在重游意愿和推荐意愿、对接待人员素质、景区服务与管理水平的感知以及总体满意度等方面都是较高的。

⑤ 职业与游客感知差异

从三处水体旅游地游客的职业与感知差异来看，一致性比较好，其中企事业管理人员、专业/文教技术人员游客的感知普遍偏低，尤其体现在对交通、娱乐、资源环境、服务与管理水平和总体满意度等方面都远低于其他职业的游客。而离退休游客除了对饮食与住宿的感知极为不满外，对其他方面的满意度普遍较高，例如对人文风貌、水体水质、水文景观、服务与管理水平等方面的满意程度均高于其他职业的游客（图 4-22、图 4-23、图 4-24）。相对来说，大学生群体更关注水体旅游地的旅游资源，对现状评价总体来讲，较为满意，推荐指数和重游指数都较高。

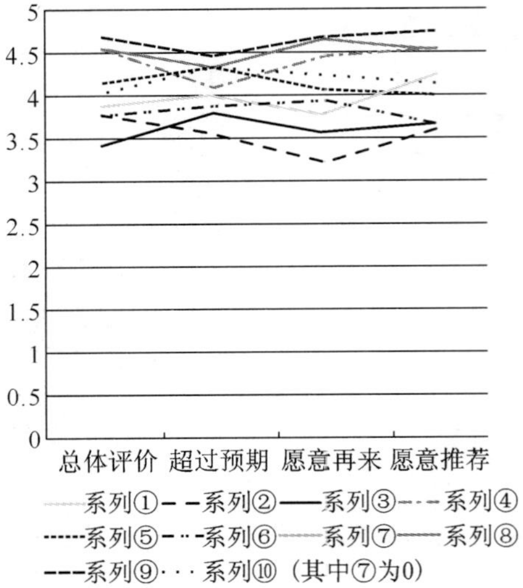

图 4-22　外秦淮河游客职业与感知差异

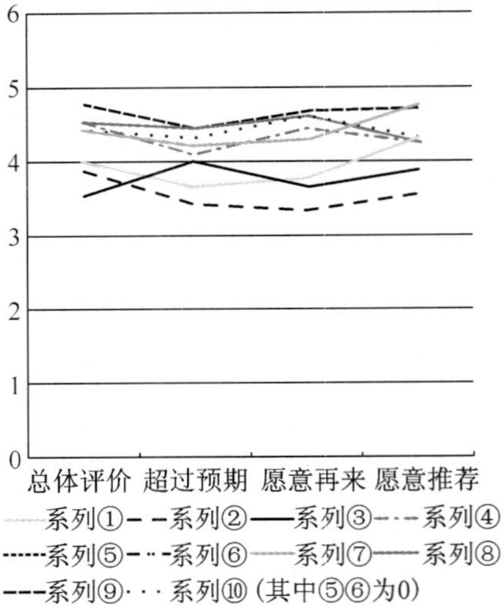

图 4-23　金牛湖游客职业与感知差异

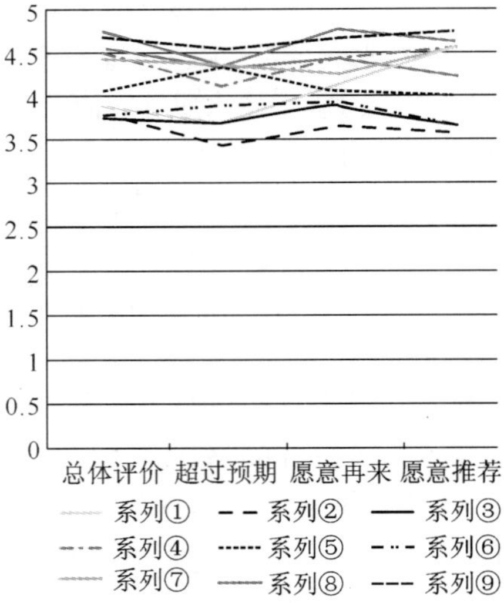

图 4-24　珍珠泉游客职业与感知差异

图 4-22 至图 4-24 注:职业 ①公务员;②企事业管理人员;③专业/文教技术人员;④服务销售商贸人员;⑤工人;⑥农民;⑦军人;⑧学生;⑨离退休人员;⑩其他职业者。

4.3.5　模型分析

4.3.5.1　数据常态检验

运用 SPSS PASW Statistics 18.0 统计软件，将三个国家级水利风景区外秦淮河景区、金牛湖景区与珍珠泉景区作为案例地，通过调研获得建模所需的数据，并对数据进行整理、检查与统计，如果发现异常数据，经过核对能校正的予以修改，不能校正的则予以删除，从而把误差降到最小，对缺省的数据采用样本均值替代法处理后进行数据常态统计。从表 4-22 可以看出，所有指标的偏度 $|S|<3$、峰度 $|K|<10$，也就是说各个观测变量评价值均处于正常状态。

表 4-22　三个案例地游客 TPSL-model 观测变量评价

案例地	指标	均值	标准差	偏度	峰度	案例地	指标	均值	标准差	偏度	峰度
外秦淮河国家级水利风景区	Y_1	3.897	0.778	−0.403	0.444	金牛湖国家级水利风景区	Y_1	4.091	0.814	−0.386	−0.830
	Y_2	3.786	0.874	−0.355	−0.164		Y_2	3.957	0.934	−0.452	−0.628
	Y_3	3.901	0.987	−0.711	−0.020		Y_3	3.976	1.005	−0.702	−0.103
	Y_4	4.045	0.955	−0.838	0.197		Y_4	4.067	0.961	−0.895	0.334
	X_1	3.593	0.989	−0.428	−0.253		X_1	3.774	0.788	0.004	−0.671
	X_2	4.012	0.816	−0.530	0.029		X_2	3.889	0.853	−0.305	−0.401
	X_3	3.877	0.882	−0.484	−0.244		X_3	3.942	0.720	−0.462	0.318
	X_4	3.802	0.883	−0.548	0.048		X_4	3.822	0.769	−0.134	−0.475
	X_5	3.691	0.803	0.133	−0.709		X_5	3.731	0.777	−0.427	0.621
	X_6	3.650	0.769	0.089	−0.212		X_6	3.856	0.673	−0.398	1.033
	X_7	3.667	0.771	0.218	−0.645		X_7	3.380	0.961	0.066	−0.397
	X_8	3.663	0.745	0.094	−0.128		X_8	3.409	0.896	0.115	−0.540
	X_9	3.601	0.891	−0.113	−0.553		X_9	3.543	0.809	0.466	−0.579
	X_{10}	3.634	0.854	−0.062	−0.254		X_{10}	3.558	0.844	0.451	−0.478
珍珠泉国家级水利风景区	Y_1	4.050	0.798	−0.863	1.435	珍珠泉国家级水利风景区	X_4	3.935	0.901	−0.790	0.610
	Y_2	3.962	0.900	−0.781	0.732		X_5	3.599	0.924	−0.206	−0.133
	Y_3	3.954	1.024	−1.031	0.830		X_6	3.641	0.927	−0.216	−0.271
	Y_4	4.088	0.949	−1.153	1.278		X_7	3.943	0.935	−0.537	−0.354
	X_1	4.153	0.768	−0.677	0.155		X_8	3.767	0.920	−0.593	0.401
	X_2	4.065	0.853	−0.573	−0.235		X_9	3.733	0.917	−0.678	0.487
	X_3	4.080	0.766	−0.755	0.888		X_{10}	3.794	0.945	−0.869	0.707

注：外秦淮河，$N=243$；金牛湖，$N=208$；珍珠泉，$N=262$。

表 4-22 显示三个水体旅游地中，游客对金牛湖和珍珠泉的满意度和忠诚度相对较高。总体评价(Y_1)与重复游览优先考虑(Y_3)金牛湖景区最好；而超过预期(Y_2)和向他人推荐(Y_4)则是珍珠泉景区最高，外秦淮河在三者中较弱，排在第三位。在外生潜变量的全部 10 个观测变量中，珍珠泉景区有 8 项分值最高，但饮食条件(X_5)和住宿条件(X_6)评分最低。需要说明的是，尽管外秦淮河知名度很高，且地处市区，交通、住宿、餐饮都比较方便，但是因为其在南京主城范围内的河道长度约为 18 km，目前存在多头管理、组织比较松散，有比较多的管理死角，很难像金牛湖、珍珠泉由一个单位形成强而有效的管理，所以在各项指标的评分中都处于劣势。

外秦淮河的水环境质量较差，Ⅳ类水质且水体表面轻度浑浊，所以水体水质(X_1)分值较低；金牛湖景区开发的时间比较晚，历史文化底蕴也略显薄弱，所以人文风貌(X_2)分值较低；外秦淮河是长江下游的一条支流，前身是人工开凿的护城河，相比金牛湖的碧蓝浩渺、珍珠泉的泉水如串逊色不少，所以水文景观(X_3)分值较低；珍珠泉一泉三景的独特景观久负盛名，观赏性较高，所以主题与特色(X_4)得分最高；在饮食条件(X_5)与住宿条件(X_6)上，金牛湖相对来说开发的最晚，住宿设施新且价格适中，景区内养殖有多种水产与野味，所以这两项评分最高；在娱乐配套设备(X_8)、服务与管理水平(X_9)与接待人员素质(X_{10})上，珍珠泉景区开发的比较早，早在 1984 年南京市人民政府就决定重建景区，在管理服务与人员配备上都比较专业，开发的特色旅游项目也比较多，所以这三项得分最高。

4.3.5.2 测量模型检验

本书使用 SEM 方法对所提出的概念模型进行相关假设检验，主要的分析工具是 AMOS 17.0 统计软件。测量模型与结构模型是 SEM 分析方法的两个基本组成部分，本书在进行结构模型检验前，先要进行测量模型检验，从而确保结构模型检验的信度以及拟合质量。

估计测量模型的有效性与模型的拟合度均可采用验证性因子分析。对构建的测量模型使用 AMOS 17.0 进行分析，表 4-23 显示：

a. 外秦淮河：$\chi^2/df=1.93$($\chi^2=122.112$, $df=64$)，$p<0.001$, GFI=0.936, RMSEA=0.061, NFI=0.945, CFI=0.973;

b. 金牛湖：$\chi^2/df=2.401$($\chi^2=144.037$, $df=60$), $p<0.001$, GFI=0.912, RMSEA=0.082, NFI=0.936, CFI=0.961;

c. 珍珠泉：$\chi^2/df=3.107$($\chi_2=208.151$, $df=67$), $p<0.001$, GFI=0.911, RMSEA=0.090, NFI=0.917, CFI=0.941。

三处水体旅游地共计有 14 个观测变量，其标准化因子负荷在 0.741 到 0.964 之间(如表 4-24 所示)，达到大于 0.4 的标准。高度显著的标准化因子负荷表明，对于潜变量来说各个观测变量均具有很好的解释能力。可见，本书所构建的模型达到可以接受的水平。

表 4-23　三处水体旅游地测量模型拟合指标

	χ^2	df	χ^2/df	RMSEA	CFI	TLI	GFI	NFI
外秦淮河	122.112	64	1.93	0.061	0.973	0.961	0.936	0.945
金牛湖	144.037	60	2.401	0.082	0.961	0.941	0.912	0.936
珍珠泉	208.151	67	3.107	0.090	0.941	0.920	0.911	0.917

注:外秦淮河,$N=243$;金牛湖,$N=208$;珍珠泉,$N=262$。

表 4-24　测量模型的信度与效度检验

案例	构念	测量项目	标准负荷	残差方差	Cronbach's α 系数	CR	AVE
外秦淮河	ξ_1	X_1	0.816	0.334	0.821	0.883	0.653
		X_2	0.812	0.341			
		X_3	0.823	0.323			
		X_4	0.781	0.390			
	ξ_2	X_5	0.870	0.243	0.862	0.906	0.708
		X_6	0.860	0.260			
		X_7	0.837	0.299			
		X_8	0.796	0.366			
	ξ_3	X_9	0.932	0.131	0.847	0.930	0.869
		X_{10}	0.932	0.131			
	η_1	Y_1	0.913	0.166	0.797	0.909	0.834
		Y_2	0.913	0.166			
	η_2	Y_3	0.930	0.135	0.843	0.928	0.865
		Y_4	0.933	0.334			
金牛湖	ξ_1	X_1	0.868	0.247	0.847	0.897	0.687
		X_2	0.899	0.192			
		X_3	0.797	0.365			
		X_4	0.741	0.451			
	ξ_2	X_5	0.809	0.346	0.803	0.876	0.639
		X_6	0.794	0.370			
		X_7	0.770	0.407			
		X_8	0.823	0.323			

续表 4-24

案例	构念	测量项目	标准负荷	残差方差	Cronbach's α 系数	CR	AVE
金牛湖	ξ_3	X_9	0.950	0.098	0.892	0.949	0.903
		X_{10}	0.951	0.098			
	η_1	Y_1	0.948	0.101	0.884	0.947	0.899
		Y_2	0.948	0.101			
	η_2	Y_3	0.949	0.099	0.890	0.948	0.901
		Y_4	0.950	0.247			
珍珠泉	ξ_1	X_1	0.830	0.311	0.864	0.910	0.716
		X_2	0.875	0.234			
		X_3	0.884	0.219			
		X_4	0.792	0.373			
	ξ_2	X_5	0.866	0.250	0.864	0.910	0.716
		X_6	0.873	0.238			
		X_7	0.784	0.385			
		X_8	0.859	0.262			
	ξ_3	X_9	0.930	0.135	0.867	0.928	0.865
		X_{10}	0.930	0.135			
	η_1	Y_1	0.916	0.161	0.806	0.913	0.840
		Y_2	0.916	0.161			
	η_2	Y_3	0.956	0.086	0.905	0.955	0.914
		Y_4	0.964	0.311			

注：外秦淮河，$N=243$；金牛湖，$N=208$；珍珠泉，$N=262$。

为保证测量模型的可靠性与有效性，需要对测量模型的信度与效度进行检验，本书使用统计软件 SPSS PASW Statistics 18.0 实现这一检验过程。第一步，对测量指标的内部一致性进行信度检验时使用 Cronbach's α 系数，外秦淮河景区、金牛湖景区与珍珠泉景区所有观测变量的 Cronbach's α 系数在 0.797 到 0.905 之间，大于 0.6 的最低标准；对测量指标的内部一致性进行信度检验时使用组合信度（Composite Reliability, CR），三个研究案例地的组合信度最低为 0.876，符合大于 0.5 的参考标准。据此可知，测量模型中的观测变量具有良好的内部一致性。第二步，在检验测量模型的会聚效度时使用平均变异抽取量（Average Variance Extracted, AVE），所有观测变量的 AVE，外秦淮河景区最低为 0.653、金牛湖景区最低为 0.639、珍珠泉景区最低为 0.716，均满足了有关 AVE 应该大于 0.50 的标准，表明各观测变量能够较好的测度其所属的潜在变量。以上均表明本研究的各项观测变量具有收敛效度。

本书检验量表的区别效度使用的是 AVE 比较法。外秦淮河景区、金牛湖景区与珍珠泉景区这三处水体旅游地，其量表中任意两个变量相关系数的平方都小于各自的 AVE 值，如表 4-25、表 4-26、表 4-27 所示，表明在各项观测变量之间均存在有显著差异，量表的区分效度良好。由此可见，本书的量表可靠并且有效，用来对模型假设进行验证是可行的。

表 4-25　外秦淮河相关系数矩阵

外秦淮河	ξ_1	ξ_2	ξ_3	η_1	η_2
ξ_1	1.000				
ξ_2	0.451**	1.000			
ξ_3	0.468**	0.631**	1.000		
η_1	0.649**	0.347**	0.452**	1.000	
η_2	0.634**	0.338**	0.352**	0.651**	1.000

注：外秦淮河，$N=243$。

表 4-26　金牛湖相关系数矩阵

金牛湖	ξ_1	ξ_2	ξ_3	η_1	η_2
ξ_1	1.000				
ξ_2	0.651**	1.000			
ξ_3	0.564**	0.698**	1.000		
η_1	0.601**	0.518**	0.315**	1.000	
η_2	0.652**	0.590**	0.386**	0.813**	1.000

注：金牛湖，$N=208$。

表 4-27　珍珠泉相关系数矩阵

珍珠泉	ξ_1	ξ_2	ξ_3	η_1	η_2
ξ_1	1.000				
ξ_2	0.514**	1.000			
ξ_3	0.519**	0.543**	1.000		
η_1	0.649**	0.500**	0.511**	1.000	
η_2	0.642**	0.508**	0.524**	0.745**	1.000

注：珍珠泉，$N=262$。

为了使研究结果更为可靠，本书最后采用 Harman's 单因素方差检验来进行同源误差检验。所谓同源误差是指由测量方法造成的变异，这种误差并不是由观测变量造成。同源误差会影响到研究变量间的相关关系，严重情况下将会导致错误结论的产生。对所有变量进行因子分析时，如果有同源误差存在，则会出现一个变量或一个变量组合，解释了大部分变量的方差。检验结果显示，外秦淮河景区、金牛湖景区、珍珠泉景区这三处水体旅游地，因子对变量最大的解释程度分别为

32％、33％、35％，于是可以认为不存在同源误差。

4.3.5.3 结构模型分析和假设检验

在信度和效度得到保证的前提下，对水体旅游地游客感知、满意度与忠诚度理论模型（TPSL-model）进行拟合度检验。用最大似然估计法在 AMOS17.0 中对结构模型进行检验。结构模型中包括旅游资源感知、硬件服务感知、软件服务感知三个外生潜变量，分别用了 4 个、4 个、2 个题项测量；游客满意度、游客忠诚度为内生潜变量，分别都用 2 个题项测量。经过分析得出结构方程模型的拟合度指数：

a. 外秦淮河：$\chi^2 = 148.502(df = 67)$、$\chi^2/df = 2.216$、$p < 0.001$、RMSEA＝0.071、CFI＝0.952、TLI＝0.935、GFI＝0.922；

b. 金牛湖：$\chi^2 = 176.177(df = 64)$、$\chi^2/df = 2.753$、$p < 0.001$、RMSEA＝0.078、CFI＝0.948、TLI＝0.926、GFI＝0.890；

c. 珍珠泉：$\chi^2 = 129.955(df = 66)$、$\chi^2/df = 1.969$、$p < 0.001$、RMSEA＝0.061、CFI＝0.973、TLI＝0.963、GFI＝0.938。

可见三处水体旅游地的结构模型拟合度均较好。

本书呈现路径系数的方式借助于非标准化系数，即非标准化系数越大代表在路径关系中影响越大、重要性越高。对结构方程模型中结构变量的路径系数进行检验（表 4-28、表 4-29、表 4-30）可以发现，除了外秦淮河的硬件服务感知对游客满意度、软件服务感知对游客满意度的非标准化系数不显著，其假设 H_{3a}、H_{4a} 没有被支持，其他水体旅游地的所有假设都被支持。也就是说，三处水体旅游地均支持假设 H_1，H_2，即对于水体旅游地来说，游客满意度对游客忠诚度有显著正向影响，游客感知对游客满意度也有显著正向影响。此外，金牛湖和珍珠泉两处水体旅游地均支持假设 H_2 和 H_3，意味着两处水体旅游地的硬件服务感知正向影响游客满意度，软件服务感知正向影响游客满意度；而在案例地外秦淮河，硬件服务感知和软件服务感知与游客满意度关联性不明显。

表 4-28 外秦淮河游客 TPSL-model 整体结构模型路径系数估计值

假设及路径		非标准化路径系数	标准误差	临界比	P	假设支持否
H_{1a}	满意度→忠诚度	1.100	0.084	13.089	***	是
H_{2a}	旅游资源感知→满意度	0.741	0.084	8.798	***	是
H_{3a}	硬件服务感知→满意度	0.138	0.155	0.894	0.371	否
H_{4a}	软件服务感知→满意度	0.185	0.105	1.767	0.077	否

注：a——外秦淮河，$N=243$；*** 表示显著性水平小于 0.001。

表 4-29　金牛湖游客 TPSL-model 整体结构模型路径系数估计值

假设及路径	非标准化路径系数	标准误差	临界比	P	假设支持否
H_{1b}　满意度→忠诚度	1.188	0.072	16.494	***	是
H_{2b}　旅游资源感知→满意度	0.476	0.075	6.375	***	是
H_{3b}　硬件服务感知→满意度	0.661	0.117	5.651	***	是
H_{4b}　软件服务感知→满意度	0.249	0.083	2.994	0.003	是

注：b——金牛湖，$N=208$；*** 表示显著性水平小于 0.001。

表 4-30　珍珠泉游客 TPSL-model 整体结构模型路径系数估计值

假设及路径	非标准化路径系数	标准误差	临界比	P	假设支持否
H_{1c}　满意度→忠诚度	1.374	0.100	13.724	***	是
H_{2c}　旅游资源感知→满意度	0.583	0.082	7.147	***	是
H_{3c}　硬件服务感知→满意度	0.194	0.067	2.905	0.004	是
H_{4c}　软件服务感知→满意度	0.131	0.057	2.313	0.021	是

注：c——珍珠泉，$N=262$；*** 表示显著性水平小于 0.001。

根据 Baron & Kenny(1986)建议的方法，我们对游客满意度的中介效应进行检验。本研究首先构建了旅游资源感知、硬件服务感知、软件服务感知对游客忠诚度的直接效应模型，然后，我们建立了游客满意度对三种类型感知和游客忠诚度之间关系的部分中介模型及完全中介模型。从表 4-31、表 4-32、表 4-33 的拟合指数可以看出，在拟合程度上完全中介模型普遍优于部分中介模型。

表 4-31　外秦淮河结构方程模型间的比较

	直接模型 β(t-值)	部分中介模型 β(t-值)	假设模型 β(t-值)
路径			
游客资源感知→游客忠诚度	0.66(1.43)	0.87(3.16)**	
硬件服务感知→游客忠诚度	0.77(0.51)	2.35(1.74)	
软件服务感知→游客忠诚度	0.34(0.51)	1.24(1.52)	
游客资源感知→游客满意度		0.86(5.38)***	0.74(8.80)***
硬件服务感知→游客满意度		1.22(0.20)	0.14(0.89)
软件服务感知→游客满意度		0.83(1.14)	0.19(1.77)
游客满意度→游客忠诚度		0.60(2.9)**	1.1(13.09)***

续表 4-31

	直接模型 β(t-值)	部分中介模型 β(t-值)	假设模型 β(t-值)
模型整体拟合			
χ^2	161.03	203.07	148.50
df	46	66	67
RMSEA	0.10	0.09	0.07
CFI	0.92	0.92	0.95
GFI	0.89	0.89	0.92
NFI	0.89	0.89	0.92
IFI	0.92	0.92	0.95

注：β为非标准化的系数。

表 4-32 金牛湖结构方程模型间的比较

	直接模型 β(t-值)	部分中介模型 β(t-值)	假设模型 β(t-值)
路径			
游客资源感知→游客忠诚度	0.61(6.36)***	0.17(2.08)*	
硬件服务感知→游客忠诚度	0.92(5.27)***	0.29(2.14)*	
软件服务感知→游客忠诚度	0.30(2.61)**	0.04(0.39)	
游客资源感知→游客满意度		0.48(5.81)***	0.48(6.38)***
硬件服务感知→游客满意度		0.63(4.44)***	0.66(5.65)***
软件服务感知→游客满意度		0.27(2.83)**	0.25(2.99)***
游客满意度→游客忠诚度		0.90(9.47)***	1.19(16.49)***
模型整体拟合			
χ^2	160.48	197.99	176.18
df	44	63	64
RMSEA	0.11	0.10	0.08
CFI	0.93	0.94	0.95
GFI	0.89	0.88	0.89
NFI	0.91	0.91	0.92
IFI	0.93	0.94	0.95

注：β为非标准化的系数。

表 4-33　珍珠泉结构方程模型间的比较

	直接模型 β(t-值)	部分中介模型 β(t-值)	假设模型 β(t-值)
路径			
游客资源感知→游客忠诚度	0.79(6.52)***	0.19(1.32)	
硬件服务感知→游客忠诚度	0.24(2.30)*	0.05(0.46)	
软件服务感知→游客忠诚度	0.21(2.30)*	0.06(0.77)	
游客资源感知→游客满意度		0.56(6.37)***	0.58(7.15)***
硬件服务感知→游客满意度		0.19(2.46)*	0.19 (2.91)**
软件服务感知→游客满意度		0.13(2.06)*	0.13(2.31)*
游客满意度→游客忠诚度		1.11(6.75)***	1.37(13.72)***
模型整体拟合			
χ^2	167.28	208.15	130.00
df	48	67	66
RMSEA	0.10	0.08	0.06
CFI	0.94	0.94	0.97
GFI	0.90	0.90	0.94
NFI	0.92	0.92	0.95
IFI	0.94	0.94	0.97

注：β 为非标准化的系数。

由图 4-25、图 4-26、图 4-27 分析可知，首先两个内生结构变量游客满意度和游客忠诚度之间具有显著且重要的路径关系，外秦淮河、金牛湖和珍珠泉的非标准化系数分别高达 1.1、1.12 和 1.37($p<0.001$)，说明游客旅行的满意度显著正向影响着游客对水体旅游地的忠诚度，即显著地影响着水体旅游地未来的潜在游客，为游客提供满意的水体旅游体验是使游客产生重游意愿与推荐意愿的前提，影响水体旅游地的可持续发展能力。因此，了解并尽可能满足游客在水体旅游地的旅行需要，提高游客满意度是有效提升水体旅游地竞争力，保障其可持续发展的必要途径。

从三个外生结构变量对游客满意度的影响路径来看，水体旅游资源感知与游客满意度之间在三处案例地均存在显著正相关关系，TPSL-model 揭示了影响水体旅游地游客满意度最重要的因素是旅游资源感知。旅游资源一直以来就是传统旅游学中最为关注的、影响旅游地竞争力最核心的要素，也是水体旅游地可持续发展的根本之一。良好的水体生态环境、鲜明的特色旅游资源、优美的水文景观是保证水体旅游地可持续发展的基石。

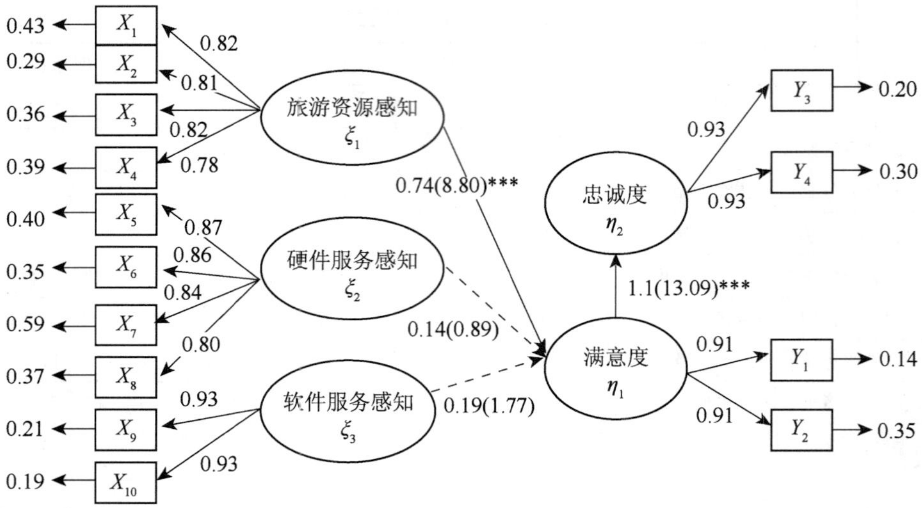

图 4-25　外秦淮河游客感知结构方程模型的标准化解

注：→表示路径显著、- - ➤表示路径不显著；* 表示在 0.05 水平上显著、** 表示在 0.01 水平上显著、*** 表示在 0.001 水平上显著。

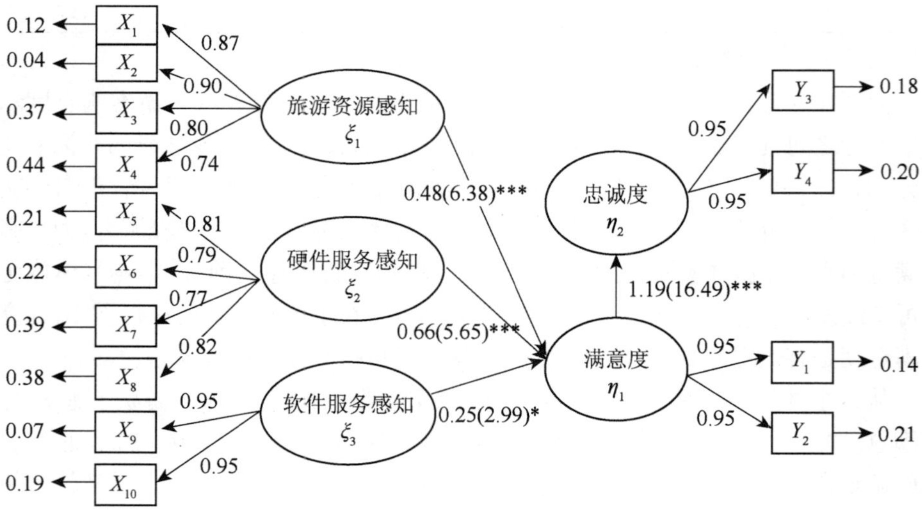

图 4-26　金牛湖游客感知结构方程模型的标准化解

注：→表示路径显著、- - ➤表示路径不显著；* 表示在 0.05 水平上显著、** 表示在 0.01 水平上显著、*** 表示在 0.001 水平上显著。

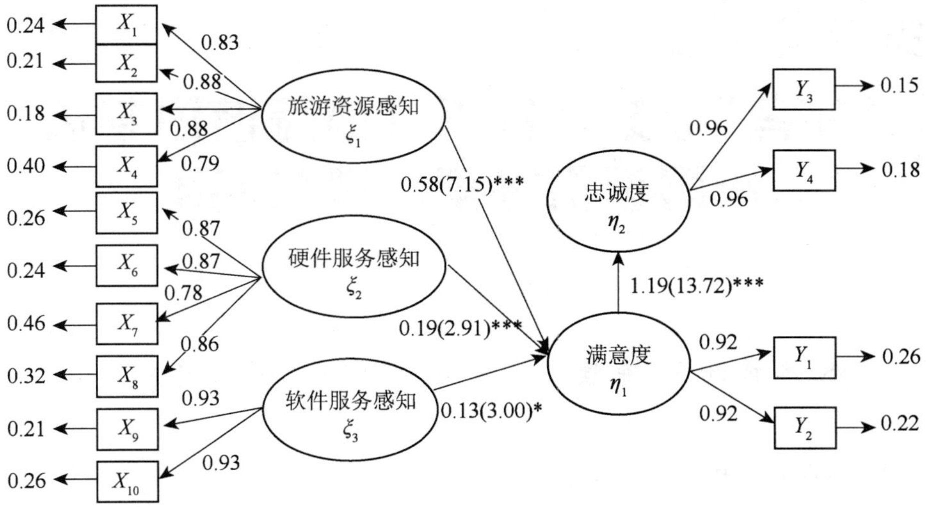

图 4-27　珍珠泉游客感知结构方程模型的标准化解

注：→表示路径显著、- - ►表示路径不显著；* 表示在 0.05 水平上显著、** 表示在 0.01 水平上显著、*** 表示在 0.001 水平上显著。

金牛湖和珍珠泉两个案例都验证了游客对硬件服务的感知和对软件服务的感知是影响游客满意度的重要因素，其中游客硬件服务感知对满意度的影响比软件服务感知对满意的影响更为重要。而在案例地外秦淮河石头城一带，分析显示游客对硬件服务的感知和对软件服务的感知与游客满意度的相关性不明显。对于原因的推测和解释，笔者认为，一是因为外秦淮河位于南京主城区，在硬件设施配套方面与城市融为一体，拥有良好的利用城市资源完善公共服务和交通设施的先天条件，住宿、饮食、娱乐等各类设施齐全且层次丰富，使用非常便捷，因此游客在旅行体验中更看重水体旅游资源因素，而忽视了其硬件服务因素。二是外秦淮河石头城一带，其游客的构成中附近居民占了较大的比重，前往外秦淮一日游或几小时短暂的休闲放松几乎是这部分游客经常甚至是每日都有的活动，从这些人的立场上看，对饮食、住宿、交通之类的硬件服务和景区服务、接待人员素质之类的软件服务自然关注度不高，其感知对满意度的影响相对也会受到影响。

第5章 “主客”感知视角下水体旅游可持续发展评价模型构建及应用

5.1 水体旅游可持续发展评价指标体系构建

5.1.1 评价指标体系构建原则

水体旅游可持续发展评价所涉及的内容很多，这就要求提出的评价指标要全面，能够涉及各个方面，既要覆盖到可持续发展评价的要点，又要突出水体旅游的特点。正是基于此，水体旅游可持续发展评价指标体系的指标选取，需要遵循下面几个原则。

5.1.1.1 科学性原则

水体旅游可持续发展评价指标体系的科学性应该体现在三个方面：一是指标体系的架构应以可持续发展理论以及相关经济、生态、环境理论为依据，要体现出水体旅游发展过程中各个要素的协调程度；二是指标选取要注意与相关的国家标准保持一致；三是数据的搜集与计算要符合相关科学要求，要以相关的学术研究为参考。

5.1.1.2 可比性原则

水体旅游可持续发展评价指标体系的可比性原则，包括纵向可比性与横向可比性。纵向可比性指的是时间上的可比性，即要实现当前与过去的对比。横向可比性指的是空间上的可比性，即要实现不同区域之间的对比。时间上的比较可以反映出水体旅游可持续发展的水平在时间维度上的演变过程。空间上的比较可以就区域之间水体旅游可持续发展的差异提出因地制宜的措施。要保证构建的评价指标体系具有良好的适用性与可推广性，就必须使得所选择的指标在不同的时空背景条件下，其内涵、外延与统计口径能基本保持一致。

5.1.1.3 可操作性原则

所选择的水体旅游可持续发展评价指标应具有较强的可测性和可比性，应注意指标数据的易获取性。如果官方统计数据中出现的指标对于水体旅游来说也很具有代表性，则应优先考虑。与此同时，构建指标体系时应注意平衡，选取指标要繁简适度。指标过于简单，则无法全面体现水体旅游可持续发展的状况。指标过于复杂，则前期的数据搜集与后期的数据计算都会比较困难，最终形成的评价指标体系的可推广性也会大大降低。

5.1.1.4　定量与定性相结合原则

水体旅游的可持续发展需要通过社会经济与生态环境等诸多方面的指标来体现，这些指标有些可以准确的量化，有些量化起来却比较困难。在构建评价指标体系时，应该结合使用定量指标与定性指标，从而更加全面地反映出水体旅游可持续发展的水平和状况。

5.1.2　评价指标体系框架

综合文献研究成果，将旅游可持续发展的目标表述为：①满足旅游业发展的需求，能为游客提供高品质的旅游体验，对潜在游客产生吸引力；②提高旅游地的经济水平，保障社区居民的生活质量，维护当地的文化与社会传统；③保持与提升旅游地基本旅游要素的资源、生态与环境质量；④提高旅游地发展旅游业的区域竞争实力。

在总结前人研究成果的基础上，选取指标时咨询相关学者、游客以及当地居民的意见，结合水体旅游特点以及实地问卷调查与访谈情况，同时兼顾可操作性，本书设计了水体旅游可持续发展评价体系，见图 5-1。体系以人为核心，力求充分揭示水体旅游发展过程中经济、社会与自然三者之间的协调发展状况。指标体系的总体目标划分为经济可持续发展、社会可持续发展、环境可持续发展、管理可持续发展、开发条件与潜力五个子系统，五个子系统相辅相成构成一个整体。

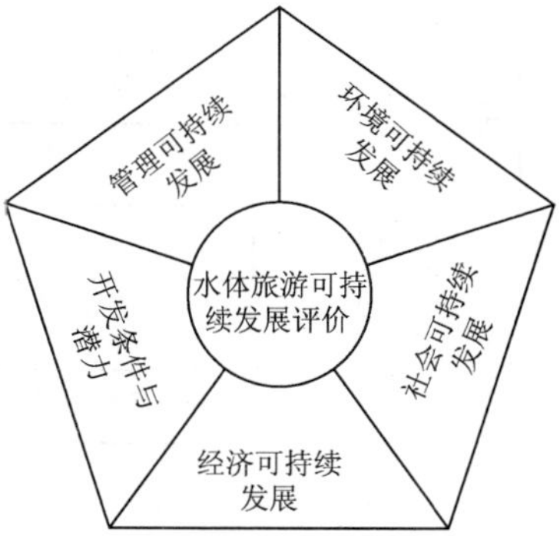

图 5-1　水体旅游可持续发展指标体系框架图

在每个子系统下设具体的评价指标，以期建立一套针对性与适用性较强，同时具有一定可操作性的水体旅游可持续发展评价指标体系，见图 5-2。指标体系共设 28 个指标因子，其中包含水体旅游地“主客”双方的感知因子 9 个，占总评价指标因子的 32.14%。指标体系中有两个逆指标，分别为“经济受益差距 C_4”和“生态敏感度 C_{15}”，其余指标均为正向指标。

具体表述为：水体旅游可持续发展评价 $A=(B_1, B_2, B_3, B_4, B_5)$。

其中，B_1 经济可持续发展，它包括以下指标：年均旅游收入增长率 C_1、游客年均增长率 C_2、旅游业产值对当地经济的贡献率 C_3、经济受益差距 C_4。

B_2 社会可持续发展，它包括以下指标：居民满意度 C_5、居民对水体旅游开发态度 C_6、吸纳当地劳动力 C_7、增加居民收入 C_8、提高当地知名度 C_9、游客满意度 C_{10}、

游客忠诚度 C_{11}。

B_3 环境可持续发展，它包括以下指标：水环境质量 C_{12}、水土保持质量 C_{13}、生态环境质量 C_{14}、生态敏感度 C_{15}、环境容量 C_{16}、“主客”环保支持度 C_{17}。

B_4 管理可持续发展，它包括以下指标：旅游规划 C_{18}、管理体系 C_{19}、资源管理 C_{20}、安全管理 C_{21}、卫生管理 C_{22}、服务管理 C_{23}。

B_5 开发条件与潜力，它包括以下指标：资源要素价值 C_{24}、交通条件 C_{25}、区位条件 C_{26}、经济条件 C_{27}、适游期 C_{28}。

具体水体旅游可持续发展评价指标体系的指标选取如图 5-2 所示：

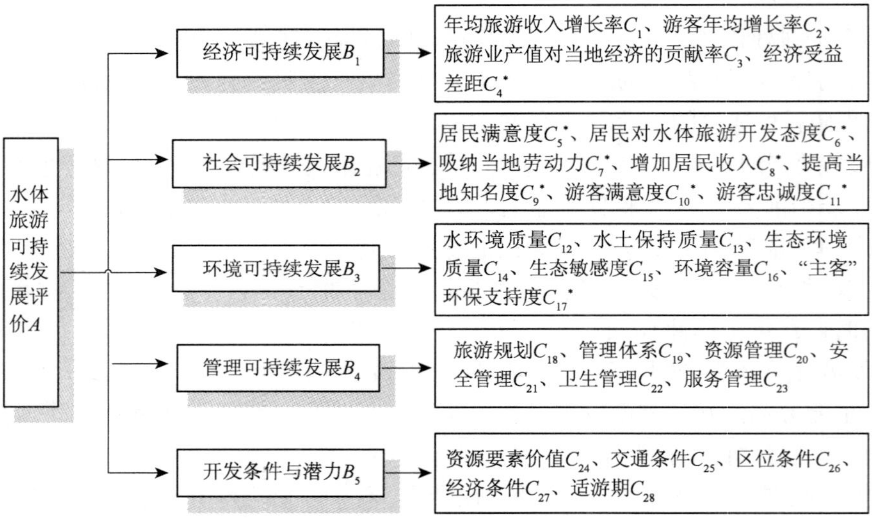

图 5-2　水体旅游可持续发展指标体系

注：“主客”双方感知因子在图中以“ * ”标注。

5.1.3　评价指标阐释

5.1.3.1　经济可持续发展评价指标

经济可持续发展评价包括 4 项指标：

(1) 年均旅游收入增长率：水体旅游地年均旅游收入增长率是反映目的地经济发展中的最重要指标。经济发展是水体旅游地社会、环境、管理可持续发展的基础，该指标通过统计资料获取。

(2) 游客年均增长率：游客是参与水体旅游的主体，游客的增长是水体旅游地可持续发展的基本保障，该指标数据通过统计资料获取。

(3) 旅游业产值对当地经济的贡献率：旅游的经济优势是推动旅游发展的主要

动力，旅游业产值对当地经济的贡献率一定程度上体现了旅游地的发展活力。该指标数据以地区第三产业增加值对该区生产总值的比值数据替代，通过统计资料获取。

（4）经济受益差距：经济受益差距是反映水体旅游发展经济受益公平性的一个测度，本书采用问卷调查的方式获得该数据。

5.1.3.2 社会可持续发展评价指标

社会可持续发展评价包括7项指标：

（1）居民满意度：居民满意度是衡量水体旅游可持续发展的一个重要方面，该指标通过“总体满意度”、“与期望中水体旅游发展比较后的满意度”、“与其他水体旅游地比较后的满意度”三者测量，这三项数值通过问卷调查获取，然后取三项数据的平均数即可得到居民满意度数值。

（2）居民对水体旅游开发态度：该指标通过“关系密切”、“密切关注”、“支持发展”三者测量，这三项数值通过问卷调查获取，然后取三项数据的平均数即可得到居民对水体旅游开发态度的数值。

（3）吸纳当地劳动力：旅游业是劳动密集型产业，与其他行业相比，在带动就业这方面具有一定的优越性。在社会方面，水体旅游实现可持续发展很重要的一个表现，即是为当地居民，特别是弱势人群，创造就业岗位。本指标数据通过水体旅游地居民的问卷调查获得。

（4）增加居民收入：水体旅游能否为当地居民带来经济效益，直接关系到居民对于发展水体旅游的态度。本指标数据通过对居民进行问卷调查获得。

（5）提高当地知名度：水体旅游的发展能否为所在地带来一定的社会影响力和知名度也是可持续发展的一个重要社会表现，本指标数据以问卷调查的方式获取。

（6）游客满意度：该指标强调游客总体评价和超过预期评价两个方面，这两项指标数据通过问卷调查获取，然后取两者的平均数即可得到游客满意度数值。

（7）游客忠诚度：游客的口碑宣传与重复游览是最通用的两个反映游客对水体旅游地忠诚度的指标，这两项指标数据通过问卷调查获取，然后取两者的平均数即可得到游客忠诚度数值。

5.1.3.3 环境可持续发展评价指标

环境可持续发展评价包括6项指标：

（1）水环境质量：表示水体水质以及污水排放及处理达标程度。包括水体是否清澈、无杂物；水质等级（参考《地表水环境质量标准》(GB 3838—2002)、《生活饮用水卫生标准》(GB 5749—2006)）；污水处理（参考《污水综合排放标准》(GB 8978—1996)）。数据通过统计资料结合专家评估获取。

（2）水土保持质量：表示水体流失综合治理和林草覆盖率。包括水体流失综合治理率（参考《水土保持综合治理验收规范》(GB/T 15773—1995)）；林草覆盖率。数据通过统计资料结合专家评估获取。

（3）生态环境质量：表示环境空气质量、环境噪声、固体废弃物处理以及物种丰富程度。包括环境空气质量（参考《环境空气质量标准》（GB 3095—2012））；景区内环境噪声（参考《声环境质量标准》（GB 3096—2008））；固体废弃物处理率（参考《环境影响评价技术导则总纲》（HJ 2.1—2011））；物种丰富程度（参考《旅游区（点）质量等级的划分与评定》（GB/T 17775—2003））。指标数据通过实地调查及相关统计资料获取。

（4）生态敏感度：指在自然状况下水生态系统对于人类活动反应的敏感程度，说明发生生态环境问题而导致生态失衡的可能性大小。由于生态敏感度测量的复杂性和难操作性，本书运用简化手段，采用间接方法测度水体的生态敏感度，以“水域面积”为替代指标，面积越大代表生态敏感度越低，面积越小则代表生态敏感度越高。数据通过统计资料获取。

（5）环境容量：也称为旅游环境承载力，是指在不出现生态环境永久性破坏的前提下，某一个旅游地最多所能容纳的游客数量。借鉴已有的旅游环境容量研究模型，本书通过统计资料计算间接获取该数据。

（6）“主客”环保支持度：环境意识是人与自然环境关系所反映的社会思想、理论、情感、意志、知觉等观念形态的总和，是人类思想深层对人类与自然关系的科学认识。水体旅游地“主客”环保支持度是水体旅游地可持续发展的重要依托，该指标针对水体旅游地主要利益相关者——“居民”、“游客”，采用问卷调查获取数据。

5.1.3.4　管理可持续发展评价指标

管理可持续发展评价包括6项指标：

（1）旅游规划：包括是否已经编制出具有指导性、前瞻性和可操作性的中长期旅游业发展规划；规划是否科学、合理；实施情况如何。指标数据通过实地调查及相关统计资料获取。

（2）管理体系：包括管理机构是否健全；管理制度是否完备；管理人员职责是否明确落实。指标数据通过实地调查及相关统计资料获取。

（3）资源管理：包括水功能区划是否明确、合理；生态环境保护措施是否科学、有效。指标数据通过实地调查及相关统计资料获取。

（4）安全管理：包括工程和设备安全是否达标；游乐设施安全是否达标；安全标志设置是否合理、醒目；治安机构是否健全；消防是否达标；应急预案是否科学、有效。指标数据通过实地调查及相关统计资料获取。

（5）卫生管理：包括住宿卫生是否符合要求；公厕是否设置合理，并且干净、无异味；公共场所是否整洁；垃圾箱布局是否合理、垃圾是否日产日清。指标数据通过实地调查及相关统计资料获取。

(6) 服务管理:包括服务项目是否配套;服务水平是否优良;投诉机构处理是否及时。指标数据通过实地调查及相关统计资料获取。

5.1.3.5 开发条件与潜力评价指标

开发条件与潜力评价包括5项指标:

(1) 资源要素价值:旅游资源的要素价值是水体旅游可持续发展的重要依托,包括水体旅游资源的观赏游憩使用价值;历史文化科学艺术价值;珍稀奇特程度;规模、丰度与几率;完整性等。数据参考《旅游资源分类、调查与评价》(GB/T 18972—2003),通过统计资料与专家评估结合获取数据(具体见本书第3章)。

(2) 交通条件:包括区外交通和区内交通。主要通过水体旅游地的可进入性;区内交通线路布局、区内交通标志是否合理、是否使用环保交通工具等衡量。为了简化工作量,可以用"通达度指数"数值替代,数据通过实地调查及相关统计资料计算间接获取(方法见本书第3章)。

(3) 区位条件:主要是指水体旅游地的地理位置,如是否邻近世界级、国家级旅游景点等。数据通过统计资料和专家评估获取。

(4) 经济条件:指水体旅游地依托所在城市或者区域的经济状况,以"人均GDP"的数值替代,数据通过统计资料获取。

(5) 适游期:适合开展水体旅游活动的时间长短同样关系到水体旅游地发展能力的强弱,适游期越长,从水体旅游中得到的收益相对越多,越有利于可持续发展。参考国家标准《旅游资源分类、调查与评价》(GB/T 18972—2003),通过实地考察与统计资料获取相关数据。

总体来说,相对于现有旅游目的地可持续发展评价体系,本研究所构建的水体旅游地评价指标体系存在以下区别:

(1) 建立更为简单、明晰的层次结构关系;

(2) 注重水体旅游地居民与旅游者的感知评判;

(3) 强调水体旅游发展中政府管理、主导、干预的重要作用,将旅游管理、开发单独作为评价指标层;

(4) 针对性、可操作性较强;

(5) 参考国家现有评价标准体系。

5.1.4 指标数据赋值与量化

为了较真实地反映各项指标对可持续利用水平的贡献,本研究采用了多种赋值方法。所有指标值来源于三部分(表5-1),一是采用权威规范的统计资料;二是间接利用统计资料,参考相关的国家标准规范,结合专家评估或实地调查赋值打分;三是通过实地问卷调查获得数据。

表 5-1 水体旅游可持续发展评价指标数据来源

目标层	准则层	指标因子层	数据来源	备注
水体旅游可持续发展评价	经济可持续发展	年均旅游收入增长率	统计资料	
		游客年均增长率	统计资料	
		旅游业产值对当地经济的贡献率	统计资料	
		经济受益差距	问卷调查	逆指标;详见本书第 4 章
	社会可持续发展	居民满意度	问卷调查	详见本书第 4 章
		居民对水体旅游开发态度	问卷调查	详见本书第 4 章
		吸纳当地劳动力	问卷调查	详见本书第 4 章
		增加居民收入	问卷调查	详见本书第 4 章
		提高当地知名度	问卷调查	详见本书第 4 章
		游客满意度	问卷调查	详见本书第 4 章
		游客忠诚度	问卷调查	详见本书第 4 章
	环境可持续发展	水环境质量	统计资料 专家评估	参考《地表水环境质量标准》(GB 3838—2002)、《生活饮用水卫生标准》(GB 5749—2006)、《污水综合排放标准》(GB 8978—1996)
		水土保持质量	统计资料 专家评估	参考《水土保持综合治理验收规范》(GB/T 15773—1995)
		生态环境质量	统计资料 专家评估	参考国家标准《环境空气质量标准》(GB 3095—2012)、《声环境质量标准》(GB 3096—2008)、《环境影响评价技术导则》(HJ 2.1—2011)、《旅游区(点)质量等级的划分与评定》(GB/T 17775—2003)
		生态敏感度	统计资料	逆指标;以"水体面积"为替代指标
		环境容量	统计资料	详见本书第 5 章 5.2.1.1
		"主客"环保支持度	问卷调查	
	管理可持续发展	旅游规划	实地调查 统计资料	
		管理体系	实地调查 统计资料	
		资源管理	实地调查 统计资料	
		安全管理	实地调查 统计资料	
		卫生管理	实地调查 统计资料	
		服务管理	实地调查 统计资料	

续表 5-1

目标层	准则层	指标因子层	数据来源	备注
水体旅游可持续发展评价	开发条件与潜力	资源要素价值	统计资料、专家评估	参考《旅游资源分类、调查与评价》(GB/T 18972—2003);详见本书第 3 章
		交通条件	实地调查统计资料	以“通达度指数”的计算结果替代;详见本书第 3 章
		区位条件	统计资料专家评估	
		经济条件	实地调查统计资料	以“人均 GDP”的计算结果替代
		适游期	实地调查统计资料	参考《旅游资源分类、调查与评价》(GB/T 18972—2003)

接下来就是数据规范化处理。各个指标的实际值与评价值,是多指标综合评价中涉及的两种基本变量。由于各个指标在物理上的含义各不相同,必然在量纲上也存在差异。对于事物的整体评价而言,异量纲性会产生较大的影响,而解决这一问题的主要手段就是对指标进行无量纲化处理。无量纲化是一种通过数学变换来消除原始变量量纲影响的方法,也被称为数据的标准化、规格化。

由于水体旅游可持续发展的评价指标其性质迥异、取值范围差距很大,这些都使得数据与数据之间缺乏可比性。为了消除不同指标之间量纲差别,使各个指标具有可比性,本书需要对各个指标的原始数据进行无量纲化处理。

阈值也称临界值,是衡量事物发展变化过程的一类特殊指标值,如极大值、极小值、满意值、不允许值等。阈值法是用指标实际值与阈值相比以得到指标评价值的无量纲化方法。常用算法公式有:

$$x_{ij} = \frac{x_i}{\max\limits_{1\leqslant i\leqslant n} x_i} \tag{5-1}$$

$$x_{ij} = \frac{\max\limits_{1\leqslant i\leqslant n} x_i - x_i}{\max\limits_{1\leqslant i\leqslant n} x_i} \tag{5-2}$$

$$x_{ij} = \frac{x_i - \min\limits_{1\leqslant i\leqslant n} x_i}{x_i} \tag{5-3}$$

$$x_{ij} = \frac{x_i - \min\limits_{1\leqslant i\leqslant n} x_i}{\max\limits_{1\leqslant i\leqslant n} x_i - \min\limits_{1\leqslant i\leqslant n} x_i} \tag{5-4}$$

式中,标准化指标值 x_{ij};其原始值为 x_i;研究对象中第 i 指标的最大值为

$\max\limits_{1\leqslant i<n} x_i$，最小值为 $\min\limits_{1\leqslant i<n} x_i$。

由于公式(5-2)、公式(5-3)、公式(5-4)在计算过程中都会出现值为0的情况，不利于指标最后的计算和比较，根据实际情况，本书选择公式(5-1)对水体旅游地可持续发展评价指标进行无量纲化。

具体到本研究实际操作中，指标可以划分为两类：一类是正向指标(正指标)，即对水体旅游发展起正作用的指标，该类指标值越大，对水体旅游地可持续发展就越有利；另一类是负向指标(逆指标)，即对水体旅游发展起副作用的指标，该类指标值越小，则对水体旅游地可持续发展就越有利。参考王莲芬(1990)等关于正指标、逆指标无量纲化操作方法，本书具体标准化指标值的计算公式如下：

正向指标：

$$x_{ij} = \frac{x_i}{\max\limits_{1\leqslant i\leqslant n} x_i} \qquad 0\leqslant x_{ij} \leqslant 1 \tag{5-5}$$

负向指标：

$$x_{ij} = \frac{\min\limits_{1\leqslant i\leqslant n} x_i}{x_i} \qquad 0\leqslant x_{ij} \leqslant 1 \tag{5-6}$$

各项具体指标在进行无量纲化处理后，其取值分布在[0, 1]之间。

5.1.5 权重的确定

本书采用熵技术支持下的层次分析法(AHP法)对水体旅游可持续发展评价指标的相关权重进行确定。由美国运筹学家 A. L. Saaty 提出的 AHP 方法是一种定性与定量相结合的决策分析方法，它可用来处理复杂系统中难以精确化和定量化的问题。其基本原理是将复杂问题分解成若干层次(如目标层、准则层、措施层)和若干因素，通过比较因素的重要程度构造判断矩阵，利用判断矩阵的最大特征根和它所对应的特征向量，确定下层元素对上层元素的贡献程度，从上到下逐层计算，最后得到基本元素对总体目标的重要排序结果(王莲芬，1990)。

熵技术支持下的层次分析方法基本过程大体可以分为下面几个步骤。

5.1.5.1 构造判断矩阵

首先要构造判断矩阵。判断矩阵表示对于上一层中的某元素而言，评价层中各元素相对重要性的状况，如表5-2所示，其中 r_{ij} ($i=1, 2, 3, \cdots, n$; $j=1, 2, 3, \cdots, n$)表示对于 R_k 而言的元素 r_i 对 r_j 的相对重要性的数值：

表 5-2 各因子相对重要性标定值矩阵

R_k	r_1	r_2	…	r_n
r_1	r_{11}	r_{12}	…	r_{1n}
r	r_{21}	r_{22}	…	r_{2n}
⋮	⋮	⋮	…	⋮
⋮	⋮	⋮	…	⋮
r_n	r_{n1}	r_{n2}	…	r_{nn}

5.1.5.2 选取标定系列

本次研究依据层次分析法的标定系列(王莲芬,1990),采用的标度如表 5-3 所示。

表 5-3 因子相对重要性标定系列

标度	含　　义
1	表示两个元素相比,具有同上述相邻同样重要性
3	表示两个元素相比,前者比后者稍重要
5	表示两个元素相比,前者比后者明显重要
7	表示两个元素相比,前者比后者强烈重要
9	表示两个元素相比,前者比后者极端重要
2, 4, 6, 8	表示上述相邻判断的中间值
倒数	若 i 元素与 j 元素的重要性之比为 a_{ij},则 j 元素与 i 元素的重要性之比为 $1/a_{ij}$

5.1.5.3 层次单排序

层次单排序的目的是相对上层某元素而言,确定本层所有元素的权重值。层次单排序的任务可以归结为计算判断矩阵的特征根和特征向量问题。正规化特征向量的分量 W_i 即为对应元素排序的权系数。

5.1.5.4 熵技术对权系数进行修正

为获取尽量准确的指标权重,本研究采用了层次分析法和熵技术相结合的评价模型来得到指标权重。所谓层次熵评价模型,是用层次分析法(AHP 法)决定指标的模糊权重,利用决策矩阵提供的信息,进一步用多目标决策中熵技术修正决策者先前决定的优先权重,以获得相对准确的指标权重。层次分析法是一种系统工程的方法,可将非定量的事物定量分析,是一种广为使用的方法,用层次分析法识别问题的系统性强,可靠性相对较高。但当采用专家咨询方式时,由于层次分析法容易产生循环而不满足传递性公理,导致标度把握不准并丢失部分信息,解决这些问题的有效途径是使用熵技术对其进行修正。将熵技术与层次分析法结合曾用于航道方案的评价(姜晔,2001)、风景名胜区规划方案的评价(徐菲菲,2005)、城市旅游竞争力的评价(丁蕾,2006)等。将层次分析法与熵技术结合用于水体旅游可持续发展的评价以往尚未涉及,本书拟在此方面做一探索。

用熵技术对权系数进行修正后权重信息量大大增大,可信度有所提高,而且更

加符合实际情况。熵技术对权系数进行修正具体方法为(方创琳,毛汉英,1999):

(1) 对已构造的判断矩阵 $R=\{r_{ij}\}_{n\times n}$,按公式

$$\bar{r}_{ij}=\frac{r_{ij}}{\sum_{k=1}^{n} r_{kj}} \quad ①$$

作归一化处理,得到标准矩阵 $\bar{R}=\{\overline{r_{ij}}\}_{n\times n}$,则指标 f_j 输出的熵 E_j 为

$$E_j=-(\ln n)^{-1}\sum_{i=1}^{n} r_{ij}\ln r_{ij} \quad ②$$

可知 $0\leqslant E_j\leqslant 1$。

(2) 求指标 f_j 的偏差度

$$d_j=1-E_j \quad ③$$

(3) 确定指标 f_j 的信息权重

$$\mu_j=\frac{d_j}{\sum_{j=1}^{n} d_j} \quad ④$$

(4) 利用信息权重 μ_j 修正由 AHP 法得出的指标权重 $w_{总}=(w_1, w_2, w_3, \cdots, w_n)$,得到修正后的指标权重

$$\lambda_j=\frac{\mu_j w_j}{\sum_{j=1}^{n}\mu_j w_j} \tag{5-7}$$

从而得到了各个指标较合理的权系数向量$(\lambda_1, \lambda_2, \cdots, \lambda_n)$。

5.1.5.5 一致性检验

因客观事物的复杂性,专家经验和评价认识上的差异性,可能会产生片面性,为了考虑层次分析法得到的结果是否基本合理,需要进行判断矩阵的一致性检验。一般来说,当 $CR<0.10$ 时,就认为判断矩阵具有令人满意的一致性;当 $CR\geqslant 0.10$ 时,就要调整判断矩阵,直至满意为止。

5.1.5.6 权重计算结果

本书使用熵技术支持下的层次分析法(AHP)来确定评价因子的权重。按照如表 5-3 所示层次分析法的标定系列,通过专家打分法确定 A—B 层、B—C 层指标的权系数⑤,分别列出各因子间相对重要性的标定值矩阵(表 5-2),最后对所确

①~④为指标权重公式推导过程,不列入本章公式编号。

⑤ 本次权重调查共向南京大学从事旅游研究的教授、博士、硕士发放征询问卷(见附录 D)18 份,回收有效问卷 17 份,有效率 94%,效果良好。

定的权系数用信息论中的熵技术进行修正。

经过信息论中的熵技术对 $A—B$ 层、$B—C$ 层权系数进行修正的具体结果见表 5-4，其中 AHP 理论中，在计算单准则下排序权向量时，必须进行一致性检验以避免客观事物的复杂性和人认识的多样性造成的判断矩阵逻辑不一致。本书指标体系中 $A—B$ 层的一致性指标 $C.I.=(\lambda_{max}-n)/(n-1)=0.000\ 534$（这里 λ_{max} 是指 $A—B$ 层指标构成判断矩阵的最大特征根，本研究 $\lambda_{max}=5.002\ 136$；n 是其矩阵阶数，$n=5$），平均随机一致性指标 $R.I.=1.12$，（在平均随机一致性指标表中查取），从而得到随机一致性比例 $C.R.=C.I./R.I.=0.000\ 477<0.1$，可见本书判断矩阵的一致性是可以接受的，结果的可靠程度是令人满意的。

表 5-4　用熵技术修正确定的 A 至 C 级指标权系数结果值

指标层次	指标代号	E	d	μ	λ	$w_{修}$（相对于 A）
$A—B$	B_1	0.981 8	0.018 2	0.204 2	0.209 9	0.209 9
	B_2	0.982 0	0.018 0	0.202 8	0.237 8	0.237 8
	B_3	0.982 9	0.017 1	0.192 0	0.255 5	0.255 5
	B_4	0.984 8	0.015 2	0.170 5	0.121 5	0.121 5
	B_5	0.979 5	0.020 5	0.230 4	0.175 3	0.175 3
$B_1—C$	C_1	0.995 1	0.004 9	0.230 9	0.226 7	0.047 6
	C_2	0.995 0	0.005 0	0.234 5	0.238 2	0.050 0
	C_3	0.994 1	0.005 9	0.281 0	0.285 4	0.059 9
	C_4	0.994 6	0.005 4	0.253 7	0.249 6	0.052 4
$B_2—C$	C_5	0.994 6	0.005 4	0.138 6	0.148 6	0.035 3
	C_6	0.993 9	0.006 1	0.156 9	0.166 2	0.039 5
	C_7	0.994 0	0.006 0	0.154 4	0.132 4	0.031 5
	C_8	0.994 4	0.005 6	0.142 7	0.132 3	0.031 5
	C_9	0.994 9	0.005 1	0.129 5	0.119 1	0.028 3
	C_{10}	0.995 0	0.005 0	0.126 8	0.139 7	0.033 2
	C_{11}	0.994 1	0.005 9	0.151 2	0.161 7	0.038 4
$B_3—C$	C_{12}	0.993 4	0.006 6	0.122 5	0.132 7	0.033 9
	C_{13}	0.992 1	0.007 9	0.145 8	0.139 8	0.035 7
	C_{14}	0.992 9	0.007 1	0.130 6	0.147 8	0.037 8
	C_{15}	0.989 2	0.010 8	0.200 7	0.186 9	0.047 8
	C_{16}	0.987 4	0.012 6	0.233 7	0.241 2	0.061 6
	C_{17}	0.991 0	0.009 0	0.166 8	0.151 5	0.038 7

续表 5-4

指标层次	指标代号	E	d	μ	λ	$w_{修}$(相对于 A)
$B_4—C$	C_{18}	0.995 9	0.004 1	0.165 5	0.207 7	0.025 2
	C_{19}	0.995 1	0.004 9	0.196 5	0.189 5	0.023 0
	C_{20}	0.995 0	0.005 0	0.202 7	0.193 5	0.023 5
	C_{21}	0.996 7	0.003 3	0.135 0	0.123 6	0.015 0
	C_{22}	0.996 1	0.003 9	0.159 1	0.140 3	0.017 1
	C_{23}	0.996 5	0.003 5	0.141 2	0.145 4	0.017 7
$B_5—C$	C_{24}	0.993 3	0.006 7	0.201 9	0.240 4	0.042 1
	C_{25}	0.993 0	0.007 0	0.211 7	0.196 0	0.034 4
	C_{26}	0.993 4	0.006 6	0.199 9	0.188 3	0.033 0
	C_{27}	0.993 9	0.006 1	0.186 0	0.212 7	0.037 3
	C_{28}	0.993 4	0.006 6	0.200 4	0.162 6	0.028 5

5.1.6 综合评价计算模型的建立

水体旅游可持续发展评价是一项综合性评价，指标体系中的每一个指标都应该能从不同的层面反映出水体旅游地可持续发展的状况。为了使评价具有很强的可操作性，本书采用加权函数法进行计算，其计算公式为：

$$S = \sum_{i=1}^{n} x_{ij} w_i \tag{5-8}$$

式中，x_{ij} 为各单项指标的标准化值；w_i 为与各指标相对应的权重；S 为该水体旅游地可持续发展评价的综合水平得分。

5.2 南京市水体旅游可持续发展评价实证研究

本节将运用 5.1 阐述的水体旅游可持续发展评价方法，以南京市外秦淮河国家级水利风景区、金牛湖国家级水利风景区以及珍珠泉国家级水利风景区为例，进行三处水体旅游地的实证研究。

5.2.1 评价指标的数据获取

参照图 5-2 水体旅游可持续发展指标体系，由表 5-1 的分析所知，本书涉及的评价指标数据来源包括统计资料、问卷调查、专家评估三部分。

5.2.1.1 统计资料数据获取

针对本实证案例，本节查阅的相关权威规范统计资料共包括：《南京统计年鉴》①、《南京市旅游经济发展统计公报》②、《南京市第一次水利普查公报》③、《国家水利风景区申报表(外秦淮河、金牛湖、珍珠泉)》④、《南京市外秦淮河水利风景区资源调查评价报告》④、《南京市外秦淮河水利风景区规划纲要》④、《南京市外秦淮河水利风景区申报材料汇编》④、《金牛湖旅游风景区申报国家水利风景区自评材料》④、《江苏省南京市金牛湖旅游风景区风景资源调查评价报告》④、《南京市金牛湖地区总体规划(2012—2030)》⑤、《南京市六合区金牛湖旅游度假区总体规划和控制性详细规划》⑥、《南京珍珠泉水利风景区规划纲要》④、《南京珍珠泉水利风景区资源调查评价报告》④以及《南京市珍珠泉水利风景区申报材料汇编》④。

本指标体系中2012年外秦淮河、金牛湖、珍珠泉三地的“年均旅游收入增长率”、“游客年均增长率”指标数据由南京市旅游委员会提供。

指标体系中外秦淮河、金牛湖、珍珠泉三地的“资源要素价值”、“交通条件(采用通达度指数替代)”两项指标数值已在本书第3章3.1节、3.3节中详细分析计算，在此不赘述。

在这里需要说明的是“环境容量”这一指标，三处水体旅游地以往的统计资料仅仅只是大致估计，如在《南京市外秦淮河水利风景区资源调查评价报告》、《金牛湖旅游风景区申报国家水利风景区自评材料》、《南京珍珠泉水利风景区资源调查评价报告》中，外秦淮河估计年接待量300多万人次、金牛湖年可容纳能力在100万人次以上、珍珠泉年接待量300万人次。本书在此尝试进一步分析计算。

旅游环境容量是进行旅游规划的基础性材料，是保证游客进行正常旅游活动的游客数量极限。游客数量的过度集中将引发一系列矛盾与冲突，不利于区域旅游业的可持续发展。旅游环境容量是指在一定时期内不会对旅游地环境、经济、社会以及旅游者旅游活动质量等方面带来无法接受的不利影响前提下，旅游地现有状态下能够承受的旅游规模最高限度，是旅游环境系统产出能力和自我调节能力

---

① 南京市统计局，国家统计局南京调查队编. 南京统计年鉴·2012[M]. 北京：中国统计出版社，2012.

② 南京市旅游委员会，南京市统计局. 2012年南京市旅游经济发展统计公报[EB/OL]. http://www.nju.gov.cn/web_zw/public_detail/detail/105/30147.shtml.

③ 南京市水利局，南京市统计局. 南京市第一次水利普查公报[EB/OL]. http://www.nanjing.gov.cn/njszf/szf/201307/t20130715_960270.html.

④ 相关资料，由江苏省水利厅河道管理局提供。

⑤ 相关资料，由南京必得旅游规划设计研究院提供。

⑥ 相关资料，由南京市规划设计研究院有限责任公司，南京必得旅游规划设计研究院提供。

的表现。环境容量的测算一般有线路法、面积法和卡口法三种。鉴于本研究的实际情况，外秦淮河环境容量的计算采用线路法，而金牛湖和珍珠泉环境容量的计算采用面积法。

(1) 环境容量指标模型(面积法)

本研究结合崔凤军(1995，1997，1998)、胡炳清(1995)、杨锐(2003)、王健飞(2004)、林明水(2007)等关于旅游环境容量的相关研究，并考虑水体旅游资源自身的特点，可以将水体旅游环境容量划分为下面三种基本容量。

① 旅游生态容量

旅游生态容量是基于保持当地原有自然生态质量的考虑，即在一定时间内旅游地的自然生态环境不发生退化的前提下，旅游地所能容纳的旅游活动量。有些将直接导致自然环境破坏的旅游活动，可以通过严格的管控措施加以限制或者杜绝。因此旅游生态容量的大小主要由两方面的因素来决定，一方面是旅游地自然生态环境净化与吸收污染物的能力，另一方面是一定时间内每个游客所产生的污染物量。我们这里讨论的生态环境主要包括大气、水和固体垃圾。

旅游生态容量 $Q(e)$ 表达式为：

$$Q(e) = \mathrm{Min}\{Q(w),\ Q(a),\ Q(g)\} \tag{5-9}$$

水体环境容量 $Q(w)$

$$Q(w) = \frac{C_1}{A_2} \tag{5-10}$$

大气环境容量 $Q(a)$

$$Q(a) = \frac{C_2}{A_3} \tag{5-11}$$

固废环境容量 $Q(g)$

$$Q(g) = \frac{A_1}{A_4} \tag{5-12}$$

式中，C_1 为水体环境净化吸收污染物容量；C_2 为区域大气环境净化吸收污染物容量；A_1 为每日处理固体垃圾总量；A_2 为人均污水生产量；A_3 为人均废气生产量；A_4 为人均固体垃圾生产量。

② 旅游空间容量

旅游空间容量是旅游发展的基本条件。旅游资源本身的容纳能力有限，游客在游憩过程中占用的时间和空间均有一定的标准，由此形成了某一时间段内旅游地所能容纳游客的数量。对于水体类风景区而言，旅游空间容量可用游客对水体面积与陆地的占用来表示，采用面积法来进行计算。

旅游空间容量 $Q(s)$ 表达式为：

$$Q(s) = \frac{A}{a} \cdot \frac{T}{t} \tag{5-13}$$

式中，A 为资源的空间规模；a 为每人最低空间标准；T 为每日开放时间；t 为人均每次利用时间。

③ 旅游心理容量

旅游心理容量，也称游客感知容量，是旅游者在某一地域进行旅游活动时，在不降低游客活动感知质量的前提下，旅游地所能容纳的最大旅游活动量。旅游心理容量一般比空间容量低得多，这有其深刻的环境心理原因，个人在从事旅游活动时对环绕在周围的空间有一定的要求，称为个人空间，不仅受到旅游者年龄、性别、社会经济地位、文化背景、价值观念等个人因素影响，还受到旅游活动类型、接待地区的自然和社会经济条件的影响，因而同空间容量、生态容量、设施容量都有一定关系。

旅游心理容量 $Q(r)$ 表达式为：

$$Q(p)=\frac{A}{S} \tag{5-14}$$

$$Q(r)=\frac{T}{t}Q(p) \tag{5-15}$$

式中，$Q(p)$ 是时点容量；A 为旅游地空间规模；S 为个人空间值；T 为每日开放时间；t 为人均每次利用时间。

(2) 计算公式(面积法)

不同类型的旅游资源，各个基本容量所占的权重不一样。根据水体旅游资源的实际情况，本研究在和相关水利专家、旅游专家共同探讨的基础上规定极限旅游环境容量的计算公式为：

$$Q=0.5Q(e)+0.3Q(s)+0.2Q(r) \tag{5-16}$$

式中，Q 为极限旅游环境容量；$Q(e)$ 为旅游生态容量；$Q(s)$ 为旅游空间容量；$Q(r)$ 为旅游心理容量。按黄金分割线原理 $Q_a=0.618Q$，其中：Q_a 为合理旅游容量。

(3) 实证计算

案例1：外秦淮河水利风景区

外秦淮河水利风景区环境容量计算采用游览路线计算法，计算公式如下：

$$Q=\frac{T}{t}\cdot\frac{2LV}{D} \tag{5-17}$$

式中，Q 为外秦淮河水利风景区的极限容量之和；L 为游览线路总长度；V 为每船载客数；D 为两船间安全距离；T 为旅游景区每天开放时间；t 为游客平均游览时间；周转率即每天开放时间 T 与游客平均游览时间 t 之比。

外秦淮河水利风景区，游览线路长度为 18 km，本研究采用游览路线容量，每个水上游览工具的安全间隔为 300 m，行船为双向，每船载客 15 人。有效开放时间按 8 h 计算，人均游览时间按 2 h 计算，周转率为 4。每日极限容量为：

$$Q=\frac{T}{t}\cdot\frac{2LV}{D}=\left(\frac{2\times 18\ 000\times 15}{300}\right)\times\frac{8}{2}=7\ 200(\text{人次}/\text{日})$$

按照黄金分割法原理，外秦淮河水利风景区相应的日合理旅游容量 $Q_a=0.618Q=4\ 450$ 人次/日，以景区适游期 300 日，年旅游环境容量为 1.335×10^6 人次/年。

案例 2：金牛湖水利风景区

景区总面积 $1.322\times 10^7\ \text{km}^2$，库容 $4.34\times 10^6\ \text{m}^3$，水域可游面积 $5.6\times 10^5\ \text{m}^2$，平均水深 1 m，陆地可游面积 $4.9\times 10^5\ \text{m}^2$，每日开放时间 8 h，人均每次利用时间 4 h。

(1) 旅游生态容量

旅游生态容量的确定，最重要的是确定两个参数，一是每位游客一天产生的各种污染物数量，二是自然环境净化与吸收各种污染物的数量。这两个参数会随着旅游活动的性质、旅游区所在的区域自然环境而有很大的差别。根据《江苏省地表水（环境）功能区划》，本研究选 5 日生化需氧量（BOD_5）作为水环境容量的评价指标，以Ⅲ类水作为测算标准；景区执行《环境空气质量标准》（GB 3095—2012）二级标准，本研究选取 24 h 平均总悬浮颗粒物浓度作为大气环境容量指标。

表 5-5 水、大气环境质量标准

项目	指标	标准
水环境质量指标	BOD_5	4 mg/L
大气环境质量指标	总悬浮颗粒物	0.3 mg/m^3

表 5-6 旅游者产生的主要污染物量

主要污染物	人均污染物产生量[g/(人·日)]
BOD_5	40
固体垃圾	500
总悬浮颗粒物	60

① 水体环境容量

由于金牛湖水利风景区的污水主要为厕所、餐饮和游乐产生的污水，基本没有经过任何有效处理，直接排入，故测算结果与入湖污染量相当。

水体环境容量：

$$Q(w)=\frac{C_1}{A_2}=\frac{A\cdot H\cdot BOD_5}{A_2}$$

$$=\frac{560\ 000\times 1\times 4}{40\times 5}=1.12\times 10^4(\text{人次}/\text{日})$$

式中，C_1为水体环境净化吸收污染物容量；A_2为人均污水生产量；A为水域面积；H为平均水深；BOD_5为五日生化需氧量。

② 大气环境容量

大气环境容量：

$$Q(a)=\frac{C_2}{A_3}=\frac{A_j\cdot H_q\cdot S_s}{A_3}$$

$$=\frac{490\ 000\times10\ 000\times0.000\ 3}{60}=2.45\times10^4\text{（人次/日）}$$

式中，C_2为区域大气环境净化吸收污染物容量；A_3为人均废气生产量；A_j为景区面积；H_q为大气有效厚度；S_s为总悬浮颗粒物标准值。

③ 固废环境容量

金牛湖水利风景区的固体废弃物主要为景区管理人员和游客产生的生活垃圾，基本由环卫部门送往垃圾场卫生填埋处置，因此固废外排量为零，我们可以认为景区的固废环境容量对景区容量的限制力很小。

故金牛湖水利风景区生态容量：

$$Q(e)=\text{Min}\{Q(w),\ Q(a),\ Q(g)\}=1.12\times10^4\text{（人次/日）}$$

（2）旅游空间容量

对于一个旅游景区，它的基本空间标准主要取决于其所要接纳的旅游活动的性质和类型，不同旅游场所有不同的标准，通过长期实践我国旅游行业得到一些具体的经验数值，如古典园林游览的基本空间标准应该达到 10 m^2/人；商业型旅游胜地人均占有面积应该达到 8 m^2/人；疏林草地型旅游区应该达到 150 m^2/人；船均载客量为 15 人/船，每船合理占有面积 2×10^4 m^2。像金牛湖水利风景区这样的水体旅游景区，既要满足疏林草地型旅游区的标准，同时也要满足水上设施的空间标准。

$$T=8\text{ h}$$

$$Q(s)=\frac{A}{a}\cdot\frac{T}{t}=\left(\frac{560\ 000\times15}{20\ 000}+\frac{490\ 000}{150}\right)\times\frac{8}{4}$$

$$=7\ 373\text{（人次/日）}$$

（3）旅游心理容量

影响旅游者个人空间的因素复杂多样，因此选取平均满足程度达到最大的个人空间值作为计算旅游心理容量的基本标准，本研究参考薄山湖风景区调查问卷结果（韩学伟，2004），游客在良好心理感应时每个水上游览工具占有的面积为 3×10^4 m^2，景区内行走时每个人占有的面积为 200 m^2。

$$Q(r) = \frac{T}{t} \cdot Q(p) = \left(\frac{560\ 000 \times 15}{30\ 000} + \frac{490\ 000}{200}\right) \times \frac{8}{4}$$
$$= 5\ 460（人次/日）$$

金牛湖景区环境容量结果：

根据上述旅游环境容量指标的计算，金牛湖水利风景区的日极限旅游环境容量为：

$$Q = 0.5Q(e) + 0.3Q(s) + 0.2Q(r) = 8\ 904（人次/日）$$

根据黄金分割法，金牛湖水利风景区日合理容量 $Q_a = 0.618Q = 5\ 502$ 人次/日，以景区适游期 300 日，旅游环境容量为 1.65×10^6 人次/年。

案例 3：珍珠泉水利风景区

景区总面积 $2.36 \times 10^6\ m^2$，库容 $4.41 \times 10^5\ m^3$，水域可游面积 $2.6 \times 10^5\ m^2$，平均水深 1.5 m，陆地可游面积 $7.35 \times 10^5\ m^2$，每日开放时间 8 h，人均每次利用时间 3 h。

（1）旅游生态容量

① 水体环境容量

由于珍珠泉水利风景区的污水主要为厕所、餐饮和游乐产生的污水，基本没有经过任何有效处理，直接排入，故测算结果与入湖污染量相当。

水体环境容量：

$$Q(w) = \frac{C_1}{A_2} = \frac{A \cdot H \cdot BOD_5}{A_2}$$
$$= \frac{441\ 000 \times 4 \times 1.5}{40 \times 5} = 13\ 230（人次/日）$$

式中：C_1 为水体环境净化吸收污染物容量；A_2 为人均污水生产量；A 为水域面积；H 为平均水深；BOD_5 为五日生化需氧量。

② 大气环境容量

$$Q(a) = \frac{C_2}{A_3} = \frac{A_j \cdot H_q \cdot S_s}{A_3}$$
$$= \frac{2\ 360\ 000 \times 10\ 000 \times 0.000\ 3}{60} = 1.18 \times 10^5（人次/日）$$

式中，C_2 为区域大气环境净化吸收污染物容量；A_3 为人均废气生产量；A_j 为景区面积；H_q 为大气有效厚度；S_s 为总悬浮颗粒物标准值。

③ 固废环境容量

珍珠泉水利风景区的固体废弃物主要为景区管理人员和游客产生的生活垃圾，基本由环卫部门送往垃圾场卫生填埋处置，因此固废外排量为零，我们可以认为景区的固废环境容量对景区容量的限制力很小。

故珍珠泉水利风景区生态容量：

$$Q(e)=\mathrm{Min}\{Q(w),\ Q(a),\ Q(g)\}=13\ 230(\text{人次/日})$$

(2) 旅游空间容量

对于一个旅游景区，它的基本空间标准主要取决于其所要接纳的旅游活动的性质和类型，不同旅游场所有不同的标准，通过长期实践我国旅游行业得到一些具体的经验数值，如古典园林游览的基本空间标准应该达到 10 m^2/人；商业型旅游胜地人均占有面积应该达到 8 m^2/人；疏林草地型旅游区应该达到 150 m^2/人；船均载客量为 15 人/船，每船合理占有面积 2×10^4 m^2。像珍珠泉水利风景区这样的水体旅游景区，既要满足疏林草地型旅游区的标准，同时也要满足水上设施的空间标准。

$$\begin{aligned} T &= 8\ \mathrm{h} \\ Q(s) &= \frac{A}{a}\cdot\frac{T}{t} = \left(\frac{260\ 000\times15}{20\ 000}+\frac{735\ 000}{150}\right)\times\frac{8}{4} \\ &= 1.019\times10^4(\text{人次 / 日}) \end{aligned}$$

(3) 旅游心理容量

影响旅游者个人空间的因素复杂多样，因此选取平均满足程度达到最大的个人空间值作为计算旅游心理容量的基本标准，本研究参考薄山湖风景区调查问卷结果(韩学伟，2004)，游客在良好心理感应时每个水上游览工具占有的面积为 3×10^4 m^2，景区内行走时每个人占有的面积为 200 m^2。

$$\begin{aligned} Q(r) &= \frac{T}{t}\times Q(p) = \left(\frac{260\ 000\times15}{30\ 000}+\frac{735\ 000}{200}\right)\times\frac{8}{4} \\ &= 7.61\times10^3(\text{人次 / 日}) \end{aligned}$$

珍珠泉景区旅游环境容量结果：

根据上述旅游环境容量指标的计算，金牛湖水利风景区的极限旅游环境容量为：

$$Q=0.5Q(e)+0.3Q(s)+0.2Q(r)=8.137\times10^3(\text{人次/日})$$

根据黄金分割法，景区日合理容量 $Q_a=0.618Q=5.028\times10^3$ 人次/日，以景区适游期 300 日，珍珠泉水利风景区年旅游环境容量为 1.508×10^6 人次/年。

5.2.1.2 问卷调查数据获取

Var(1991)认为，除了使人们理解旅游活动带来的各项影响，并增强生态环境意识以外，实现旅游业的可持续发展还需要做到在向旅游者提供高品质旅游体验的同时，持续改善旅游地居民的生活质量。

水体旅游的可持续发展也是如此，水体旅游地“主客”双方的感知调查是必需的。本指标体系共设水体旅游地“主客”双方的感知因子 9 个，占总评价指标因子的32.14%。研究组在2013年6月至7月间，通过现场调查等方式在外秦淮河、金牛湖、珍珠泉三个案例地发放调研问卷。共计发放1 280份居民问卷、870份游客问卷，最终收回居民问卷1 232份、游客问卷748份，居民问卷回收率是96.25%，游客问卷回收率是86%。除去数据明显缺失、填写错误造成的无效问卷外，共收到有效居民问卷1179份，有效游客问卷713份，问卷的有效回收率都在95%以上。这三处水体旅游地感知数据的获取具体见本书第4章及附录B、附录C，在此不赘述。

5.2.1.3　专家评估数据获取

除了上述统计资料数据、问卷调查数据以外，本指标体系还有一部分指标采用专家评估法赋值。本研究共邀请8名专家进行调查表打分，专家分别来自旅游部门2人、旅游业专业研究人员3名、水利部门3人。最后指标数值取8人打分的平均值。专家评估指标每项最高值均为100分，各项指标赋值标准见表5-7。

表5-7　赋分标准表

评价指标	评价内容	评价指标及分值
水环境质量（100分）	水体	清澈、无杂物40～20分，轻度浑浊20～10分，浑浊10～0分
	水质	优于Ⅲ类40～30分，Ⅲ类30～20分，Ⅳ类20～10分，Ⅴ类10～0分
	污水处理	零排放20～10分，达标排放10～0分
水土保持质量（100分）	水土流失综合治理率	95%以上50～40分，95%～90%40～30分，90%～80%30～20分，80%～70%20～10分，70%以下10～0分
	林草覆盖率	林草面积占宜林宜草面积95%以上50～40分，95%～90%40～30分，90%～85%30～20分，85%～80%20～10分，80%以下10～0分
生态环境质量（100分）	环境空气质量	达到国家标准《环境空气质量标准》(GB 3095—2012)一级的给20分，二级的给10分，二级以下0分
	环境噪声	达到《声环境质量标准》(GB 3096—2008)中0类标准的给30分，达到1类标准的给20分，达到2类标准的给10分，2类标准以下0分
	固体废弃物处理率	水体旅游地基本无乱抛固体废弃物的得20分；有随意抛弃的废弃物，按其对环境的影响程度（轻度、重度）给分取值在20～0分；固体废物的堆放和处理，其结果分为好、一般、差，给分取值在20～0分
	物种丰富程度	原生珍稀濒危物种数量相比较的变化；与本底值相比较，能维持本底值水平的得10分，反之，得0分
景区规划（100分）	科学性	科学性30～0分
	合理性	合理性20～0分
	创新性	创新性20～0分
	实施情况	实施情况30～0分

续表 5-7

评价指标	评价内容	评价指标及分值
管理体系（100 分）	管理机构	健全 40～0 分
	管理制度	完备 40～0 分
	人员职责	明确、落实 20～0 分
资源管理（100 分）	水功能区划	明确、合理 50～0 分
	生态环境保护措施	科学、有效 50～0 分
安全管理（100 分）	工程和设备安全	达标 20～0 分
	游乐设施安全	达标 20～0 分
	安全标志设置	合理、醒目 10～0 分
	治安机构	健全 20～0 分
	消防	达标 20～0 分
	应急预案	科学、有效 10～0 分
卫生管理（100 分）	住宿卫生	符合规定要求 30～0 分
	公厕卫生	设置合理 10～0 分；干净、无异味 10～0 分
	公共场所卫生	整洁 30～0 分
	垃圾处理	垃圾箱布局合理 10～0 分；日产日清 10～0 分
服务管理（100 分）	服务项目	齐全 40～0 分
	服务水平	服务水平高 40～0 分
	投诉机构	处理及时 20～0 分
区位条件(100 分)	地理位置	距依托城市或世界、国家级景点距离的远近赋值在 100～0 分

5.2.2　计算结果

获得各项指标的原始数据后，为了使各个指标之间具有可比性，需要对数据进行无量纲化处理，以此消除不同指标之间量纲的差别。

采用上文 5.1.4 阐述的指标无量纲化处理方法：

正向指标：

$$x_{ij} = \frac{x_i}{\max\limits_{1\leqslant i\leqslant n} x_i} \quad 0\leqslant x_{ij} \leqslant 1 \tag{5-6}$$

负向指标：

$$x_{ij} = \frac{\min\limits_{1\leqslant i\leqslant n} x_i}{x_i} \quad 0\leqslant x_{ij} \leqslant 1 \tag{5-7}$$

式中，x_{ij} 为标准化指标值，其原始值为 x_i；研究对象中第 i 指标的最大值为

$\max\limits_{1\leqslant i<n} x_i$，最小值为 $\min\limits_{1\leqslant i<n} x_i$。

对于水体旅游可持续发展的评价研究而言，本书所构建指标体系中的负向指标是经济受益差距 C_4、生态敏感度 C_{15}，这两项指标采用公式(5-7)计算，除此之外的其余指标则采用公式(5-6)计算。

本书以外秦淮河国家级水利风景区各指标值作为水体旅游可持续发展评价指标标准化的参照体系。采用参照值法进行指标量化，标准化结果见下表5-8。

表 5-8　水体旅游地可持续发展评价单项指标标准化值

目标层	准则层	指标因子层	外秦淮河	金牛湖	珍珠泉
水体旅游可持续发展评价 A	经济可持续发展 B_1	年均旅游收入增长率 C_1	0.167	1.000	0.867
		游客年均增长率 C_2	0.117	1.000	0.867
		旅游业产值对当地经济的贡献率 C_3	1.000	0.300	0.484
		经济受益差距 C_4	0.788	0.775	1.000
	社会可持续发展 B_2	居民满意度 C_5	0.933	0.916	1.000
		居民对水体旅游开发态度 C_6	0.930	0.966	1.000
		吸纳当地劳动力 C_7	0.981	0.972	1.000
		增加居民收入 C_8	0.948	0.976	1.000
		提高当地知名度 C_9	0.944	0.963	1.000
		游客满意度 C_{10}	0.955	1.000	0.996
		游客忠诚度 C_{11}	0.988	1.000	1.000
	环境可持续发展 B_3	水环境质量 C_{12}	0.673	1.000	0.965
		水土保持质量 C_{13}	0.938	1.000	0.961
		生态环境质量 C_{14}	0.789	1.000	0.944
		生态敏感度 C_{15}	0.143	1.000	0.021
		环境容量 C_{16}	0.686	0.847	1.000
		“主客”环保支持度 C_{17}	1.000	0.949	0.974
	管理可持续发展 B_4	旅游规划 C_{18}	0.963	1.000	0.972
		管理体系 C_{19}	0.879	0.980	1.000
		资源管理 C_{20}	0.881	0.987	1.000
		安全管理 C_{21}	0.892	0.978	1.000
		卫生管理 C_{22}	0.943	0.978	1.000
		服务管理 C_{23}	0.664	0.942	1.000

续表 5-8

目标层	准则层	指标因子层	外秦淮河	金牛湖	珍珠泉
水体旅游可持续发展评价 A	开发条件与潜力 B_5	资源要素价值 C_{24}	0.972	1.000	0.940
		交通条件 C_{25}	1.000	0.497	0.758
		区位条件 C_{26}	1.000	0.707	0.876
		经济条件 C_{27}	1.000	0.924	0.884
		适游期 C_{28}	1.000	1.000	1.000

运用加权函数法计算水体旅游可持续发展评价结果，即：

$$S=\sum_{i=1}^{n}x_{ij}w_i \tag{5-8}$$

式中，x_{ij} 为各指标的标准化值；w_i 为各指标的权重；S 为该水体旅游地可持续发展的综合评价分值。

计算得到 2012 年外秦淮河、金牛湖、珍珠泉三个案例地的水体旅游可持续发展评价结果，见表 5-9 及图 5-3 所示。

表 5-9 研究案例地水体旅游可持续发展评价结果

案例地＼指标	经济可持续发展 B_1	社会可持续发展 B_2	环境可持续发展 B_3	管理可持续发展 B_4	开发条件与潜力 B_5	水体旅游可持续发展评价结果 A
外秦淮河	0.115	0.227	0.174	0.106	0.174	0.796
金牛湖	0.156	0.231	0.244	0.119	0.145	0.896
珍珠泉	0.166	0.238	0.203	0.121	0.156	0.883

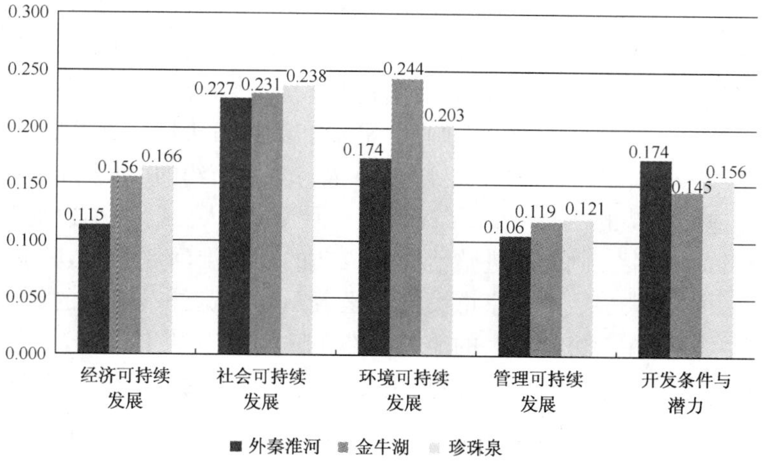

图 5-3 研究案例地水体旅游可持续发展评价示意图

5.2.3 结果分析

5.2.3.1 总体评价

从以上分析计算中可看出，外秦淮河、金牛湖、珍珠泉这三处水体旅游地，水体旅游可持续发展评价结果 A 值的排序依次为：金牛湖国家级水利风景区，得分 0.896；珍珠泉国家级水利风景区，得分 0.883；外秦淮河国家级水利风景区，得分 0.796。在满分为 1 的标准下，三处水体旅游地的可持续发展评价结果均较为满意，处于中上的水平段，这也符合其作为南京优秀的水体旅游地最早入选国家级水利风景区的客观实际。但是我们也要看到，三处水体旅游地在可持续发展方面仍有需要加强的地方，具体我们从经济可持续发展、社会可持续发展、环境可持续发展、管理可持续发展、开发条件与潜力这五个准则层来探讨。

5.2.3.2 经济可持续发展评价

从经济可持续发展准则层来看，排序依次是珍珠泉(0.166)、金牛湖(0.156)、外秦淮河(0.115)。外秦淮河较为落后，主要是指标因子层的年均旅游收入增长率 C_1、游客年均增长率 C_2 两项指标排在最末。数据[①]显示 2012 年石头城遗址公园景区旅游收入 48 万，景区旅游收入年均增长率 5%；景区游客数量 45 000 人，景区游客年均增长率 3.5%。而 2012 年金牛湖景区旅游收入 6 500 万元，旅游收入年均增长率 30%；景区游客数量 65 万，游客年均增长率 30%。珍珠泉景区旅游收入 16 380 万元，景区旅游收入年均增长率 26%；景区游客数量 306 万，游客年均增长率 26%。外秦淮河沿线虽然有大大小小的景点十多处，其中不乏多处精品，如“千帆竞渡”群雕的渡江胜利纪念馆新馆、亚洲唯一的大型“双孔护镜门”闸—— 三汊河闸、石头城遗址公园、中华门城堡等，但都是游客寥寥。其实 2005 年外秦淮河已开通了往返于石头城遗址公园码头—东长干巷码头、石头城遗址公园码头—三汊河入江口这两条水上观光线路，串起沿线这些景点。结合中原的马车顶棚和江南的渔舟之形而打造的 8 条秦淮仿古画舫，平常都停在石头城遗址公园码头处。其中皇家气度的“大边港”2 条，每船可乘坐 40 人；淳朴、简约的“小边港”4 条，每船可乘坐 18 人；造型独特的“气不忿”2 条，每船可乘坐 10 人。“大、小边港”船内更配有讲解及丝竹乐演奏。画舫开进整治如此成功的外秦淮河风光带，其旅游发展却一直起色不大。绝大多数的南京市民没有坐着画舫游览外秦淮河的经历，而外秦淮河的画舫常停靠在岸边，“80%的船司机都在睡大觉”。究其原因，主要是因为外秦淮河现有景点分散，且分别归属南京市城建集团旗下的秦淮河建设开发有限公司、市旅游委员会、文广新局等部门以及沿河秦淮区、建邺区、鼓楼区等多区管理，

---

① 数据由南京市旅游委员会提供。

各部门条块分割，至今形成不了合力。如今的外秦淮河经过水利、环保、路网、安居等工程建设，城市功能已基本达到，市民特别是沿线居民已享受到了利好。城市也从两岸的房地产开发、地价提升中获利丰厚。但城市的“文化品牌”和“旅游功能”，尤其是旅游功能还需要更多的商业模式的介入。研究案例地水体旅游经济可持续发展评价示意见图 5-4 所示。

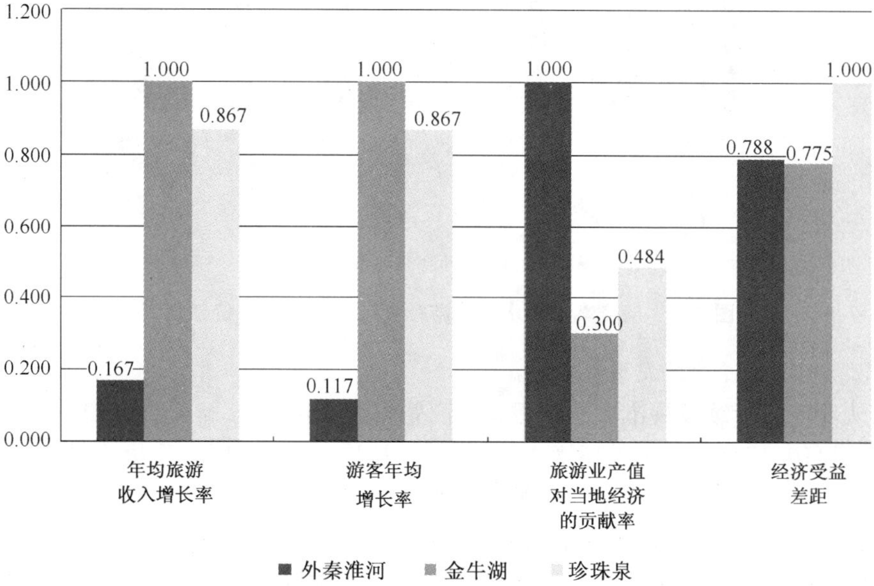

图 5-4 研究案例地水体旅游经济可持续发展评价示意图

5.2.3.3 社会可持续发展评价

从社会可持续发展准则层来看，排序依次是珍珠泉(0.238)、金牛湖(0.231)、外秦淮河(0.227)。总体来说，三处水体旅游地在该准则层总分上的差距并不大，但具体到指标因子层，三处景区存在一些差距。在居民满意度 C_5 和吸纳当地劳动力 C_7 两项指标感知上，本研究的问卷结果显示，在样本数据中珍珠泉的得分最高，外秦淮河第二，而金牛湖最末。在居民对水体旅游开发态度 C_6、增加居民收入 C_8、提高当地知名度 C_9 三项指标感知上，样本数据中珍珠泉仍是第一，金牛湖排第二，外秦淮河最末。在游客满意度 C_{10} 和游客忠诚度 C_{11} 两项指标感知上，样本数据中是金牛湖第一，珍珠泉第二，外秦淮河最末，这两项指标感知，珍珠泉和金牛湖之间的差距非常小。总的来说，珍珠泉的社会可持续发展评价结果较为满意，金牛湖与之相差不大，特别是在游客人群中的评价总体要好于珍珠泉。而外秦淮河不管是游客方面，还是居民方面都评价相对较低，整体的社会可持续发展评价结果三者中排最末。研究案例地水体旅游社会可持续发展评价示意见图 5-5 所示。

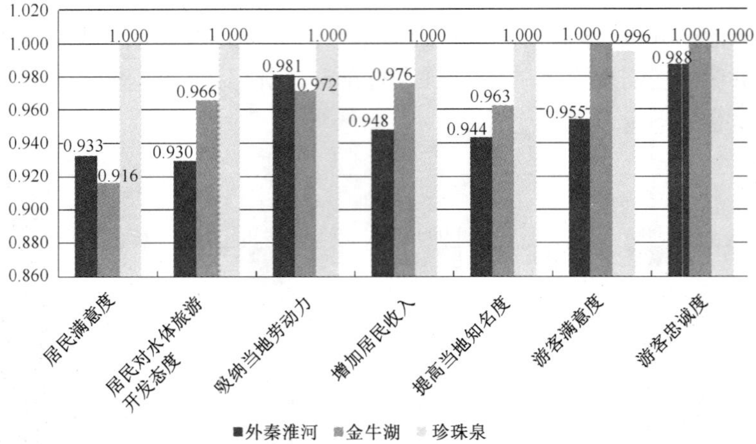

图 5-5　研究案例地水体旅游社会可持续发展评价示意图

5.2.3.4　环境可持续发展评价

从环境可持续发展准则层来看，排序依次是金牛湖(0.244)、珍珠泉(0.203)、外秦淮河(0.174)。其中水环境质量、水土保持质量、生态环境质量均是金牛湖排第一，珍珠泉排第二，外秦淮河排最末。水环境质量上，南京制定了包括《南京市水资源保护规划》、《南京市水功能区划》、《南京市水资源综合规划》，以及《金牛山水库水体监控与管理方案》、《金牛山水库水体管理实施方案》、《金牛山水库长效管理环境监测方案》、《珍珠泉水库水体监控与管理方案》、《珍珠泉水库水体管理实施方案》、《珍珠泉水库长效管理环境监测方案》、《外秦淮河长效管理环境检测方案》、《外秦淮河水体监控与管理方案》等在内的水体保护规划和立体实施方案，市建委、水利、市政公用、环保等多单位协作保护水体。其中金牛湖(金牛山水库)为中型水库，水质达国家地表水二类标准，是南京市最大的人工湖泊和储备水源，水清如镜，水体清澈通透。珍珠泉景区内目前没有工业污染源，主要水体污染是由人群活动以及农业活动引起，经南京地质学会鉴定，珍珠泉水质符合《饮用天然矿泉水标准》中要求的水质标准，是国内优质矿泉水，水质达到国家二类标准，水质较好。外秦淮河如今在实施“六闸联动”的引江换水工程后，水质也明显变好，达到四类以上，其中高锰酸钾盐、化学需氧量、总磷等指标均达到三类以上，常年达到景观水标准。水土保持质量上，金牛湖通过“控制水土流失，改善生态环境，结合发展旅游”，结合小流域治理，逐步改善生态环境，通过治理，形成网、带、片点结合的防护林体系，把人工治理与自然修复有机结合起来，增加植被恢复，绿化美化景区环境，库区内绿化面积已达 8.67 hm^2(130 亩)，水土保持工作到位。生态环境质量上，金牛湖景区依据“顺其自然,保其资源”的原则,努力营造“亲水环境”,多数建筑结合现有的水环境景观基础组合营造,原有水系系统及生物物种均无破坏,重点将环保尤其是水系生态保护纳入开发项目范围,营造“人和自然和谐共处”氛围,为景区保留更自然的和谐空间。研究案例地水体旅游环境可持续发展评价示意见图 5-6 所示。

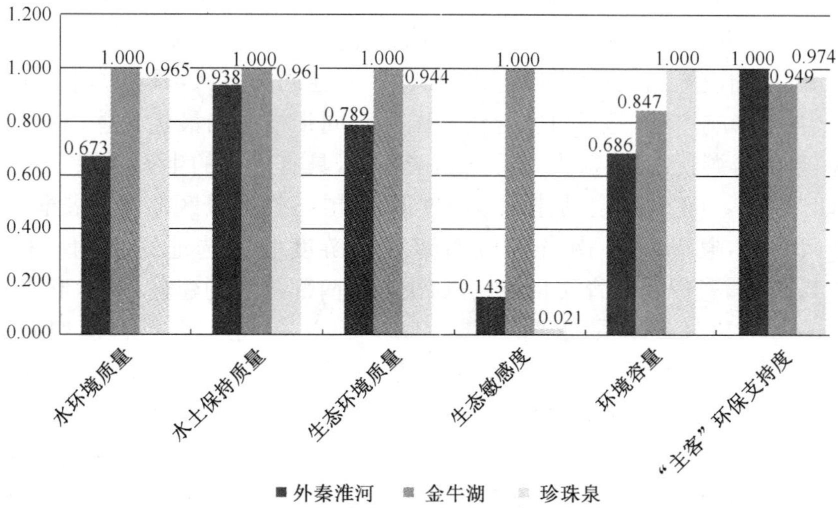

图 5-6 研究案例地水体旅游环境可持续发展评价示意图

5.2.3.5 管理可持续发展评价

从管理可持续发展准则层来看,排序依次是珍珠泉(0.121)、金牛湖(0.119)、外秦淮河(0.106)。珍珠泉和金牛湖得分比较接近,而相对来说,外秦淮河在管理可持续发展评价上较为落后。三处水体旅游地的旅游规划目前均已完成并正在实施。其中《外秦淮河水利风景区规划(2008—2020)》提出外秦淮河景区发展总体目标是“建设可持续发展的国家级典范水利风景区”,即中国南方文化和水利文化有机互融的杰出风景区;南京本土化与国际化同步推进的最优载体;人与自然和谐相处的美善之区;古老而年轻的活力之地。规划将外秦淮河景区发展也分为三阶段:近期 2008—2010 年,主要任务健全景区管理体制,继续建设相关景点和完善配套设施;中期 2011—2015 年,加强景区生态保护,完善各项设施,形成景区完善的游玩和服务体系;远期 2016—2020 年,进一步挖掘景区特色,形成一批响亮的世界级品牌产品,建成“可持续发展的国家级典型水利风景区”。《南京市金牛湖地区总体规划(2012—2030)》由南京市规划设计研究院有限责任公司、南京必得旅游规划设计研究院完成,规划以“茉莉花和雨花石”为文化沉积,以“国际青奥会比赛基地”为战略视角,以“文化+生态+青春”为整体风格特色,以“宜居·宜业·宜游”为产业基础，以"生态旅游、文化休闲"为市场卖点，对接蓄势待发的休闲度假时代。规划将金牛湖旅游发展划分为近期、中期和远期三个阶段：近期2012—2014年，基础开发阶段，以江苏省级旅游度假区为目标；中期2015—2020年，提升完善阶段；远期2021—2030年，持续发展阶段，积极申报国家级旅游度假区，努力成为国内休闲度假旅游的标杆和示范度假区。《南京珍珠泉水利风景区规划(2008—2020)》规划提出珍珠泉景区发展总体目标是"建设成最适宜游玩的国家一流水利风景区"，即在景观资源、基础设施和旅游服务等各方面优于其他同类景区，具有表率作用；拥有较高知名度，影响广泛，是浦口本土化与国际化同步推进的最优载体；具有地方特色，是一个值得游玩的景区；人鱼自然和谐相生，具有优质的生态环境。分三期建设：近期2008—2012年，启动建设旅游度假功能区，拉开景区整体发展框架，增加休闲度假功能，初步实现南京都市圈游客旅游度假首选地之一的目标；中期2013—2015年，进一步培育文化特色，加快推进南部片区的建设，基本形成景区较为完善的游玩和服务体系；远期2016—2020年，进入成熟运营阶段，加强文化创新，建成"可持续发展的国家一流水利风景区"。从专家评估的结果看，目前金牛湖景区旅游规划制定和实施的情况在三者中最好，珍珠泉景区紧随其后。在管理体系上，为保障水体旅游地建设和发展，三处水体旅游地分别成立了"南京市外秦淮河水利风景区管理处"、"金牛湖度假村管委会办公室"、"南京市珍珠泉水利风景区管理处"等机构管理景区的日常运行，目前均初步建立了相应的管理制度。从实际情况来看，外秦淮河的管理较为混乱，直接影响了旅游经济效应。秦淮河现分别归属南京市城建集团旗下的秦淮河建设开发有限公司、市旅游委员会、文广新局等部门以及沿河秦淮区、建邺区、鼓楼区等多区管理，各部门条块分割，至今形成不了合力。"婆婆太多，捏不成团，串不成线"，这就是秦淮河未成"繁华的河"的根源问题。研究案例地水体旅游管理可持续发展评价的示意见图5-7所示。

5.2.3.6　开发条件与潜力评价

从开发条件与潜力准则层来看，排序依次是外秦淮河(0.174)、珍珠泉(0.156)、金牛湖(0.145)。外秦淮河景区凭借其优越的地理位置、良好的资源价值、便捷的交通条件、深厚的文化底蕴，在开发条件与潜力评价中位于前列。外秦淮河景区位于南京老城西南侧，景区最远点与市中心新街口距离仅6 km，与中山陵国家级风景区相距仅8 km，与禄口国际机场相距约35 km，与长江大桥最近距离仅5 km，综合而言，景区区位条件十分优越。外秦淮河景区对外交通条件优越，可进入性好，有多条城市快速路和地铁直通城市对外交通口岸和城市的商业中心。景区内交通采用"人车分流"、"以步行为主"的组织模式。其所在的鼓楼区也是南京经济发展较好的区域，经济发展支撑力量较好。比较而言，金牛湖景区和珍珠泉景区分别位于六合区和浦口区，地理位置较为偏远，经济发展较落后，在一定程度

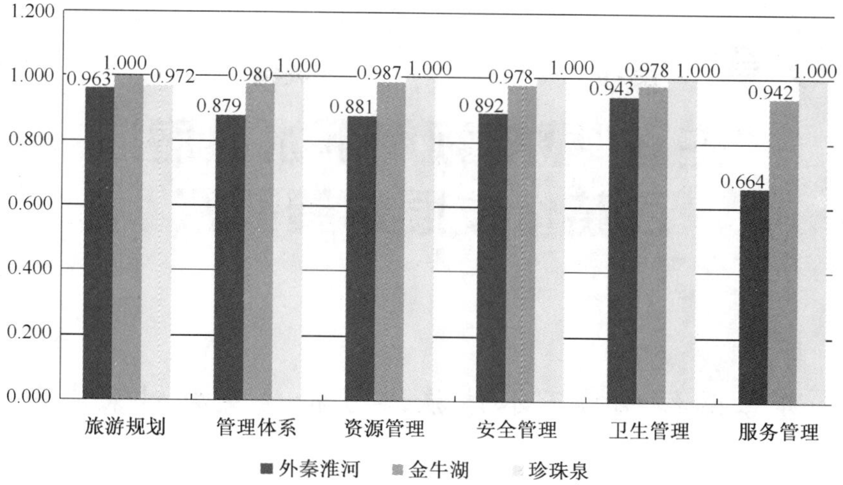

图 5-7 研究案例地水体旅游管理可持续发展评价示意图

上也影响了两处的水体旅游发展。研究案例地水体旅游开发条件与潜力评价示意见图 5-8 所示。

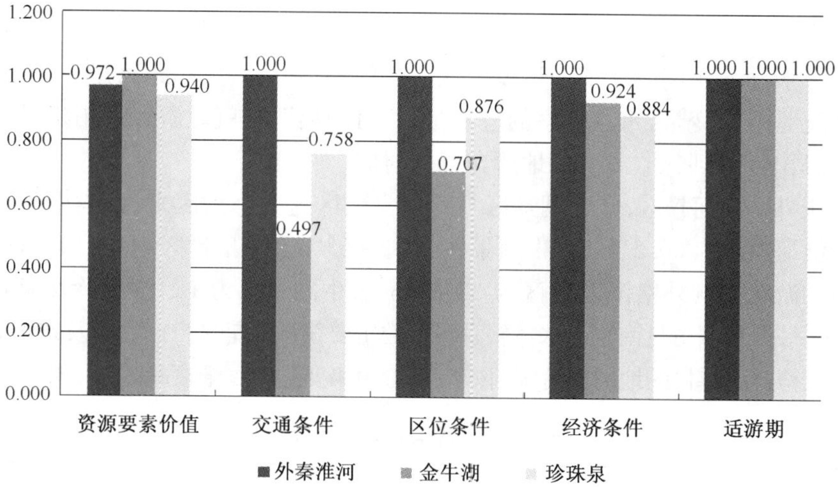

图 5-8 研究案例地水体旅游开发条件与潜力评价示意图

第6章 "主客"感知视角下水体旅游可持续发展对策研究

6.1 游客感知视角下水体旅游可持续发展对策与措施

6.1.1 改善旅游交通条件,缩短与客源地的相对距离

对游客来说,去某个地方是否方便快捷,是决定去此地旅游首先需要考虑的问题。即便是拥有很好的旅游资源,但是"酒香也怕巷子深",区位条件、交通状况等因素都将对当地旅游业的发展产生重要影响。水体旅游的客源主体是城市居民,因此距离客源市场越近,区位优势也越大。相关研究表明,我国城市居民游憩的出游市场一般随着距离的增加而逐步衰减。需要指出的是,实际距离是一个恒量,而交通状况是一个变量,重点考察的应该是"相对距离",也就是游客采用相对经济的交通工具出发并到达旅游目的地所花费的时间。

对于外秦淮河景区、金牛湖景区与珍珠泉景区这三个景区来说,本市的游客比例外秦淮河景区为50.21%、金牛湖景区为83.65%、珍珠泉景区为57.25%;省内其他城市的游客比例外秦淮河景区为32.51%、金牛湖景区为11.06%、珍珠泉景区为31.30%(表6-1)。可见南京市水体旅游资源的主要客源还是来自南京市及省内周边地区。这也符合旅游目的地的旅游辐射效应随着距离变远而逐渐衰减的一般规律。

表6-1 游客来源的统计数据

游客来源	外秦淮河		金牛湖		珍珠泉	
	人数	比例(%)	人数	比例(%)	人数	比例(%)
本市	122	50.21	174	83.65	150	57.25
省内	79	32.51	23	11.06	82	31.30
省外	42	17.28	11	5.29	30	11.45
国外	0	0.00	0	0.00	0	0.00

注:外秦淮河,N=243;金牛湖,N=208;珍珠泉 N=262。

外秦淮河景区地处南京主城区，外地的游客来到南京游玩，常会顺路来外秦淮河景区一游，因而省外或省内其他城市的游客比例达到49.79%；金牛湖景区与南京城区中间隔着长江，相距约60 km，由南京市主城区去金牛湖景区的道路路况较差，目前也没有直达的公交线路，因而省外或省内其他城市的游客比例仅为16.35%；珍珠泉景区同样与南京城区隔江相望，两者之间距离约10 km，由南京市主城区去珍珠泉景区的道路路况较好，且在主城区有直达珍珠泉景区的公交线路，因而省外或省内其他城市的游客比例也能达到42.75%。

对于游客对旅游地距离的心理感知（表6-2），认为“十分遥远”的比例，外秦淮河景区为0、金牛湖景区为33.65%、珍珠泉景区为15.65%；认为“远”的比例，外秦淮河景区为6.58%、金牛湖景区为62.98%、珍珠泉景区为70.23%。这样的统计数据与区位条件有直接关系，外秦淮河景区地处南京市主城区，而金牛湖景区、珍珠泉景区远离南京市主城区。在区位条件既定的情况下又与交通状况紧密相关，去金牛湖景区的交通不便，去珍珠泉景区则相对比较方便快捷。预计在建的南京地铁四号线全线通车后，可由市区直达珍珠泉景区，认为珍珠泉景区“十分遥远”或“远”的比例还将大幅度下降。可见，交通状况将极大地影响当地旅游业的发展。因此对于南京市的水体旅游资源而言，都应该千方百计改善旅游交通条件，以缩短与主要客源地的路途时间。

表6-2 游客对旅游地距离的心理感知

心理感知距离	外秦淮河		金牛湖		珍珠泉	
	人数	比例(%)	人数	比例(%)	人数	比例(%)
十分遥远	0	0.00	70	33.65	41	15.65
远	16	6.58	131	62.98	184	70.23
不太远	62	25.51	7	3.37	29	11.07
很近	165	67.90	0	0.00	8	3.05

注：外秦淮河，$N=243$；金牛湖，$N=208$；珍珠泉 $N=262$。

6.1.2 提高游客膳宿条件，完善旅游接待设施

饮食、住宿是旅游“食、住、行、游、购、娱”六要素中的两个，在游客的旅行体验中占着重要的地位，是衡量不同旅游地之间供给能力的重要指标。

表6-3的数据显示：认为饮食条件“差”与“非常差”的游客比例，外秦淮河景区为4.12%、金牛湖景区为4.33%、珍珠泉景区为8.40%。

表 6-3　游客对饮食条件的心理感知

饮食条件	外秦淮河		金牛湖		珍珠泉	
	人数	比例(%)	人数	比例(%)	人数	比例(%)
非常好	42	17.28	29	13.94	48	18.32
好	94	38.68	105	50.48	88	33.59
一般	97	39.92	65	31.25	104	39.69
差	10	4.12	7	3.37	17	6.49
非常差	0	0.00	2	0.96	5	1.91

注：外秦淮河，$N=243$；金牛湖，$N=208$；珍珠泉 $N=262$。

表 6-4 的数据显示：认为住宿条件“差”与“非常差”的游客比例，外秦淮河景区为 3.29%、金牛湖景区为 1.44%、珍珠泉景区为 8.40%。

表 6-4　游客对住宿条件的心理感知

住宿条件	外秦淮河		金牛湖		珍珠泉	
	人数	比例(%)	人数	比例(%)	人数	比例(%)
非常好	34	13.99	29	13.94	52	19.85
好	99	40.74	124	59.62	90	34.35
一般	102	41.98	52	25.00	98	37.40
差	7	2.88	2	0.96	18	6.87
非常差	1	0.41	1	0.48	4	1.53

注：外秦淮河，$N=243$；金牛湖，$N=208$；珍珠泉 $N=262$。

对于饮食条件与住宿条件而言，外秦淮河景区地处南京市主城区，没有专门的相关设施，游客需借助市区内的饭店宾馆来解决食宿问题。南京市内的餐饮与住宿条件都比较好，基本上能够满足游客的需求，有 4.12%的游客对饮食条件不满意，有 3.29%的游客对住宿条件不满意，总体看来情况比较好。金牛湖景区内养殖有多种水产与野味，游客在不同季节可以吃到多种时鲜美味，在“农家乐”形式的餐饮方面比较有特色，有 4.33%的游客对饮食条件不满意。金牛湖景区相对来说开发的比较晚，景区内的建筑成色新，住宿设施齐全且价格适中，仅有 1.44%的游客对住宿条件不满意。珍珠泉景区的餐饮趋向于大众化，游客常在景区内烧烤休闲，并穿插一些美食节事活动，有 8.40%的游客对饮食条件不满意。珍珠泉景区开发的比较早，景区内的住宿设施有些陈旧，且价格相对偏高，有 8.40%的游客对住宿条件不满意。因此，旅游业管理者应该特别重视提高基本的供给条件，改善游客接待设施，让游客来游玩期间吃得舒心、住得舒适，以提高游客满意度与忠诚度。

6.1.3 开发水体旅游特色项目，延长游客停留时间

根据对游客活动基本情况的统计，在景区游玩行程为半天或一天的比例，即不在景区住宿的游客比例：外秦淮河景区为 100%，外秦淮河景区没有太明显的界线，使得游客并没有太多的“归属感”，即使游客住在离河边不远的酒店，游客也大多不会认为自己住在景区里面；金牛湖景区为 62.5%、珍珠泉景区为 90.84%，说明这两个景区的游客大部分还是以当天去、当天回为主，特别是珍珠泉景区有约九成的游客都是如此。根据相关调研了解的情况，目前南京市大部分的水体旅游现状，仍然是以一日游的形式为主。

表 6-5 的数据显示：在金牛湖景区停留 2 天（住宿一晚）的游客比例为 24.04%，停留 3～4 天的游客比例为 13.46%，因为金牛湖景区有山有水，周边一些企事业单位的会议常安排在景区进行，参会人员有一些住宿的需求。在珍珠泉景区停留 2 天（住宿一晚）的游客比例为 9.16%，基本上没有停留 3～4 天的游客。

表 6-5 游客停留时间统计

住宿条件	外秦淮河		金牛湖		珍珠泉	
	人数	比例(%)	人数	比例(%)	人数	比例(%)
半天	229	94.24	8	3.85	3	1.15
1 天	14	5.76	122	58.65	235	89.69
2 天	0	0.00	50	24.04	24	9.16
3～4 天	0	0.00	28	13.46	0	0.00
5 天及以上	0	0.00	0	0.00	0	0.00

注：外秦淮河，$N=243$；金牛湖，$N=208$；珍珠泉 $N=262$。

团队游客受导游日程安排的限制，在水体旅游景区大多仅停留一天。实际上除去路途与就餐时间，景区内景点要在一天内游玩比较紧张，只能走马观花，许多景点都不能停留观赏，一天的行程使游客在景区的消费非常有限，旅游收益主要局限于门票收入，游客也很难深入地体验到傍水而居的生活乐趣。因此应多开发水体旅游特色项目，如滑水、帆板、水上摩托、机动橡皮艇、橡胶船、竹筏、皮划艇、水上蹦床、游艇、水球、游泳等，延长游客在景区的停留时间，增加游客在旅游地的消费支出，改善旅游地收益结构，提高旅游社区的经济收益。

6.1.4 重视广告宣传，拓展水体旅游市场营销渠道

根据对旅游者的旅游产品信息来源统计（表 6-6），通过广播、电视、报纸、杂志、书籍等传统媒介获得旅游产品信息的比例，外秦淮河景区为 20.99%、金牛湖

景区为57.20%、珍珠泉景区为16.79%。通过旅游相关网站获得旅游产品信息的比例,外秦淮河景区为4.94%、金牛湖景区为9.13%、珍珠泉景区为45.04%。通过亲友同事的推荐获得旅游产品信息的比例,外秦淮河景区为59.26%、金牛湖景区为32.69%、珍珠泉景区为21.37%。

表6-6 旅游者的旅游产品信息来源

旅游产品信息来源	外秦淮河		金牛湖		珍珠泉	
	人数	比例(%)	人数	比例(%)	人数	比例(%)
广播	5	2.06	44	21.15	18	6.87
电视	4	1.65	40	19.23	8	3.05
报纸、杂志	7	2.88	32	15.38	11	4.20
书籍	35	14.40	3	1.44	7	2.67
亲友同事的推荐	144	59.26	68	32.69	56	21.37
旅游网络	12	4.94	19	9.13	118	45.04
旅行社的招徕	23	9.47	0	0.00	35	13.36
其他	13	5.35	2	0.96	9	3.44

注:外秦淮河,$N=243$;金牛湖,$N=208$;珍珠泉 $N=262$。

可见,广播、电视、报纸、杂志、书籍等传统媒介仍然是旅游宣传的一条主要途径,金牛湖景区57.20%比例偏高与近期金牛湖景区在传统媒体上投入广告的力度较高有直接关系。通过网络进行旅游宣传是应该得到大力推广的途径,珍珠泉景区45.04%比例偏高是因为各大主要旅游网站上均能找到珍珠泉景区的介绍与游玩攻略,而外秦淮河景区景点分散不成体系、多头管理组织松散,金牛湖景区知名度不高且游客人数少,导致网络上对这两个景区的关注度不高。此外要注意的是,通过亲友同事推荐的比例都非常高,完全不逊色于各种新老媒体,一方面说明口碑相传的力量何其之大,另一方面说明一个景区的内在质量才是生命线。

旅游产品与一般企业生产的实物产品不同,它具有无法储存与运输的特性,必须游客来到旅游地才能完成旅游产品的交易,这也使得旅游产品的广告宣传具有非常重要的地位。通过媒体发布的旅游广告,是提高水体旅游资源的知名度,诱发潜在游客的旅游动机,达到促进旅游产品销售的一种有效手段。

采用电视媒体提高旅游地的美誉度,如拍摄旅游地形象宣传广告片;利用报纸、杂志、户外广告等媒介进行宣传;举办或参加旅游展销会、推介会,开展旅游促销活动;整合旅游产品信息并利用互联网进行发布,是21世纪以来在新技术条件下蓬勃发展的有效宣传方式(图 6-1)。对于旅游产品的广告宣传主要存在以下三个问题:一是旅游产品的宣传经费投入不足,二是旅游产品的宣传质量有待提高,三是旅游产品的宣传内容不符合实际情况。

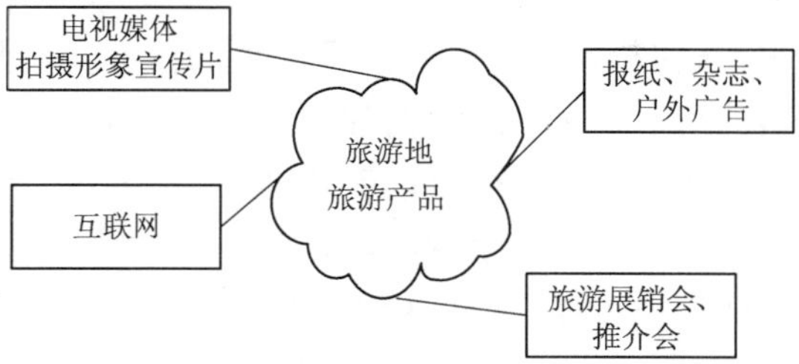

图 6-1 旅游产品广告宣传媒介示意图

目前旅游产品的实际营销环节可以分成三种渠道,即直接营销渠道、间接营销渠道与互联网营销渠道。直接营销渠道即景区与游客直接接触交易,优点是可以全面了解游客需求且省去了中间商的费用,缺点是有销售人员与设施的开支,景区在周边的主要客源地应设有销售与服务机构。间接营销渠道即通过中间商将旅游产品销售给游客,这也是传统营销中主要的渠道,优点是很大的拓展了景区的销售能力,缺点是中间商要分割利润,变相抬高了旅游产品价格,从而减弱了景区的竞争优势。互联网营销渠道即通过互联网将旅游产品提供给游客,这种新兴的营销渠道与传统营销渠道相比更具优势:一是摆脱了时空限制使得景区的旅游产品可以随时随地地提供给游客选择,二是节约人员与场地费用从而降低了营销成本,三是流通环节少、销售周期短,很大地提高了营销效率。

综上所述,水体旅游资源所处的景区应紧跟旅游市场发展态势,创新旅游宣传手段,构筑比较完善的旅游市场营销网络。既要有直接营销渠道,又要重视间接营销渠道,同时要大力发展互联网营销渠道。

6.2 居民感知视角下水体旅游可持续发展对策与措施

6.2.1 保护水体环境质量,从源头上控制污染

根据本书第 4 章对“居民旅游感知、满意度及开发态度关系研究”的成果,三处水体旅游地(外秦淮河景区、金牛湖景区、珍珠泉景区)居民水体旅游影响的负面感知与水体旅游发展满意度的非标准化系数不显著,即当地社区居民对水体旅游影

响的负面感知与其对水体旅游发展的满意度不相关。

指标“水体旅游引起严重的环境污染”属于居民水体旅游影响的负面感知，之所以得到不相关的研究结果，是因为对于这三个景区来说，当地居民目前并没有感受到发展旅游业所带来的环境破坏。外秦淮河景区虽然水体环境质量相对差些，但目前水质也能长年达到四类以上，保证了景观水的标准。这与承担着南京市区泄洪排污功能的外秦淮河水在多年之前污浊异味的状况相比改善很大，近些年来秦淮河水质依靠人工换水、冲淤而逐年好转，周边居民感受很深，今昔对比在总体上是满意的。而金牛湖景区与珍珠泉景区，水体环境质量好是一贯传统，并且相关管理部门对此也是高度重视，目前没有出现过因为旅游经营活动而导致水质下降的情况。正是因为上述原因，景区当地居民对于水体旅游引起的环境污染并不敏感。

但是，不敏感不代表不在意，如果一旦发生旅游经营活动严重破坏当地水环境质量的情况，必将引起当地社区居民的强烈反应，游客数量也会下降，当地整个旅游产业都会受到严重影响。景区的水质是水体旅游的根本所在。无论是河水、泉水还是湖水，水体清澈纯净，则会有飞鸟浮游水上，有鱼儿潜游水底，自然会引来游人如织。反之如果水体浑浊、杂物漂浮，岸边异味扑鼻，水体旅游就失去了存在的基础。

保护水体环境质量，从源头上控制污染。本书在此提出几项措施：一是将因游客进入而带来的环境污染严格控制在最小范围，如游客交通、餐饮、住宿与娱乐带来的各种废弃物必须都纳入处理机制；二是水体周边应杜绝化工、冶炼、皮革、造纸等污染企业的出现，已有的类似企业须尽快搬迁；三是水体周边的生活废水、生活垃圾、人畜粪便等应集中处理，避免次生污染。

6.2.2 加强教育与培训，提高居民与业者的文化素质

根据居民的基本人口统计数据，出生于景区当地的人口比例，外秦淮河景区为18.77%，金牛湖景区为71.09%，珍珠泉景区为21.16%。外秦淮河景区河道岸线长达12 km，主城区人员流动大，珍珠泉景区在1984年就开始开发，早就成为南京市居民耳熟能详的景点之一，外秦淮河景区与珍珠泉景区的本地人口比例并不大，基本在20%左右。而对于本书第3章研究的67个水体旅游资源单体来说，大部分单体的情况与金牛湖景区类同，距离繁华城市有一定的距离，有明显的景区界线，旅游开发还不太充分。对于这样的水体旅游资源景区，出生于本地的人口比例往往比较高，比如金牛湖景区就达到了七成左右。

表6-7的数据显示,当地居民受过高等教育的人口比例,外秦淮河景区为78.27%,金牛湖景区为24.67%,珍珠泉景区为47.86%。金牛湖景区居民以原住居民为主,经营业者也以当地原住居民为主,如金牛湖的"农家乐"经营基本是本地居民自营,调查中发现游客对金牛湖居民与业者的素质与态度满意度较低,经调查也发现金牛湖周边居民的文化程度较低,高中及高中以下的文化程度占了75.33%,这必然会对其经营的理念与方法、服务的质量与水平产生一定的影响。旅游地政府应想方设法加强社区的教育与培训,努力提高居民与业者的文化素质与专业素养,更好地参与旅游业的经营,更好地为游客服务,提高当地旅游业发展水平。

表6-7 居民的文化程度情况

文化程度	外秦淮河		金牛湖		珍珠泉	
	人数	比例(%)	人数	比例(%)	人数	比例(%)
小学及以下	5	1.23	69	18.30	7	1.76
初中	37	9.14	83	22.02	76	19.14
高中	46	11.36	132	35.01	124	31.23
大专	128	31.60	61	16.18	86	21.66
本科	147	36.30	32	8.49	103	25.94
研究生及以上	42	10.37	0	0.00	1	0.25

注:外秦淮河,$N=405$;金牛湖,$N=377$;珍珠泉,$N=397$。

6.2.3 鼓励居民积极参与,提高当地居民的经济收入

通过本书对社区居民感知、满意度与态度的研究,促进本地经济发展、基本生活水平显著提高与改善本地自然环境、提高本地知名度一起,构成了社区居民对于发展水体旅游的正面感知。研究表明,社区居民的正面感知对于居民满意度是正向的关系。可见,如果发展水体旅游使得当地经济发展了,使得当地居民收入提高了,在不发生环境破坏等负面事件的前提下,发展旅游产业就能获得当地居民的支持与好感。因而,在发展水体旅游产业的同时,鼓励当地居民积极参与进来,注重提高他们的经济收入,是凝聚当地居民人心、实现旅游业可持续发展的重要措施。

与此同时,由于社区居民参与旅游业的程度不同,造成不同居民之间获益不均,产生了逐渐增大的贫富差异。根据对社区居民类型的划分也发现,自己或者家人是否从事旅游业,家庭收入中来自旅游业的多少与居民对旅游业的态度存在重要的相关关系,因此,最大限度地鼓励社区居民尽可能地参与旅游业,将有利于旅游收益在社区居民之间的公平分配,有利于社区居民与旅游业发展形成密切的关系,从而促进更多的社区居民对旅游业的关注与支持。

6.3 “主客”感知视角下案例地水体旅游发展思路研究

根据本书对社区居民感知、满意度与态度的研究，当地社区居民对水体旅游发展的满意度，从高到低排序依次为珍珠泉景区、外秦淮河景区、金牛湖景区。游客对水体旅游资源的满意度和忠诚度，金牛湖景区和珍珠泉景区相对较高，外秦淮河景区相对较低。

6.3.1 案例地——“主客”总体感知满意度均不高的外秦淮河景区

外秦淮河景区河道岸线长约 12 km，不存在明显的景区界线，周边无论居民还是游客都没有很强的景区归属感。位于主城区的外秦淮河景区交通便利、膳宿条件好，周边居民的文化素质与经济收入都相对较高。

从游客感知的角度来看，外秦淮河沿线有大大小小的景点十多处，但大多游客寥寥不成气候，缺乏有特色的水体旅游项目。外秦淮河现有景点分散，且分别归属南京市城建集团旗下的秦淮河建设开发有限公司、市旅游委员会、文广新局等部门以及沿河秦淮区、建邺区、鼓楼区等多区管理，各部门条块分割，至今形成不了合力。这也是秦淮河未能成为“繁华的河”的根源问题，必须进一步理顺行政管理职能扭转这一被动局面，统一部署、积极有序的开发外秦淮河沿线的水体旅游资源。对于外秦淮河景区来说，秦淮河因为厚重的历史文化遗韵而名满天下，秦淮河建设旅游配套设施，应该更多地打造南京特色的水上游览项目，比如东吴孙权在南京建都、诸葛亮驻马论金陵，可挖掘三国文化，打造三国文化博览馆等。还可以打造“石头”文化，《红楼梦》原名《石头记》，作者曹雪芹和南京更有着密切的联系，可在秦淮河沿岸发掘利用相关的历史文化资源。不但要满足旅游者的休闲需要，更需要延续古都南京的文脉。这就要求秦淮河需要深度挖掘与其有关的历史人文资源，串联南京特色，彰显金陵品牌。

从当地社区居民感知的角度来看，外秦淮河景区在发展旅游产业的同时，必须保持水体环境质量，既要避免当地企业与居民的生产、生活废水污染秦淮河的水质，又要避免因为大批游客的到来而造成环境的破坏。目前存在一种现象，就是外秦淮河沿线游客看得见的地方比较干净，游客看不见的地方比较脏乱，这也很大程度上降低了当地居民的满意度。在南京市众多的水体旅游资源单体中，有类似外秦淮河、天生桥河等少数一批水质较差的景区，注重保持乃至提高水质是此类景区旅游业实现可持续发展的关键。

6.3.2 案例地——居民满意度不高、游客满意度较高的金牛湖景区

金牛湖景区的住宿和餐饮条件比较好，有一定的水上游乐项目，这些都使游客能获得比较满意的旅游体验。金牛湖景区比较重视自身的宣传与推广，在各种媒体上加大宣传力度，通过多区域、多形式的宣传，客源链不断向外地延伸。水体质量良好是金牛湖景区的一大优势，湖面浩渺、碧波荡漾的金牛湖，是吸引游客前来游玩与度假的根本原因。

从游客感知的角度来看，金牛湖景区距南京城区约 60 km，离主要客源地较远，由南京市城区去金牛湖景区的道路路况较差，目前也没有直达的公交线路，这也使得旅游地距离的心理感知认为金牛湖景区"十分遥远"与"远"的比例达到非常高的 96.63%，这一状况极大地制约了金牛湖景区旅游产业的发展。改善金牛湖景区与主要客源地之间交通条件，将进一步提升游客的满意度。

从当地社区居民感知的角度来看，金牛湖景区出生于本地的人口比例达到比较高的 71.09%，当地社区居民以原住居民为主，经营业者也以当地原住居民为主。金牛湖景区当地居民高中及高中以下的文化程度占到了 75.33%，这必然会对其经营的理念与方法、服务的质量与水平产生一定的影响，调查中也发现游客对金牛湖居民与业者的素质与态度满意度较低。当地政府应加强社区的教育与培训，努力提高居民与业者的文化素质与专业素养，从而更好地参与旅游业的经营，更好地为游客服务。此外，应尽可能的鼓励当地社区居民参与旅游业，促进旅游收益在社区居民之间的公平分配，使得更多的社区居民对旅游业关注与支持。

6.3.3 案例地——"主客"总体感知满意度均较高的珍珠泉景区

1984 年南京市人民政府决定重建珍珠泉风景区，经过近 30 年的开发，珍珠泉风景区知名度与美誉度较高。珍珠泉风景区交通便捷，由南京市主城区去珍珠泉景区的道路路况较好，且在主城区有直达珍珠泉景区的公交线路，在建的南京地铁四号线由市区直达珍珠泉景区。集休闲、度假、观光、游览于一体的珍珠泉景区是国家 4A 级景区，水环境质量与自然生态都很好，有一定的水上游乐项目。

从游客感知的角度来看，随着交通条件对珍珠泉景区的制约基本消失，珍珠泉景区即将迎来游客数量的大发展，适当投入经费改善游客的住宿与餐饮条件显得尤为重要，同时尽可能多开发一些如皮划艇、划船、帆板、漂流等水体旅游特色项目，从而延长游客在景区的停留时间以及消费支出。与此同时，"酒香也怕巷子深"，适当定期做一些景区的宣传与推广也是必要的，珍珠泉景区具备在更大的区域参与旅游市场竞争的能力。

从当地社区居民感知的角度来看，截至当前的本书调查样本数据显示，出生于

景区当地的人口比例仅为21.16%，而当地居民受过高等教育的人口比例则达到47.86%，珍珠泉风景区在1984年就被列为江苏省重点开发旅游项目，经过约30年的不间断开发，旅游产业在当地已经专业化、系统化，无论是旅游业的服务水平还是接待人员的素质都相当良好，当地社区居民比较支持旅游产业，与旅游从业人员之间的相互关系也比较和谐。尽管旅游产业不断发展，但当地的水体环境质量始终得到了较好的保护。可见珍珠泉景区极具潜力，应该再接再厉，加大投入，继续保持良好的发展势头。

第7章 结论与讨论

7.1 主要研究结论

1987 年世界环境与发展委员会年度报告将“满足当代人需求，又不损害满足子孙后代需求能力的可持续发展”（WCED，1987）首次作为全社会的整体发展目标。可持续旅游是可持续发展思想在旅游领域的延伸，是可持续发展的重要议题之一。世界上许多国家都尝试实施可持续旅游战略，将可持续旅游的基本原则运用于本国旅游开发中。

水体旅游是人们前往水体及周边区域以寻求愉悦体验为主要目的而度过的一种具有社会、文化休闲和经济消费属性的短期经历。目前，一方面水体旅游蓬勃发展，与此同时水体旅游所引发的社会、经济与生态环境问题日益显现，制约了水体旅游的可持续发展，另一方面，国内外有关水体旅游的研究仍处于起步阶段，相关研究成果薄弱，而复杂且严峻的资源、环境等问题已经严重阻碍了水体旅游的可持续发展，并进而严重影响了我国区域旅游业的可持续发展。因此，加强对水体旅游可持续发展的研究具有重要理论与实践意义。

南京地区水体旅游资源丰富并面临良好发展机遇，本书通过对这一地区进行的示范性研究得出以下结论：

（1）水体旅游资源是包括水域（水体）及相关联的岸地、岛屿、林草、建筑等能对人产生吸引力的自然景观和人文景观，涵盖 2 个主类、11 个亚类、32 个基本类型。

本研究将水体旅游资源分为自然水域景观和水利工程景观两个主类。自然水域景观类包括河段、天然湖泊与池沼、瀑布、泉、河口与海面、冰雪地等 6 个亚类，观光游憩河段、暗河河段、古河道段落、观光游憩湖区、沼泽与湿地、潭池、悬瀑、跌水、冷泉、地热与温泉、观光游憩海域、涌潮、激浪、冰川、长期积雪地等 15 个基本类型；水利工程景观类包括农水工程、水运工程、水电工程、综合水利工程、其他水文化景观等 5 个亚类，灌区、渡槽、泵站、塘坝、小流域治理、运河、港口渡口与码头、水闸或船闸、船坞与涵洞、水电站、水库观光游憩区段、水利枢纽、堤坝、水井、水利博物馆、喷泉、桥梁等17个基本类型。经调查，南京市67处重点水体旅游资源单体以水库观光游憩区段、观光游憩河段、观光游憩湖区这三种基本类型居多，其他类型所占份额相对较少。而南京市优良级水体旅游资源单体主要由观光游憩湖区、水库观光游憩区段、观光游憩河段、沼泽与湿地、塘坝等类型组成。

（2）水体旅游资源空间结构分析框架涵盖空间格局、空间关联两个层次，研究显示目前南京市各水体旅游地的网络连接性与通达性整体水平较好，为实现水体旅游的可持续发展提供了良好条件。

本研究从空间格局、空间关联两个方面，运用规模度指数、优越度指数、邻近指数、基尼系数、通达度指数等指标，构建了水体旅游资源空间结构分析框架。结果显示，南京市水体旅游资源绝对数量空间分布不均衡；考虑各区域面积，从资源分布密度来看，南京市水体旅游资源主要集中在主城区内；不同等级的水体旅游资源区域分布差异明显，建邺区和雨花台区具有优势，栖霞区、浦口区、六合区和高淳区相对较差；从资源集聚程度来看，南京市水体旅游资源在区域内分布相对均匀、分散，资源单体关联程度不高；通过平均径路长、通达度指数、紧密度指数等数值的计算，显示出南京市各水体旅游地的网络连接性与通达性整体水平较好，南京市发展水体旅游具有良好的先天条件。南京市水体旅游资源应发挥辐射带动作用，充分解决区域内部客源的空间互济，实现水体旅游的可持续发展。

（3）居民与游客的水体旅游感知视角为构建不同水体旅游地可持续发展评价模型提供了一个全新的、普遍适用的研究框架。

目前旅游学文献中旅游地可持续发展评价研究多数都是通过主观判断的方法得到，对于旅游可持续发展评价指标体系的研究仍处于探索阶段，指标体系设置以旅游地经济、资源、环境等宏观尺度研究为主，忽视旅游地微观层面上的内部利益主体的感知与体验；研究对象均是基于国家、区域（州或省）、城市等综合目的地，而对水体旅游地尚未见有合适的研究视角进行比较研究。由于水体旅游与传统意义上的其他旅游形式有所不同，影响水体旅游可持续发展的因素错综复杂，水体旅游可持续发展评价成为研究的难点，仅仅按照传统的经济、资源、环境等旅游影响效应来进行水体旅游可持续发展评价，难以得到普遍适用的、统一可测的指标体系。对于水体旅游地而言，最主要的两大利益主体即居民与游客，结合两者的感知来评价水体旅游可持续发展为本研究提供一个较为可行、具有普适性的思路。事实上，水体旅游地的经济、资源与环境等要素的可持续发展，都离不开居民与游客对旅游业发展的支持。作为旅游活动中的实施者、体验者与受益者，“人”才是水体旅游地可持续发展的核心要素。本书选择水体旅游地“主客”双方利益主体视角进行可持续发展评价研究，基于水体旅游地利益主体的普遍存在与感知的可比性，运用定量模型方法尝试比较分析不同类型、不同规模、不同区位的水体旅游地可持续发展评价，这将为评价水体旅游可持续发展能力提供一个全新的研究框架，丰富和完善水体旅游可持续发展研究的理论与实践。

（4）结构方程模型分析验证了不同案例地的居民感知与满意度、开发态度以及游客感知与满意度、忠诚度均存在一定的相关性，定量描述了水体旅游地社区居民、游客与水体旅游发展存在着重要的相互作用。

本研究构建了水体旅游地居民感知结构方程模型（RPSA-model）和游客感知结构方程模型（TPSL-model），以南京市外秦淮河、金牛湖以及珍珠泉为案例地，定量描述了外秦淮河、金牛湖以及珍珠泉三个案例地居民感知与满意度、开发态度的关系以及游客感知与满意度、忠诚度的关系。结果显示，三个案例地居民正面感知显著影响满意度（达到 0.001 水平），不同案例地的居民满意度不同程度影响着居民对水体旅游开发的态度，提升居民对发展水体旅游的经济、社会、环境的正面感知是不断提高居民满意度、使南京地区水体旅游地获得可持续发展能力的关键环节；此外，三个案例地游客满意度对游客忠诚度有显著正向影响（达到 0.001 水平）、游客感知对游客满意度也有显著正向影响（达到 0.001 水平），不同案例地的游客服务感知不同程度影响着游客满意度，保持与发掘水体旅游资源的水体水质、人文风貌、水文景观与主题特色是南京地区水体旅游地吸引旅游者的关键因素。

（5）水体旅游地的可持续发展离不开利益主体，基于居民与游客感知视角评价下的金牛湖、珍珠泉、外秦淮河三地具有较为满意的可持续发展能力。

本研究基于“主客”感知构建了一套水体旅游地可持续发展评价指标体系，运用熵技术支持下的层次分析法对案例地进行评估，为南京地区水体旅游的可持续发展提供适时参考信息，进而采取针对性的政策与措施。本书提出的水体旅游可持续发展评价指标体系包括经济可持续发展、社会可持续发展、环境可持续发展、管理可持续发展、开发条件与潜力五个方面，共计 28 个指标因子。其中包含“主客”双方的感知因子 9 个，占总评价指标因子的 32.14%，重点强调居民感知与游客感知对水体旅游可持续发展评价的重要性，同时契合国际可持续旅游发展核心要素和目标。本研究尝试运用熵技术支持下的层次分析法对案例地进行评价，结果由高到低依次为金牛湖（0.896 分）、珍珠泉（0.883 分）、外秦淮河（0.796 分），三处水体旅游地可持续发展评价结果均较为满意，金牛湖、珍珠泉的水体旅游可持续发展能力较好，外秦淮河稍弱。具体从五个准则层来看，珍珠泉在经济可持续发展、社会可持续发展、管理可持续发展三方面表现突出，评价较高；金牛湖在环境可持续发展方面表现较好，评价最高；外秦淮河在开发条件与潜力评价中得分较高，而在经济可持续发展、社会可持续发展、环境可持续发展、管理可持续发展四个方面得分最末，需要进一步改善加强，这一研究成果将为南京地区水体旅游可持续发展提供科学决策依据。

（6）无论是居民感知结构方程模型，还是游客感知结构方程模型，研究发现都需要对不同水体旅游地案例进行比较验证，才能更好地检验所提出的理论模型与假设路径的有效性。

SEM原理在理论上存在着的重要盲点就是无法证明某一个模型是绝对正确的，只能找出模型的错误之处，从众多的指标中找出一个最佳模型，而为了能够确认该模型具有的真实性，还需要对此模型进行反复的检验。因此单一案例地的结构方程模型研究，无论拟合是多么的完美，仅能说明解释该案例地的个案研究结果，不经过其他案例地的验证，无法得到具有普适意义的结论。从当前已有的结构方程模型在旅游学上的应用研究来看，空间应用上大多只针对于某个特定的旅游地，缺少对比研究，因此建立的模型有待于验证与推广研究。本研究选择外秦淮河、金牛湖、珍珠泉三个案例地进行实证分析，结果表明，居民感知结构方程模型（RPSA-model）、游客感知结构方程模型（TPSL-model）均具有比较好的拟合结果，所提出的理论模型与假设路径具有很好的稳定性与有效性，是“主客”感知分析的具有普适意义的定量化比较模型。

7.2 创新点

（1）本研究界定了水体旅游、水体旅游资源的概念，提出一个相对独立的水体旅游资源分类体系。

水体旅游、水体旅游资源的概念界定，之前的研究相对薄弱。本研究提出水体旅游是人们前往水体及周边区域以寻求愉悦体验为主要目的而度过的一种具有社会、文化休闲和经济消费属性的短期经历，水体旅游资源则是水域（水体）及相关联的岸地、岛屿、林草、建筑等能对人产生吸引力的自然景观和人文景观。在此基础上，本书提出一个相对独立的水体旅游资源分类体系，由“主类”、“亚类”、“基本类型”3个层次组成，包括2个主类、11个亚类、32个基本类型，并将此分类体系运用在以南京市为案例地的实证研究中，进一步检验了其可行性和合理性。

（2）构建了水体旅游地居民感知结构方程模型（RPSA-model）和游客感知结构方程模型（TPSL-model），并选择不同案例地进行验证。

本研究构建了水体旅游地居民感知结构方程模型（RPSA-model）和游客感知结构方程模型（TPSL-model），定量描述居民感知与满意度、开发态度的关系以及游客感知与满意度、忠诚度的关系，拓展了这一旅游感知前沿研究方法的应用范围。本书选择外秦淮河、金牛湖、珍珠泉这三个不同水体类型、不同规模大小、不同地理区位的水体旅游地作为案例地，通过比较不同案例地的居民与游客感知结构方程模型，建立并验证具有普适意义的水体旅游地感知分析模型。

(3) 以“主客”感知的视角构建了水体旅游可持续发展评价体系，以一个全新的思维角度与分析框架拓展了水体旅游可持续发展评价的定量研究方法。

当前已有的旅游可持续发展评价研究主要针对国家、区域(州或省)、城市等综合目的地，而对某种特定类型的旅游目的地尚未见有合适的研究视角进行比较评价研究；已有研究多从宏观角度进行定量评价比较，而对旅游地经营与发展的主体——“人”却缺乏考虑。可持续旅游强调在保护和增强未来机会的同时满足现实旅游者和东道区域的需要，实质就是要求旅游与自然、文化和人类生存环境成为一个整体，从而通过和谐发展实现各方共赢。而在对待游客和当地居民的态度上，以往的可持续旅游研究往往忽视这个问题或者只是定性描述。本研究基于“主客”感知的视角构建了水体旅游地可持续发展评价体系，划分为经济可持续发展、社会可持续发展、环境可持续发展、管理可持续发展、开发条件与潜力五个子系统，共设28个指标因子，运用熵技术支持下的层次分析法对南京水体旅游地可持续发展评价体系进行构建与评判，这是对可持续发展研究的有益尝试。研究得出比较合理的评价结果，为科学评估水体旅游地可持续发展前景提供方法和依据。同时，研究方法注重可比性与可操作性，有利于建立水体旅游地可持续发展的测评体制，用于对所有水体旅游地进行长期地、动态地监测、评价与管理。

7.3 研究展望

(1) 理论模型的修正验证

虽然游客感知模型在三处案例地都得到很好的支持与检验，但应该看到模型中的部分观测指标信度不高，主要是服务因子的各观测变量信度与载荷都不是很高，还需要对该因子的测量模型进行再修正与检验。居民感知模型虽然在三个案例地研究中显示具有良好的跨样本检验结果，但对于水体旅游地居民负面感知的分析仍有待深入。负面感知在研究中出现与居民满意度联系极小的原因仍有待细化考究。

(2) 空间尺度的模型检验

单一案例地的结构方程模型研究，无论拟合是多么的完美，仅能说明解释该案例地的个案研究结果。无论是游客感知模型还是居民感知模型，还需要选择更多的案例地，对所提出的概念模型进行反复的检验，才能够成为成熟的、可以普遍适用的、有效稳定的理论模型。

(3) 对可持续发展能力的评价

如何发挥南京地区水体旅游优势，使其具备良好的可持续发展能力，对南京水体旅游可持续发展具有十分重要的战略意义。从我国目前情况看，水体旅游可持续发展能力的研究，特别是指标体系的研究，还处于探索阶段。此次，本研究着重强调"主客"双方的感知对水体旅游可持续发展能力构建的重要性。但无论是体系还是方法都是提供一种思路，具体的指标设计和权数的确定仍应进行动态调整和完善。在评价方法的运用上除了熵技术支持下的层次分析法外，还可再多选用几种方法进行对比研究，以增强说服力与科学性。

(4) 南京地区水体旅游的动态、系统、全面研究

水体旅游可持续发展始终处于动态发展的态势，因此长期、动态的跟踪调查研究对于理解水体旅游地成长和发展具有重要意义，而本次研究在此方面有所欠缺。同时南京地区水体旅游地数量众多、类型各异，仅就部分案例地的研究还不能够全面概括南京地区水体旅游的所有特点，但这一次研究远远不够。与此同时，南京地区水体旅游的发展除了取决于居民感知与游客感知的重要影响，还受到利益各方之间博弈的制约。旅游业与水利行业发展如何更好结合，旅游政策法规、社会经济、科学技术等如何紧密联系为保护南京地区水体旅游的生态性做出贡献等问题都有待解决。本书为了突出研究重点，没有能就这些问题进行详尽阐述，在今后的研究工作中有待于做进一步探讨。

参考文献

[1] Ana G, Huw T. Waterfront tourism and public art in Cardiff Bay and Lisbon's Park of Nations[J]. Journal of Policy Research in Tourism, Leisure and Events, 2012, 4(3): 327-352.

[2] Anderson E W, Sullivan M W. The antecedents and consequences of customer satisfaction for firms[J]. Marketing Science, 1993, 12(2): 125-143.

[3] Anderson J C, Gerbing D W. Structural equation modeling in practice: A review and recommended two-step approach[J]. Psychological Bulletin, 1988, 103(3): 411-423.

[4] Ann B, Dick R. The New Waterfront[M]. London: Thames and Hudson, 1996: 5-9.

[5] Ap J. Residents' perceptions on tourism impacts[J]. Annals of Tourism Research, 1992, 19(4): 665-690.

[6] Aspa Gospodini. Urban waterfront redevelopment in greek cities: A framework for redesigning space [J]. Cities, 2001, 18(5): 285-295.

[7] Baron R M, Kenny D A. The moderator-mediator variable distinction in Social psychological research: Conceptual, strategic and statistical considerations[J]. Journal of Personality and Social Psychology, 1986, 51(6): 1173-1182.

[8] Bowker J M, English D B, Donovan J A. Toward a value for guided rafting on southern rivers [J]. Journal of Agricultural and Applied Economics, 1996, 28(2): 423-432.

[9] Brian H. Urban waterfront revitalization in developing countries: The example of Zanzibar's Stone Town[J]. The Geographical Journal, 2002, 168(2): 141-162.

[10] Chang T C, Huang S. Recreating place, replacing memory: Creative destruction at the Singapore River[J]. Asia Pacific Viewpoint, 2005, 46(3): 267-280.

[11] Choong-Ki Lee, Ki-Joon Back. Pre-and post-casino impact of resident' perception[J]. Annals of Tourism Research, 2003, 30(4): 868-885.

[12] Dredge D. Destination place planning and design[J]. Annals of Tourism Research, 1999, 26(4): 772-791.

[13] Dyer P, Gursoy D, Sharma B, et al. Structural modeling of resident perceptions of tourism and associated development on the Sunshine Coast, Australia[J]. Tourism Management, 2007,28(2): 409-422.

[14] Fornell C, Larcker D F. Evaluating structural equation models with unobservable variables and measurement error[J]. Journal of Marketing Research, 1981, 18(1): 39-50.

[15] Fredline E, Faulkner B. Host community reactions: A cluster analysis[J]. Annals of Tourism Research, 2000, 27(3): 763-784.

[16] Gallarza M G, Saura I G. Value dimensions, perceived value, satisfaction and loyalty: An investigation of university students' travel behaviour[J]. Tourism Management, 2006, 27(3): 437-452.

[17] Getty J M, Thompson K N. The relationship between quality, satisfaction, and recommending behavior in lodging decisions[J]. Journal of Hospitality and Leisure Marketing, 1994, 2(3): 3-22.

[18] Getz D. Models in tourism planning: Toward integration of theory and practice[J]. Tourism Management, 1986, 7(1): 21-32.

[19] Getz D. Planning for tourism business districts[J]. Annals of Tourism Research, 1993, 20(3): 583-600.

[20] Griffin J. Customer Loyaly: How to earn it, how to keep it[M]. New York: Lexington Books, 1995.

[21] Go F M, Govers R. Integrated quality management for tourist destinations: A European perspective on achieving competitiveness[J]. Tourism Management, 2000, 21(1): 79-88.

[22] Gobster P H, Westphal L M. People and the river: Perception and use of Chicago waterways for recreation [R]. Milwaukee, WI: V. S. Department of Interior, National Park Service Rivers, and Conservation Assistance Program, 1998.

[23] Gooroochurn N, Sugiyarto G. Competitiveness indicators in the travel and tourism industry[J]. Tourism Economics, 2005, 11(1): 25-43.

[24] Gössling S. The consequences of tourism for sustainable water use on a

tropical island: Zanzibar, Tanzania [J]. Journal of Environmental Management, 2001, 61(2): 179-191.

[25] Gössling S. Human-environmental relations with tourism[J]. Annals of Tourism Research, 2002, 29(2): 539-556.

[26] Gotlieb J B, Grewal D, Brown S W. Consumer satisfaction and perceived quality: Complementary or divergent constructs? [J]. Journal of Applied Psychology, 1994, 79(6): 875-885.

[27] Göymen K. Tourism and governance in Turkey[J]. Annals of Tourism Research, 2000, 27(4): 1025-1048.

[28] Gray B. Collaborating: Finding common ground for multiparty problems [M]. San Francisco: Jossey-Bass, 1989.

[29] Grewal D, Monroe K B, Krishnan R. The effect of price comparison advertising on buyers' perception of acquisition value, transaction value, and behavioral intention[J]. Journal of Marketing, 1998, 62(2): 46-59.

[30] Griffin T, Hayllar B. Historic waterfronts as tourism precincts: An experiential perspective [J]. Tourism and Hospitality Research, 2006, 7(1): 3-16.

[31] Gunce E. Tourism and local attitudes in Girne, Northern Cyprus [J]. Cities, 2003, 20(3): 181-195.

[32] Gunn C A. Vacationscape: Designing tourist regions[M]. New York: Van Nostrand Reinhold, 1988.

[33] Gursoy D, McCleary K W. An integrative model of tourists' information search behavior[J]. Annals of Tourism Research, 2004, 31(2): 353-373.

[34] Gursoy D, Chen J S. Competitive analysis of cross cultural information search behavior[J]. Tourism Management, 2000, 21(6): 583-590.

[35] Gursoy D, Jurowski C, Uysal M. Resident attitudes: A structural modeling approach[J]. Annals of Tourism Research, 2002, 29(1): 79-105.

[36] Gursoy D, Rutherford D G. Host attitudes toward tourism: An Improved Structural Model[J]. Annals of Tourism Research, 2004, 31(3): 495-516.

[37] Gursoy D, Jurowski C. Distance effects on residents' attitudes toward tourism[J]. Annals of Tourism Researeh, 2004, 31(2): 296-312.

[38] Hallenga-Brink S C, Brezet J C. The sustainable innovation design diamond for micro-sized enterprises in tourism[J]. Journal of Cleaner Production, 2005, 13(2): 141-149.

[39] Haralambopoulos N, Pizam A. Perceived impacts of tourism: The case of samos[J]. Annals of Tourism Research, 1996, 23(3): 503-526.

[40] Harris C M. Environmental effects of human activities on King George Island, South Shetland Island, Antarctica[J]. Polar Record, 1991, 27(162): 193-204.

[41] Hassan S S. Determinants of market competitiveness in an environmentally sustainable tourism industry[J]. Journal of Travel Research, 2000, 38 (3): 239-245.

[42] Hawkins J P, Roberts C M. The growth of coastal tourism in the Red Sea: Present and possible future effects on coral reefs [J]. Biological Conservation, 1996, 76(2): 216-219.

[43] Hernandez S A, Cohen J. Residents' attitudes towards an instant resort enclave[J]. Annals of Tourism Research, 1996, 23(4): 755-779.

[44] Heung V C S, Quf H. Hong Kong as a travel destination: An analysis of Japanese tourist' satisfaction levels, and the likelihood of them recommending Hong Kong to others[J]. Journal of Travel and Tourism Marketing, 2000, 9(1-2): 57-80.

[45] Holden A. In need of new environmental ethics for tourism? [J]. Annals of Tourism Research, 2003, 30(1): 94-108.

[46] Horn C, Simmons D. Community adaptation to tourism: Comparisons between Rotorua and Kaikoura, New Zealand[J]. Tourism Management, 2002, 23(2): 133-143.

[47] Hoyle B S, Pinder D A, Husain M S. Revitalising the waterfront: International dimensions of dockland redevelopment [M]. London: Belhaven, 1988.

[48] Hoyle B S. Lamu: Waterfront revitalization in an East African port-city [J]. Cities, 2001, 18(5): 297-313.

[49] Hsu C H C, Wolfe K, Kang S K. Image assessment for a destination with limited comparative advantages[J]. Tourism Management, 2004, 25(1): 121-126.

[50] Husbands W. Social status and perception of tourism in Zambia[J]. Annals of Tourism Research, 1989, 16(2): 237-253.

[51] Huybers T, Bennett J. Environmental management and the competitiveness of nature-based tourism destinations[J]. Environmental and Resource Eco-

nomics, 2003, 24(3): 213-233.

[52] Huybers T, Bennett J. Inter-firm cooperation at nature-based tourism destinations[J]. Journal of Socio-Economics, 2003, 32(5): 571-587.

[53] Iwasaki Y, Havitz M E. A path analytic model of the relationships between involvement, psychological commitment, and loyalty[J]. Journal of Leisure Research, 1998, 30(2): 256-280.

[54] Jamal T B, Getz D. Collaboration theory and community tourism planning [J]. Annals of Tourism Research, 1995, 22(1): 186-204.

[55] Janet D N, Sirgy M J, Muzaffer U. The role of satisfaction with leisure travel/ Tourism services and experience in satisfaction with leisure life and overall life[J]. Journal of Business Research, 1999, 44(3): 153-163.

[56] Johnson J D, Snepenger D J, Akis K. Residents' perceptions of tourism development[J]. Annals of Tourism Research, 1994, 21(3): 629-642.

[57] Josef S. River related tourism in Europe - an overview[J]. GeoJournal, 1995, 35(4): 443-458.

[58] Jurowski C, Gursoy D. Distance effects on residents' attitudes toward tourism[J]. Annals of Tourism Research, 2004, 31(2): 296-312.

[59] Jurowski C, Uysal M, Williams R D. A theoretical analysis of host community resident reactions to tourism[J]. Journal of Travel Research, 1997, 36 (2): 3-11.

[60] Kaplanidou K, Vogt C. A structural analysis of destination travel intentions as a function of web site features[J]. Journal of Travel Research, 2006,45(2): 204-216.

[61] Kashyap R, Bojanic D C. A structural analysis of value, quality, and price perceptions of business and leisure travelers[J]. Journal of Travel Research, 2000, 39(1): 45-51.

[62] Keane M J. Quality and pricing in tourism destinations[J]. Annals of Tourism Research, 1997, 24(1): 117-130.

[63] Keogh B. Public participation in community tourism planning[J]. Annals of Tourism Research, 1990, 17(3): 449-465.

[64] Kerstetter D, Cho Mi-Hea. Prior knowledge, credibility and information search[J]. Annals of Tourism Research, 2004, 31(4): 961-985.

[65] Kim S S, Guo Y Z, Agrusa J. Preference and positioning analyses of overseas destinations by mainland Chinese outbound pleasure tourists[J]. Jour-

nal of Travel Research，2005，44(2)：212-220.
[66] Kim S S，Petrick J F. Residents' perceptions on impacts of the FIFA 2002 World Cup：The case of Seoul as a host city[J]. Tourism Management，2005，26(1)：25-38.
[67] King B，Pizam A，Milman A. Social impacts of tourism：Host perceptions [J]. Annals of Tourism Research，1993，20(4)：650-665.
[68] Ko D W，Stewart W P. A structural equation model of residents' attitudes for tourism development[J]. Tourism Management，2002，23(5)：521-530.
[69] Korca P. Resident attitudes toward tourism impacts[J]. Annals of Tourism Research，1996，23(3)：695-697.
[70] Kozak M，Rimmington M. Measuring tourist destination competitiveness：Conceptual considerations and empirical findings[J]. Hospitality Management，1999，18(3)：273-283.
[71] Kozak M，Rimmington M. Tourist satisfaction with Mallorca，Spain，as an off-season holiday destination[J]. Journal of Travel Research，2000，38(3)：260-269.
[72] Kozak M. Repeaters' behavior at two distinct destinations[J]. Annals of Tourism Research，2001，28(3)：784-807.
[73] Lankford S V，Howard D R. Developing a tourism impact attitude scale [J]. Annals of Tourism Research，1994，21(1)：121-139.
[74] Lankford S V. Attitudes and perceptions toward tourism and rural regional development[J]. Journal of Travel Research，1994，32(3)：35-43.
[75] László Puczkó，Tamara Rátz. Tourist and resident perceptions of the physical impacts of tourism at Lake Balaton，Hungary：Issues for Sustainable Tourism Management [J]. Journal of Sustainable Tourism，2000，8(6)：458-478.
[76] Lawrence T B，Wickins D. Managing legitimacy in ecotourism[J]. Tourism Management，1997，18(5)：307-316.
[77] Lawson R W，Williams J，Young T，et al. A comparison of residents' attitudes towards tourism in 10 new zealand destinations[J]. Tourism Management，1998，19(3)：247-256.
[78] Michael A S，Pierskalla C D. Managing for desired experiences and site preferences：The case of fee-fishing anglers[J]. Environmental Manage-

ment, 2007, 39(2): 164-177.
[79] Oliver R L. A cognitive model of the antecedents and consequences of satisfaction decisions [J]. Journal of Marketing Researeh, 1980, 17(4): 460-469.
[80] Oliver R L. A conceptual model of service quality and service satisfaction: Compatible goal, different concepts[J]. Advances in Service marketing and Management, 1993(2): 64-86.
[81] Aas Østein, Kaltenborn B P. Consumptive orientation of anglers in Engerdal, Norway [J]. Environmental Management, 1995, 19(5): 751-761.
[82] Sheldon P J, Abenoja T. Resident attitudes in a mature destination: The case of Waikiki[J]. Tourism Management, 2001, 22(5): 435-443.
[83] Pavlovich K. The evolution and transformation of a tourism destination network: The Waitomo Caves, New Zealand [J]. Tourism Management, 2003, 24(2): 203-216.
[84] Pearce D G. An integrative framework for urban tourism research[J]. Annals of Tourism Research, 2001, 28(4): 926-946.
[85] Pearce D G. Tourism and regional development: A genetic approach[J]. Annals of Tourism Research, 1980, 7(1): 69-82.
[86] Pearce D G. Tourism in Paris studies at the microscale[J]. Annals of Tourism Research, 1999, 26(1): 77-97.
[87] Pearce D G. Tourist district in Paris: Structure and functions[J]. Tourism Management, 1998, 19(1): 49-65.
[88] Pearce D G. Tourism today: A geographical analysis[M]. 2nd ed. London: Longman Scientific and Technical, 1995.
[89] Pechlaner H, Smeral E, Matzler K. Customer value management as a determinant of the competitive position of tourism destinations[J]. Tourism Review, 2002, 57(4): 15-22.
[90] Petrick J F, Backman S J. An examination of the construct of perceived value for the prediction of golf travelevs' Intentions to revisit[J]. Journal of Travel Research, 2002, 41(1): 38-45.
[91] Petrick J F, Morais D D, Norman W C. An examination of the determinants of entertainment vacationers' intensions to revisit[J]. Journal of Travel Research, 2001, 40(1): 41-48.
[92] Petrick J F, Backman S J. An examination of golf travelers' satisfaction,

perceived value, loyalty, and intentions to revisit[J]. Tourism Analysis, 2001, 6(3/4): 223-237.

[93] Pike S. Destination image analysis: A review of 142 papers from 1973 to 2000[J]. Tourism Management, 2002, 23(5): 541-549.

[94] Pizam A, Pokela J. The perceived impacts of casino gambling on a community[J]. Annals of Tourism Research, 1985, 12(2): 147-165.

[95] Pizam A. Tourism's impacts: The social costs to the destination community as perceived by its residents[J]. Journal of Travel Research, 1978, 16(4): 8-12.

[96] Porter M E. Clusters and the new economics of competition[J]. Harvard Business Review, 1998, 76(6): 77-90.

[97] Power T M. Lost Landscapes and Failed Economies[M]. Washington, DC: Island Press. 1996.

[98] Priskin J. Assessment of natural resources for nature-based tourism: The case of the Central Coast Region of Western Australia [J]. Tourism Management, 2001, 22 (6): 637-648.

[99] Pritchard M P, Howard D R. The loyal traveler: Examining a typology of service patronage[J]. Journal of Travel Research, 1997, 35(4): 2-10.

[100] Qu H, Ping E W Y. A service performance model of Hong Kong cruise travellers' motivation factors and satisfaction[J]. Tourism Management, 1999, 20(2): 237-244.

[101] Ravald A, Grönroos C. The value concept and relationship marketing[J]. European Journal of Marketing, 1996, 30(2): 19-30.

[102] Reed M G. Power relations and community based tourism planning[J]. Annals of Tourism Research, 1997, 24(3): 566-591.

[103] Reisinger Y, Turner L. Structural equation modeling with Lisrel: Application in tourism[J]. Tourism Management, 1999, 20(1): 71-88.

[104] Renata T, Bill F. Tourism and older residents in a sunbell resort[J]. Annals of Tourism Research, 2000, 27(1): 93-144.

[105] Ritchie J R B, Crouch G I. The competitive destination: A sustainability perspective[J]. Tourism Management, 2000, 21(2): 1-7.

[106] Robert W, John H. Urban waterfront regeneration in the Mersey Basin, North West England[J]. Journal of Environmental Planning and Management, 1999, 42(4): 565-580.

[107] Shoemaker S, Lewis R C. Customer loyalty: The future of hospitality marketing[J]. Hospitality Management, 1999, 18(4): 345-370.

[108] Simon M. The impact of tourism development in small pacific island states: An overview[J]. New Zealand Journal of Geography, 1990, 89(1): 16-21.

[109] Stephen L J S. Tourism Analysis: A Handbook[M]. Indianapolis: Longman, 1989.

[110] Steven A W, Steven J H. A path model of whitewater boating satisfaction on the cheat river of West Virginia[J]. Environmental Management, 1998, 22(1): 109-117.

[111] Swanson K K, Horridge P E. A structural model for souvenir consumption, travel activities, and tourist demographics[J]. Journal of Travel Research, 2004, 42(4): 372-380.

[112] Theresa A H, Cary D M. Factors affecting overall satisfaction with a river recreation experience[J]. Environmental Management, 1992, 16(2): 243-247.

[113] Tzu-Ping Lin, Andreas Matzarakis. Tourism climate and thermal comfort in Sun Moon Lake, Taiwan [J]. International Journal of Biometeorology, 2008, 52(4): 281-290.

[114] Valene L S. Anthropology and tourism: A science-industry evaluation[J]. Annals of Tourism Researeh, 1980, 7(1): 13-33.

[115] Vasiliadis C A, Kobotis A. Spatial analysis - an application of nearest - neighbor analysis to tourism locations in Macedonia[J]. Tourism Management, 1999, 20(1): 141-148.

[116] Vida M, Luke W, Naglis M. Brownfield regeneration: Waterfront site developments in Liverpool and Cologne [J]. Journal of Environmental Engineering and Landscape Management, 2012, 20(1): 5-16.

[117] WCED (World Conference on Environment and Development). Our Common Future[M]. Oxford: Oxford University Press, 1987.

[118] Yoon Y, Uysal M. An examination of the effects of motivation and satisfaction on destination loyalty: A structural model[J]. Tourism Management, 2005, 26(1): 45-56.

[119] Zeithaml V A, Berry L L, Parasuraman A. The behavioral consequences of service quality[J]. Journal of Marketing, 1996, 60(2): 21-26.

[120] 白凯，马耀峰，李天顺，等. 旅游目的地游客体验质量评价性研究[J]. 北京社会科学，2006(5)：54-57.
[121] 白凯，马耀峰，李天顺，等. 西安入境旅游者认知和感知价值与行为意图[J]. 地理学报，2010，65(2)：244-255.
[122] 保继刚，孙九霞. 社区参与旅游发展的中西差异[J]. 地理学报，2006，61(4)：401-413.
[123] 毕斗斗. 温泉与广东省温泉旅游产业发展研究[J]. 广州大学学报(社会科学版)，2003，2(10)：87-92.
[124] 卞显红，王苏洁. 长江三角洲城市旅游空间一体化分析及其联合发展战略[M]. 北京：经济科学出版社，2006.
[125] 卞显红. 城市旅游空间分析及其发展透视[M]. 北京：中国物资出版社，2005.
[126] 陈文捷，阳国亮，凌连新. 区域旅游可持续发展的内涵与指标体系：北部湾个案[J]. 重庆社会科学，2010 (6)：30-34.
[127] 陈晓梅. 水体类旅游资源评价方法初探[J]. 北京第二外国语学院学报，2009(7)：66-71.
[128] 陈秀琼，黄福才. 基于社会网络理论的旅游系统空间结构优化研究[J]. 地理与地理信息科学，2006，22(5)：75-80.
[129] 陈鹰，黄磊昌，王祥荣. 区域旅游规划中旅游资源集合区生态位的研究[J]. 城市规划，2007，31(4)：37-41.
[130] 陈钰芬，苏为华. 浙江省和谐社会评价指标体系的构建与实证分析[J]. 商业经济与管理，2007，187(5)：63-69.
[131] 程励. 生态旅游脆弱区利益相关者和谐发展研究[D]. 成都：电子科技大学，2006.
[132] 崔凤军，刘家明. 旅游环境承载力理论及其实践意义[J]. 地理科学进展，1998 (1)：86-91.
[133] 崔凤军，杨永慎. 泰山旅游环境承载力及其时空分异特征与利用强度研究[J]. 地理研究，1997，16(4)：47-55.
[134] 崔凤军. 论旅游环境承载力——持续发展旅游的判据之一[J]. 经济地理，1995，15(1)：105-109.
[135] 戴学军，丁登山. 旅游景区(点)系统空间结构关联维数分形研究——以南京市景区(点)系统为例[J]. 资源科学，2006，28(1)：180-185.
[136] 戴学军，林岚，许志晖，等. 基于分形方法的旅游景区(点)系统等级结构研究——以南京市旅游景区(点)系统为例[J]. 地理科学，2006，26(2)：244-

250.
[137] 戴永光.旅游城市可持续发展评价指标体系[J].云南地理环境研究,2006,18(1):35-42.
[138] (日)德村志成.中国国际旅游发展战略研究——日本客源市场[M].北京:中国旅游出版社,2002.
[139] 丁红玲.体验背景下旅游体验质量影响因素研究[J].经济研究导刊,2010(25):167-168.
[140] 丁蕾,吴小根,丁洁.城市旅游竞争力评价指标体系的构建及应用[J].经济地理,2006,26(3):511-515.
[141] 丁蕾,吴小根.水体旅游资源评价指标体系的构建与应用研究[J].经济地理,2013,33(8):183-187.
[142] 董静,郑天然.基于"点—轴系统"理论的京津冀地区旅游地系统空间结构演变研究[J].石家庄学院学报,2006,8(3):78-83.
[143] 董锁成,李雪,张广海,等.城市群旅游竞争力评价指标体系与测度方法探讨[J].旅游学刊,2009,24(2):30-36.
[144] 杜强.金融危机对福建利用外资影响研究[J].亚太经济,2009(6):73-75.
[145] 杜宗斌,苏勤.乡村旅游的社区参与、居民旅游影响感知与社区归属感的关系研究——以浙江安吉乡村旅游地为例[J].旅游学刊,2011,26(11):65-70.
[146] 段进军,季春霞.江苏省区域发展空间结构研究[J].地域研究与开发,2007,26(4):27-31.
[147] 范今朝,程玉申.杭州市水域风光类旅游资源的状况、特征与开发思路:杭州市旅游资源普查部分结果分析[J].浙江大学学报(理学版),2004,31(2):221-227.
[148] 范玉仙.九江市水体旅游资源开发探析[J].中国商贸,2009(15):107-108.
[149] 方创琳,毛汉英.区域发展规划指标体系建立方法探讨[J].地理学报,1999,54(5):410-419.
[150] 冯淑华,沙润.游客对古村落旅游的"真实感—满意度"测评模型初探[J].人文地理,2007,6(22):85-89.
[151] 冯威,张丹丹,王波.温泉旅游地的发展态势分析——构筑休闲型的温泉度假空间[J].云南财经大学学报,2003,17(5):20-22.
[152] 付红军.小城镇旅游业可持续发展评价研究[D].长沙:中南林学院,2005.
[153] 付景保.河南省水景旅游资源开发初步研究[J].甘肃联合大学学报(自然科学版),2006,20(5):91-93.

[154] 傅云新，胡兵，王烨. 中国31省市旅游竞争力时空演变分析[J]. 经济地理，2012，32(6)：144-149.
[155] 葛新，唐孝中. 乡村旅游可持续发展评价指标体系的构建[J]. 沈阳工业大学学报(社会科学版)，2012，5(1)：58-64.
[156] 古明清. 旅游统计学[M]. 昆明：云南大学出版社，2000.
[157] 谷晓萍，周永斌，宋薇，等.《旅游资源评价与开发》课程教学的探索[J]. 中国科技信息，2010(1)：216-218.
[158] 国家环境保护总局，国家质量监督检验检疫总局. GB/T 3838—2002 地表水环境质量标准[S]. 2002.
[159] 国家环境保护总局，国家技术监督局. GB 8978—1996 污水综合排放标准[S]. 1996.
[160] 国家质量监督检验检疫总局. GB/T 18972—2003 旅游资源分类、调查与评价[S]. 2003.
[161] 国家质量监督检验检疫总局. GB/T 18971—2003 旅游规划通则[S]. 2003.
[162] 国家质量监督检验检疫总局，国家标准化管理委员会. GB/T 15773—2008 水土保持综合治理验收规范[S]. 2008.
[163] 国家质量监督检验检疫总局. GB/T 17775—2003 旅游区(点)质量等级的划分与评定[S]. 2003.
[164] 国家质检总局质量管理司，清华大学中国企业研究中心. 中国顾客满意指数指南[M]. 北京：中国标准出版社，2003.
[165] 韩顺法. 湖泊型旅游度假区的开发研究[D]. 南京：南京师范大学，2005.
[166] 韩学伟. 水体类风景区旅游环境容量计算——以薄山湖风景区为例[J]. 河池学院学报(自然科学版)，2004，24(4)：76-80.
[167] 蒿惊雷. 温泉的延意——珠海御温泉的设计构思与设计运作初探[J]. 南方建筑，2001(2)：66-67.
[168] 侯杰泰，温忠麟，成子娟. 结构方程模型及其应用[M]. 北京：教育科学出版社，2004.
[169] 侯国林. 基于社区参与的湿地生态旅游可持续开发模式研究[D]. 南京：南京师范大学，2006.
[170] 环境保护部. HJ 2.1—2011 环境影响评价技术导则 总纲[S]. 2011.
[171] 环境保护部，国家质量监督检验检疫总局. GB 3096—2008 声环境质量标准[S]. 2008.
[172] 环境保护部，国家质量监督检验检疫总局. GB 3095—2012 环境空气质量标准[S]. 2012.

[173] 胡炳清.旅游环境容量计算方法[J].环境科学研究,1995(3):21-24.
[174] 胡生军.和谐社会评价指标体系的构建[J].统计与决策,2010(15):73-75.
[175] 胡卫华.湖库旅游深开发研究——以湖南省为例[J].水利经济,2005,23(2):45-46.
[176] 胡学锋.对和谐广东的统计描述和评价方法的研究[J].广东财经职业学院学报,2005,4(5):80-84.
[177] 胡志毅,张兆干.社区参与和旅游业的可持续发展[J].人文地理,2002,17(2):39-40.
[178] 黄芳铭.结构方程模式:理论与应用[M].北京:中国税务出版社,2005.
[179] 黄进.旅游城市竞争力研究[J].改革与战略,2005(12):17-20.
[180] 黄静波.郴州市水体旅游资源评价与开发利用研究[J].经济地理,2005,25(5):745-748.
[181] 黄萍.西部民族旅游可持续评价体系构建研究[J].中华文化论坛,2006(4):115-119.
[182] 黄显勇,毛明海.运用层次分析法对水利旅游资源进行定量评价[J].浙江大学学报(理学版),2001,28(3):327-332.
[183] 黄燕玲,黄震方,袁林旺.基于SEM的饭店顾客满意度测评模型研究[J].旅游学刊,2006,21(11):54-60.
[184] 黄燕玲.基于旅游感知的西南少数民族地区农业旅游发展模式研究[D].南京:南京师范大学,2008.
[185] 贾文武.枣庄市沿运河经济带旅游产业SWOT分析与发展策略研究[J].特区经济,2006(6):291-292.
[186] 姜晔,褚志宇.层次熵评价决策模型在航道网规划综合评价方面的应用[J].水运工程,2001,329(6):30-34.
[187] 蒋丽娜,张树夫.风景区水域旅游资源开发的创新研究:以福建九鲤湖风景区为例[J].特区经济,2007(10):186-188.
[188] 金平斌,沈红心.京杭运河(杭州段)旅游资源及其旅游功能开发研究[J].浙江大学学报(理学版),2002,29(1):115-120.
[189] 金准,庄志民.区域旅游可持续力分析的修正方案:以安徽龙岗古镇为例[J].旅游学刊,2004,19(5):77-81.
[190] 靳诚,陆玉麒,张莉,等.基于路网结构的旅游景点可达性分析:以南京市区为例[J].地理研究,2009,28(1):246-258.
[191] 赖斌,杨丽娟,方杰.民族文化生态旅游可持续发展水平的测度研究:以四川省为例[J].生态经济,2006(11):99-104.

[192] 郎珂.基于生命周期阶段的旅游社区影响比较研究——以旅游地居民态度为例[D].南京:南京大学,2005.
[193] 黎洁,赵西萍.美国游客对西安的感知研究[J].北京第二外国语学院学报,2000,95(1):51-55.
[194] 李炳昌.巴拉河流域乡村旅游发展战略研究[J].贵州民族研究,2008(3):154-159.
[195] 李德山.西安市水体类旅游资源保护与开发模式初探[J].江西农业学报,2010,22(5):197-200.
[196] 李东和,张捷,赵玉宗,等.基于旅游地居民感知和态度的旅游影响空间分异研究[J].地理科学,2007,27(4):602-608.
[197] 李刚,吕芳,卢莹.基于点—轴理论的辽宁省旅游地系统空间结构研究[J].辽宁师范大学学报(自然科学版),2006,29(2):238-240.
[198] 李广海,陈通,赵言涛,等.和谐社会理念的新农村评价指标体系构建[J].西北农林科技大学学报(社会科学版),2007,7(1):10-13.
[199] 李海波,刘则渊,蔡小慎,等.县市区域建设和谐社会的评价指标体系初探[J].探索,2006(2):84-89.
[200] 李浩.生态学视角的城镇密集地区发展研究[M].北京:中国建筑工业出版社,2009.
[201] 李怀兰.旅游体验效用因素分析[D].南宁:广西大学,2004.
[202] 李江敏.环城游憩体验价值与游客满意度及行为意向的关系研究[D].北京:中国地质大学,2011.
[203] 李九全,王立.基于地方依附感原理的景区旅游竞争力探析[J].人文地理,2008,102(4):79-83.
[204] 李敏.区域旅游景区(点)系统空间结构研究——以四川省为例[D].成都:四川师范大学,2008.
[205] 李明耀.旅游景区竞争力综合评价指标体系与综合评价模型[J].苏州大学学报(哲学社会科学版),2008(2):34-36.
[206] 李少游,张瑾.桂黔湘边区民族县域旅游竞争力评价指标体系及比较研究[J].旅游论坛,2009,2(3):359-365.
[207] 李世霞,田至美.江汉运河滨水旅游开发的基本策略[J].首都师范大学学报(自然科学版),2012,33(5):50-55.
[208] 李松志,李源,陈烈,等.基于旅游调控规划的湖泊旅游环境评价研究——以云南高原湖泊为例[J].人文地理,2005,20(4):69-73.
[209] 李文兵.古村落游客忠诚模型研究——基于游客感知价值及其维度视角

[J]. 地理研究,2011,30(1):37-48.
[210] 李玺. 城市商务旅游竞争力:评价体系及方法的创新研究[J]. 旅游学刊,2010,25(4):27-31.
[211] 李星群,廖荣华. 生态旅游地可持续旅游评价指标体系探讨[J]. 邵阳学院学报(自然科学版),2004(1):100-104.
[212] 李亚洲. 基于空间结构分析的南京市旅游资源开发利用研究[J]. 江西农业学报,2011,23(5):178-181.
[213] 李艳双,韩文秀,曾珍香,等. DEA 模型在旅游城市可持续发展能力评价中的应用[J]. 河北工业大学学报,2001(5):62-66.
[214] 李占海,柯贤坤,周旅复,等. 海滩旅游资源质量评比体系[J]. 自然资源学报,2000,15(3):229-235.
[215] 李志民."乌江画廊"旅游深度开发研究[J]. 重庆工商大学学报(自然科学版),2012,29(1):87-90.
[216] 梁旺兵. 榆林市旅游资源评价及空间结构分析[J]. 固原师专学报(自然科学),2005,26(6):1-6.
[217] 林明水,谢红彬. VERP 对我国风景名胜区旅游环境容量研究的启示[J]. 人文地理,2007(4):64-67.
[218] 刘海隆,包安明,陈曦,等. 新疆交通可达性对区域经济的影响分析[J]. 地理学报,2008,63(4):428-436.
[219] 刘婕,曾涛,蔡红霞,等. 九寨沟旅游开发对安多藏民族文化的影响[J]. 资源科学,2004,26(4):57-64.
[220] 刘睿文,吴殿廷,吴巧新. 中国近现代地理学发展脉络研究——基于《地理学报》学术论文的统计分析[J]. 地球科学进展,2006,21(9):938-947.
[221] 刘永. 皖西风景水资源及其旅游价值[J]. 安徽地质,1998,8(2):47-51.
[222] 刘振礼,王兵. 新编中国旅游地理[M]. 天津:南开大学出版社,1996.
[223] 柳百萍,金芒,张学锋. 环巢湖水资源特色旅游开发研究[J]. 资源开发与市场,2006,22(6):579-581.
[224] 楼嘉军,徐爱萍. 试论休闲时代发展阶段及特点[J]. 旅游科学,2009,23(1):61-66.
[225] 卢松,张捷,李东和,等. 旅游地居民对旅游影响感知和态度的比较——以西递景区与九寨沟景区为例[J]. 地理学报,2008,63(6):646-656.
[226] 卢松,张捷,苏勤. 旅游地居民对旅游影响感知与态度的历时性分析——以世界文化遗产西递景区为例[J]. 地理研究,2009,28(2):536-548.
[227] 罗明春,童显德,颜玉娟. 森林公园景点空间分布的比较研究[J]. 中南林学

院学报,2001,21(1):51-53.
[228] 马惠娣,刘耳.西方休闲学研究述评[J].自然辩证法研究,2001,17(5):45-49.
[229] 马惠娣.未来10年中国休闲旅游业发展前景瞭望[J].齐鲁学刊,2002(2):19-26.
[230] 毛彦斌,贾文毓,张爱国.山西旅游吸引物空间结构的初步分析[J].山西师范大学学报(自然科学版),2006,20(3):84-87.
[231] 李丰生,赵赞,聂卉,等.河流风景区生态旅游环境承载力指标体系研究——以漓江为例[J].桂林旅游高等专科学校学报,2003,14(5):13-18.
[232] 莫帮洪,杨剑川.城市旅游竞争力分析框架初探[J].社会科学家,2005(10):193-201.
[233] 牛亚菲,王文彤.可持续旅游概念与理论研究[J].国外城市规划,2000(3):17-21.
[234] 牛亚菲.旅游业可持续发展的指标体系研究[J].中国人口·资源与环境,2002,12(6):42-45.
[235] 欧阳建国.社会主义和谐社会综合评价体系研究[J].浙江社会科学,2006(2):16-22.
[236] 潘建民,黄进.论旅游城市的竞争力[J].桂林旅游高等专科学校学报,2004,15(2):9-12.
[237] 彭惠军,黄翅勤,范胜国.城郊生态农庄休闲旅游可持续发展指标体系构建及应用——以湖南衡阳怡心园为例[J].广东农业科学,2011(9):177-180.
[238] 彭永祥,曹小曙,吴成基.地质公园的旅游者收益及其核心影响力——以河南云台山世界地质公园为例[J].地理研究,2012,31(9):1722-1735.
[239] 齐心,梅松.大城市和谐社会评价指标体系的构建与应用[J].统计研究,2007,24(7):17-21.
[240] 乔海燕,杨丹艳,郭丽华.体验经济时代发展我国红色旅游的战略思考——以百色市为例[J].桂林旅游高等专科学校学报,2006,17(1):40-43.
[241] 秦格玲,周小超,马琴.镇江市水体旅游资源开发现状及策略研究[J].商业经济,2012(2):49-50.
[242] 邱皓政.结构方程模式——LISREL的理论、技术与应用[M].台北:双叶书廊有限公司,2005.
[243] 山村顺次.新观光地理学[M].东京:大明堂,1995.
[244] 沈虹,冯学钢.都市文化型河流旅游开发研究——以上海苏州河为例[J].桂林旅游高等专科学校学报,2006,17(5):542-545.

[245] 沈山,沈正平,孙旭芳,等. 主题性旅游协作联盟及其构建——以运河文化主题协作联盟为例[J]. 地理研究,2008,27(6):1444-1454.

[246] 石月珍. 滨海湿地区域资源环境与经济社会协调发展研究——以江苏盐城滨海湿地区域为例[D]. 南京:河海大学,2006.

[247] 史春云. 利益主体感知视角下的旅游地竞争力研究[D]. 南京:南京大学,2007.

[248] 史兹国,唐德善,马文斌. 枣庄市沿运河文化风景旅游带景区功能分区研究[J]. 生态经济,2007(2):106-108,123.

[249] 宋立. 基于生态循环理论的城市水休闲旅游规划体系研究[D]. 南京:南京林业大学,2012.

[250] 宋咏梅,孙根年. 论旅游体验的理论构架与塑造原则[J]. 社会科学家,2006,11(6):115-119.

[251] 苏勤,林炳耀. 基于态度与行为的我国旅游地居民的类型划分——以西递、周庄、九华山为例[J]. 地理研究,2004,23(1):104-114.

[252] 苏勤. 旅游者类型及其体验质量研究——以周庄为例[J]. 地理科学,2004,24(4):506-511.

[253] 苏伟忠,杨英宝,顾朝林. 城市旅游竞争力评价初探[J]. 旅游学刊,2003,18(3):39-42.

[254] 粟路军,黄福才. 服务公平性、消费情感与旅游者忠诚关系——以乡村旅游者为例[J]. 地理研究,2011,30(3):463-476.

[255] 粟路军,黄福才. 旅游地社会责任、声誉、认同与旅游者忠诚关系[J]. 旅游学刊,2012,27(10):53-64.

[256] 唐善茂,张瑞梅. 区域旅游可持续发展评价指标体系构建思路探讨[J]. 桂林工学院学报,2006,26(1):143-147.

[257] 唐文跃,张捷,罗浩,等. 古村落居民地方依恋与资源保护态度的关系——以西递、宏村、南屏为例[J]. 旅游学刊,2008,23(10):87-92.

[258] 田里,李柏文,周小坤. 旅游目的地竞争力:重要性-绩效分析[J]. 人文地理,2009(6):79-81.

[259] 佟静,张丽华. 旅游体验的层次性及影响因素分析[J]. 辽宁师范大学学报(社会科学版),2010,33(1):41-43.

[260] 万幼清. 旅游可持续发展评价指标与方法[J]. 统计与决策,2006(3):10-12.

[261] 汪德根,陈田. 基于竞争力评价的区域旅游产业发展差异——以中国东部沿海三大旅游圈为例[J]. 地理科学进展,2011,30(2):249-256.

[262] 汪德根,陆林,陈田,等. 基于点—轴理论的旅游地系统空间结构演变研

究——以呼伦贝尔-阿尔山旅游区为例[J]. 经济地理,2005,25(6):904-909.
[263] 汪侠,顾朝林,梅虎. 旅游景区顾客的满意度指数模型[J]. 地理学报,2005,60(5):807-816.
[264] 汪侠,梅虎. 旅游地顾客忠诚模型及实证研究[J]. 旅游学刊,2006,21(10):33-38.
[265] 汪侠,吴小根,章锦河,等. 基于结构方程模型的旅游消费券效用影响因素研究——以杭州市为例[J]. 地理研究,2012,31(3):543-554.
[266] 汪侠,甄峰,吴小根,等. 旅游开发的居民满意度驱动因素——以广西阳朔县为例[J]. 地理研究,2010,29(5):841-851.
[267] 王芳. 滨海旅游可持续发展研究[D]. 南京:南京大学,2011.
[268] 王健飞,郑福云,沈光. 镜泊湖风景区生态旅游容量与环境保护[J]. 国土与自然资源研究,2004(2):77-78.
[269] 王凯,韩贵锋. 中国省区旅游竞争力的测度与评价[J]. 湖南师范大学自然科学学报,2006,29(2):106-111.
[270] 王科,连建功. 我国水体旅游开发研究[J]. 国土资源科技管理,2007(4):141-143.
[271] 王莉,陆林. 国外旅游地居民对旅游影响的感知与态度研究综述及启示[J]. 旅游学刊,2005,20(3):87-93.
[272] 王立民,安可士. 中国矿泉[M]. 天津:天津科学技术出版社,1993.
[273] 王丽华. 城市居民对旅游影响的感知研究[D]. 南京:南京师范大学,2006.
[274] 王莲芬,许树柏. 层次分析法引论[M]. 北京:中国人民大学出版社,1990.
[275] 王良健,杨伟,何剑,等. 旅游地域结构的量化研究——以湖南省为例[J]. 旅游科学,2004,18(2):20-25.
[276] 王良健. 旅游可持续发展评价指标体系及评价方法研究[J]. 旅游学刊,2001,16(1):67-70.
[277] 王庆伟. 长春郊区游憩斑块空间结构分析与优化研究[J]. 长春师范学院学报(自然科学版),2006,25(8):76-80.
[278] 王群,丁祖荣,章锦河,等. 旅游环境游客满意度的指数测评模型——以黄山风景区为例[J]. 地理研究,2006,25(1):171-181.
[279] 王淑华. 河南省城市旅游竞争力空间分布格局[J]. 地域研究与开发,2010,29(3):88-92.
[280] 王昕,高彦淳. 区域旅游可持续发展力评价指标体系构建与评价实证研究[J]. 经济问题探索,2008(1):137-140.

[281] 王星.中小型景区的旅游体验营销探析——以四川安县寻龙山为例[J].乐山师范学院学报,2006,21(4):113-116.

[282] 王衍用.区域旅游开发战略研究的理论与实践[J].经济地理,1999,19(1):116-119.

[283] 王艳平,金丽.界面增长:提高旅游体验总量的重要环节——以构筑温泉旅游"更·宽衣"环节为例[J].旅游学刊,2004,19(5):45-47.

[284] 王艳平.温泉旅游真实性研究[J].旅游学刊,2006,21(1):59-63.

[285] 王艳平.中国温泉旅游[M].大连:大连出版社,2004.

[286] 王莹,吴明华.旅游期望与感受偏差原因分析[J].旅游学刊,1991(4):42-44.

[287] 王友明.城市旅游可持续发展评价指标体系的构建与实证分析——以苏南五市为例[J].南京师大学报(自然科学版),2011,34(2):119-124.

[288] 王震.山东省海洋旅游业可持续发展系统分析与评价[D].青岛:中国海洋大学,2006.

[289] 王志文.聚龙湾天然温泉度假村设计[J].中外建筑,2003(4):57-58.

[290] 王忠福,张利.城市居民对旅游经济和环境影响因素感知的结构方程分析——以大连市为例[J].四川师范大学学报(社会科学版),2011,38(1):70-78.

[291] 魏敏,冯永军,李芬,等.农业生态旅游可持续发展评价指标体系研究[J].山东农业大学学报(社会科学版),2004,6(1):27-30.

[292] 魏小安,魏诗华.旅游情景规划与项目体验设计[J].旅游学刊,2004,19(4):38-44.

[293] 温碧燕,韩小芸,伍小奕,等.顾客的消费情感与顾客满意感关系的实证研究[J].旅游科学,2003(4):1-6.

[294] 温碧燕,梁明珠.基于因素分析的区域旅游竞争力评价模型研究[J].旅游学刊,2007,22(2):18-22.

[295] 吴必虎,唐子颖.旅游吸引物空间结构分析——以中国首批国家4A级旅游区(点)为例[J].人文地理,2003,18(1):1-5.

[296] 吴必虎.大城市环城游憩带(ReBAM)研究——以上海市为例[J].地理科学,2001,21(4):354-359.

[297] 吴必虎.区域旅游规划原理[M].北京:中国旅游出版社,2001.

[298] 吴晋峰,包浩生.旅游系统的空间结构模式研究[J].地理科学,2002,22(1):96-101.

[299] 吴丽霞,赵现红.旅华外国游客旅游体验质量评价实证研究[J].地理与地理

信息科学,2007(3):96-99.
[300] 吴威,曹有挥,曹卫东,等.长江三角洲公路网络的可达性空间格局及其演化[J].地理学报,2006,61(10):1065-1074.
[301] 吴文庆,沈涵,吉琛佳,等.水利生态旅游开发潜力的评价指标体系研究[J].管理世界,2012(3):184-185.
[302] 吴文智,庄志民.体验经济时代下旅游产品的设计与创新——以古村落旅游产品的体验化开发为例[J].旅游学刊,2003,18(6):66-70.
[303] 吴晓涵,杨学杰.城市入境旅游竞争力指标评价体系的构建与应用——以上海市为例[J].江苏商论,2008(2):74-76.
[304] 吴忠宏,洪常明,钟林生.居民对生态旅游认知与态度之研究——以澎湖列岛为例[J].旅游学刊,2005,20(1):57-62.
[305] 席建超,葛全胜,成升魁,等.旅游资源群:概念特征、空间结构、开发潜力研究——以全国汉地佛教寺院旅游资源为例[J].资源科学,2004,26(1):91-98.
[306] 向文雅,许春晓.漂流体验影响因素探析[J].旅游论坛,2011,4(1):56-60.
[307] 熊元斌.湖北省水体旅游资源的特色、价值与开发对策[J].水利经济,2004,22(5):26-27.
[308] 徐菲菲,杨达源,黄震方,等.基于层次熵分析法的湿地生态旅游评价研究——以江苏盐城丹顶鹤湿地自然保护区为例[J].经济地理,2005,25(5):707-711.
[309] 徐红罡.系统基模分析方法在旅游管理和规划中的运用[J].桂林旅游高等专科学校学报,2005,16(1):33-38.
[310] 徐松华,曾凡琪.东西湖区泛水旅游资源的调查与评价[J].武汉船舶职业技术学院学报,2011(1):62-65.
[311] 许涛,张秋菊,赵连荣.我国旅游可持续发展研究概述[J].干旱区资源与环境,2004,18(6):123-127.
[312] 许振晓,张捷,Geoffrey Wall,等.居民地方感对区域旅游发展支持度影响——以九寨沟旅游核心社区为例[J].地理学报,2009,64(6):736-744.
[313] 许志晖,戴学军,庄大昌,等.南京市旅游景区景点系统空间结构分形研究[J].地理研究,2007,26(1):132-140.
[314] 宣国富,陆林,章锦河,等.海滨旅游地居民对旅游影响的感知——海南省海口市及三亚市实证研究[J].地理科学,2002,22(6):741-746.
[315] 鄢和琳.生态旅游开发的动力学模型及其应用[J].西南师范大学学报(自然科学版),2000,25(2):186-191.

[316] 严琼,孙凌宇.青海省和谐社会指标体系及综合评价[J].攀登,2012,31(1):95-100.

[317] 阎守邕,丁纪,濮静娟,等.中国旅游资源分区的初步研究[J].自然资源学报,1989,4(2):112-122.

[318] 颜慧.城市滨水地段环境的亲水性研究[D].长沙:湖南大学,2004.

[319] 杨财根.基于休闲旅游的城郊森林公园旅游规划研究[D].南京:南京林业大学,2009.

[320] 杨桂芳,姚长宏,殷鸿福,等.GIS 在生态旅游中的应用及展望[J].自然杂志,2002,24(4):231-233.

[321] 杨建华.焦作旅游资源空间结构研究[J].河南教育学院学报(自然科学版),2005,14(3):49-51.

[322] 杨青松.城市水上旅游规划研究[D].苏州:苏州科技学院,2008.

[323] 杨锐.从游客环境容量到 LAC 理论——环境容量概念的新发展[J].旅游学刊,2003,18(5):62-65.

[324] 杨效忠,陆林,张光生,等.舟山群岛旅游资源空间结构研究[J].地理与地理信息科学,2004,20(5):87-90.

[325] 杨效忠.跨界旅游区的边界效应与合作机制研究——以大别山天堂寨为例[D].南京:南京大学,2009.

[326] 杨新军,马晓龙,霍云霈.旅游目的地区域(TDD)及其空间结构研究——以西安为例[J].地理科学,2004,24(5):620-626.

[327] 杨新军,牛栋,吴必虎.旅游行为空间模式及其评价[J].经济地理,2000,20(4):15-20.

[328] 杨兴柱,陆林,王群.农户参与旅游决策行为结构模型及应用[J].地理学报,2005,60(6):928-940.

[329] 杨兴柱,陆林.城市旅游地居民感知差异及其影响因素系统分析——以中山市为例[J].城市问题,2005(2):44-50.

[330] 杨秀平.基于时间维度的旅游环境承载力动态研究[J].干旱区资源与环境,2007,21(9):93-97.

[331] 杨絮飞.生态旅游的理论与实证研究[D].长春:东北师范大学,2004.

[332] 杨艳.湿地国家公园的建立及其生态旅游开发模式研究[D].南京:南京师范大学,2006.

[333] 杨振之.试论延长旅游地生命周期的模式[J].人文地理,2003,18(6):44-47.

[334] 尹华光,赵丽霞,彭小舟,等.张家界非物质文化遗产旅游居民感知差异分析

[J]. 经济地理,2012,5(32):160-164.
[335] 尹艳冰. 面向循环经济的生态化技术创新体系构建及其测度研究[D]. 天津:天津大学,2008.
[336] 印开蒲,鄢和琳. 生态旅游与可持续发展[M]. 成都:四川大学出版社,2003.
[337] 应天煜. 浅议社会表象理论(Social Representation Theory)在旅游学研究中的应用[J]. 旅游学刊,2004,19(1):87-92.
[338] 于东飞. 西部城市滨水区规划设计原则初探——以西安为例[D]. 西安:西安建筑科技大学,2004.
[339] 于丽英,曹雅姝. 上海建设和谐社会评价指标体系研究[J]. 上海大学学报(社会科学版),2008,15(3):107-113.
[340] 于萍. 镇江市水体旅游资源开发的优劣势分析[J]. 江苏商论,2010(11):93-94.
[341] 于蓉,张忍顺. 连云港市生态旅游可持续发展研究及其开发对策[J]. 南京师大学报(自然科学版),2004,27(4):98-102
[342] 俞晓萍. 金口大峡谷区水文特征与水体景观[J]. 乐山师范学院学报,2005(5):122-124.
[343] 袁俊,鲁励夫. 旅游资源空间结构研究——以石首市为例[J]. 襄樊学院学报,2004,25(5):77-81.
[344] 袁林. 水体旅游功能及开发初探[J]. 江西社会科学,2004(4):145-149.
[345] 张朝枝. 水资源的旅游开发与保护对策初探[J]. 经济地理,2002(S1):242-246.
[346] 张德存. 和谐社会评价指标体系的构建[J]. 统计与决策,2005(21):9-11.
[347] 张河清,何奕霏,田晓辉. 广东省县域旅游竞争力评价体系研究[J]. 经济地理,2012,32(9):172-176.
[348] 张建. 我国温泉旅游资源的开发与利用[J]. 资源开发与市场,2004,20(5):387-389.
[349] 张景群. 旅游资源评价与开发[M]. 杨凌:西北农林科技大学出版社,2003.
[350] 张莉. 无锡市水体旅游资源的开发与保护研究综述[J]. 商场现代化,2008(35):260-261.
[351] 张利华. 江苏省水体旅游资源的优势特征与开发价值分析[J]. 安徽农业科学,2011,39(25):15523-15525.
[352] 张美英,夏斌,王英杰,等. 泛珠江三角洲入境旅游市场竞争态分析[J]. 统计与决策,2005(21):76-77.
[353] 张明,余志远. 温泉旅游开发项目的盈利模式与利益分配研究[J]. 乐山师范

学院学报,2007,22(5):82-84.
[354] 张庆红,夏咏. 新疆县域和谐社会指标体系的构建及实证研究[J]. 经济研究导刊,2010(5):56-58.
[355] 张学文. 常熟旅游景区(点)系统空间结构分析及其优化研究[D]. 南京:南京师范大学,2011.
[356] 张中旺. 汉江水文化旅游资源及其开发的 SWOT 分析[J]. 安徽农业科学,2009,37(12):5774-5775.
[357] 章光明. 城市滨水区域景观生态优化的初步研究——以南京市主城区为例[D]. 南京:南京农业大学,2004.
[358] 章筧. 湖州水体旅游资源开发诌议[J]. 湖州师范学院学报,2007,29(1):112-115.
[359] 章锦河,赵勇. 皖南旅游资源空间结构分析[J]. 地理与地理信息科学,2004,20(1):99-108.
[360] 章锦河. 古村落旅游地居民旅游感知分析——以黟县西递为例[J]. 地理与地理信息科学,2003,19(2):105-109.
[361] 章锦河. 基于生态足迹的区域旅游环境影响研究[D]. 南京:南京大学,2006.
[362] 章锦河. 旅游区域形象价值评价指标体系的初步研究[J]. 安徽师范大学学报(人文社会科学版),2001,29(1):138-141.
[363] 章尚正,赵磊. 区域旅游国际化发展竞争力评价指标体系研究——以皖南国际旅游文化示范区为例[J]. 安徽农业大学学报(社会科学版),2012,21(2):29-34.
[364] 赵兰. 基于循环经济的新店村乡村旅游开发对策研究[D]. 秦皇岛:燕山大学,2009.
[365] 赵前. 基于生态观的黄土高原城市滨水区景观设计——以汾河太原城区段景观设计为例[D]. 西安:西安建筑科技大学,2003.
[366] 赵清,丁登山,阎传海. 南京幕燕风景名胜区景观生态评价与规划[J]. 地理科学,2005,25(1):113-118.
[367] 赵秀敏. 游客行为模式与城市滨水环境设计——以日本佐贺市松原川及佐嘉神社地区为例[J]. 城市问题,2006,130(2):85-89.
[368] 赵莹雪,董玉祥. 旅游用地时空演变及其环境效应研究综述[J]. 地理科学,2009,29(2):294-298.
[369] 赵玉宗,张玉香. 城郊旅游开发研究[J]. 内蒙古师范大学学报(哲学社会科学版),2005(2):115-118.
[370] 赵玉宗,李东和,黄明丽. 国外旅游地居民旅游感知和态度研究综述[J]. 旅

游学刊,2005,20(4):85-92.

[371] 赵媛,徐玮. 近 10 年来我国环城游憩带(ReBAM)研究进展[J]. 经济地理,2008,28(3):492-496.

[372] 郑慧娟,丁建伟. 甘肃省和谐社会指标体系与综合评价[J]. 甘肃社会科学,2008(4):240-243.

[373] 郑建瑜,且钟禹,李学伦. 青岛南海岸海水浴场的旅游环境质量评价[J]. 海洋环境科学,1998,17(1):79-84.

[374] 郑勇奕. 礁溪温泉游憩区游客消费行为之研究:以度假生活形态为区隔变数[D]. 云林:云林科技大学,2009.

[375] 中华人民共和国水利部. SL 300—2013 水利风景区评价标准[S]. 2013.

[376] 中华人民共和国卫生部,国家标准化管理委员会. GB 5749—2006 生活饮用水卫生标准[S]. 2006.

[377] 钟洁,沈兴菊. 民族村寨游客的旅游体验质量研究——以西双版纳傣族园为例[J]. 资源开发与市场,2010,26(4):362-364.

[378] 钟林生,肖笃宁. 生态旅游及其规划与管理研究综述[J]. 生态学报,2000,20(5):841-848.

[379] 周春喜,陈钰芬. 社会主义和谐社会评价指标体系及其评价[J]. 浙江工商大学学报,2006(1):34-40.

[380] 周杰. 滨水区休闲空间规划设计研究[D]. 南京:东南大学,2004.

[381] 周一星. 城市体系规模结构分析的两个误区[J]. 城市规划,1995(2):13-16.

[382] 周英杰. 我国城市滨水地区防洪与景观规划设计研究[D]. 长沙:湖南大学,2005.

[383] 朱应皋,万绪才. 全球旅游 11 强(国)旅游业国际竞争力综合评价[J]. 地理与地理信息科学,2004,20(3):109-112.

[384] 朱元秀,徐长乐. 临沂市滨河景区旅游深度开发探讨[J]. 临沂大学学报,2011,33(4):34-38.

[385] 朱跃东. 一个新兴的旅游产业——温泉养生休闲度假旅游[N]. 中国旅游报,2003-08-23:11.

[386] 庄晓平,朱竑,邓素球. 居民旅游感知实证比较研究之制度伦理分析——以世界遗产地开平碉楼与村落为例[J]. 旅游学刊,2012,27(3):18-26.

[387] 邹统钎. 旅游景区开发与管理[M]. 北京:清华大学出版社,2004.

[388] 左其亭,陈曦. 面向可持续发展的水资源规划与管理[M]. 北京:中国水利水电出版社,2003.

附录A

江苏省水利科技项目 水体旅游资源单体调查表

表 A1　水体旅游资源单体(河流类)调查表

名　称							
位　置	行政区位						
	地理位置	北纬：		东经：			
空间规模	长　度(km)		流域面积(km^2)				
水体质量	水　质(√)	优于Ⅱ类	Ⅲ类	Ⅳ类	Ⅴ类	劣Ⅴ类	
	污水处理(√)	零排放	达标排放	其　他			
	水体表面(√)	清澈、无杂物	轻度浑浊	浑浊有异味或漂浮大量生活垃圾			
生物景观	水生动植物	种　类					
		数　量					
	拥有的珍稀保护动植物	国家一级保护野生动物：____种；国家二级保护野生动物：____种 国家一级保护野生植物：____种；国家二级保护野生植物：____种					
水土保持质量	水土流失综合治理率(%)						
	林草覆盖率(%)						
水工建筑	名称与规模						
	建设时间						
开发利用条件	交通条件	项目	高速公路	一级公路	二级公路	三级公路	其　他
		名称					
		距离					
	毗邻景区(点)	名　称	等　级	距　离(km)			
	开发前景(√)	国家级水利风景区	省级水利风景区	其　他			
	适游期	一年适合游客游览的天数：____天					
开发、保护与管理现状	开发状况	资源开发状态(√)	正在开发	未开发			
		资源单体相关规划	名　称				
			落实情况				
		若已成立景区	名　称	建成时间	2011年接待量		
	保护措施	具体保护措施					
		相关保护文件					
	管理机构	名　称					
		隶属关系(√)	水利部门	其他部门	联合管理		

表 A2 水体旅游资源单体(湖泊类)调查表

名 称						
位 置	行政区位					
	地理位置	北纬：		东经：		
空间规模	水域面积(km^2)			水 深(m)		
	岸线长度(km)					
水体质量	水 质(√)	优于Ⅱ类	Ⅲ类	Ⅳ类	Ⅴ类	劣Ⅴ类
	污水处理(√)	零排放	达标排放	其 他		
	水体表面(√)	清澈、无杂物	轻度浑浊	浑浊有异味或漂浮大量生活垃圾		
生物景观	水生动植物	种 类				
		数 量				
	拥有的珍稀保护动植物	国家一级保护野生动物：____ 种；国家二级保护野生动物：____ 种 国家一级保护野生植物：____ 种；国家二级保护野生植物：____ 种				
水土保持质量	水土流失综合治理率(%)					
	林草覆盖率(%)					
水工建筑	名称与规模					
	建设时间					
开发利用条件	交通条件	项目	高速公路	一级公路	二级公路	三级公路	其 他
		名称					
		距离					
	毗邻景区(点)	名 称		等 级		距 离(km)	
	开发前景(√)	国家级水利风景区		省级水利风景区		其 他	
	适游期	一年适合游客游览的天数：____天					
开发、保护与管理现状	开发状况	资源开发状态(√)	正在开发		未开发		
		资源单体相关规划	名 称				
			落实情况				
		若已成立景区	名 称	建成时间	2011 年接待量		
	保护措施	具体保护措施					
		相关保护文件					
	管理机构	名 称					
		隶属关系(√)	水利部门	其他部门	联合管理		

表 A3　水体旅游资源单体(水利工程类)调查表

<table>
<tr><td>名　称</td><td colspan="7"></td></tr>
<tr><td>位　置</td><td>行政区位</td><td colspan="2"></td><td>地理位置</td><td colspan="3">北纬：　东经：</td></tr>
<tr><td rowspan="3">空间规模</td><td>初建年份</td><td></td><td colspan="2">最近一次除险加固年份</td><td colspan="3"></td></tr>
<tr><td>规模级别(√)</td><td>大(1)型</td><td>大(2)型</td><td>中型</td><td>小(1)型</td><td colspan="2">小(2)型</td></tr>
<tr><td>其他相关参数</td><td colspan="6"></td></tr>
<tr><td rowspan="3">水体质量</td><td>水　质(√)</td><td>优于Ⅱ类</td><td>Ⅱ类</td><td>Ⅳ类</td><td>Ⅴ类</td><td colspan="2">劣Ⅴ类</td></tr>
<tr><td>污水处理(√)</td><td colspan="2">零排放</td><td colspan="2">达标排放</td><td colspan="2">其　他</td></tr>
<tr><td>水体表面(√)</td><td colspan="2">清澈、无杂物</td><td colspan="2">轻度浑浊</td><td colspan="2">浑浊有异味或漂浮大量生活垃圾</td></tr>
<tr><td rowspan="3">生物景观</td><td rowspan="2">水生动植物</td><td colspan="2">种　类</td><td colspan="4"></td></tr>
<tr><td colspan="2">数　量</td><td colspan="4"></td></tr>
<tr><td>拥有的珍稀保护动植物</td><td colspan="6">国家一级保护野生动物：____种；国家二级保护野生动物：____种
国家一级保护野生植物：____种；国家二级保护野生植物：____种</td></tr>
<tr><td rowspan="7">开发利用条件</td><td rowspan="3">交通条件</td><td>项目</td><td>高速公路</td><td>一级公路</td><td>二级公路</td><td>三级公路</td><td>其　他</td></tr>
<tr><td>名称</td><td></td><td></td><td></td><td></td><td></td></tr>
<tr><td>距离</td><td></td><td></td><td></td><td></td><td></td></tr>
<tr><td rowspan="2">毗邻景区(点)</td><td colspan="2">名　称</td><td colspan="2">等　级</td><td colspan="2">距　离(km)</td></tr>
<tr><td colspan="2"></td><td colspan="2"></td><td colspan="2"></td></tr>
<tr><td>开发前景(√)</td><td colspan="2">国家级水利风景区</td><td colspan="2">省级水利风景区</td><td colspan="2">其　他</td></tr>
<tr><td>适游期</td><td colspan="6">一年适合游客游览的天数：____天</td></tr>
<tr><td rowspan="13">开发、保护与管理现状</td><td rowspan="3">保存状况</td><td colspan="2">水利工程安全鉴定结果</td><td colspan="4"></td></tr>
<tr><td colspan="2">水工建筑外观(√)</td><td>完　好</td><td>部分完好</td><td colspan="2">残　缺</td></tr>
<tr><td colspan="2">水工建筑使用情况(√)</td><td>正常使用</td><td>限制使用</td><td colspan="2">已废弃</td></tr>
<tr><td rowspan="5">开发状况</td><td colspan="2">资源开发状态(√)</td><td colspan="2">正在开发</td><td colspan="2">未开发</td></tr>
<tr><td colspan="2" rowspan="2">资源单体相关规划</td><td>名　称</td><td colspan="3"></td></tr>
<tr><td>落实情况</td><td colspan="3"></td></tr>
<tr><td colspan="2" rowspan="2">若已成立景区</td><td>名　称</td><td>建成时间</td><td colspan="2">2011 年接待量</td></tr>
<tr><td></td><td></td><td colspan="2"></td></tr>
<tr><td rowspan="2">保护措施</td><td colspan="2">具体保护措施</td><td colspan="4"></td></tr>
<tr><td colspan="2">相关保护文件</td><td colspan="4"></td></tr>
<tr><td rowspan="2">管理机构</td><td colspan="2">名　称</td><td colspan="4"></td></tr>
<tr><td colspan="2">隶属关系(√)</td><td>水利部门</td><td>其他部门</td><td colspan="2">联合管理</td></tr>
</table>

表 A4 水体旅游资源单体(水库类)调查表

名 称							
位 置	行政区位						
	地理位置	北纬：			东经：		
空间规模	集水面积(km^2)			总库容(m^3)			
	坝顶长度(m)		坝 高(m)		水 深(m)		
水体质量	水 质(√)	优于Ⅱ类	Ⅲ类	Ⅳ类	Ⅴ类	劣Ⅴ类	
	污水处理(√)	零排放		达标排放		其 他	
	水体表面(√)	清澈、无杂物		轻度浑浊		浑浊有异味或漂浮大量生活垃圾	
生物景观	水生动植物	种 类					
		数 量					
	拥有的珍稀保护动植物	国家一级保护野生动物：____种；国家二级保护野生动物：____种 国家一级保护野生植物：____种；国家二级保护野生植物：____种					
水土保持质量	水土流失综合治理率(%)			林草覆盖率(%)			
水工建筑	名称与规模						
	初建时间			最近一次除险加固年份			
开发利用条件	交通条件	项目	高速公路	一级公路	二级公路	三级公路	其 他
		名称					
		距离					
	毗邻景区(点)	名称		等级		距离(km)	
	开发前景(√)	国家级水利风景区		省级水利风景区		其他	
	适游期	一年适合游客游览的天数：____天					
开发、保护与管理现状	开发状况	资源开发状态(√)		正在开发		未开发	
		资源单体相关规划		名 称			
				落实情况			
		若已成立景区		名 称	建成时间	2011年接待量	
	保护措施	具体保护措施					
		相关保护文件					
	管理机构	名 称					
		隶属关系(√)		水利部门	其他部门	联合管理	

表 A5　水体旅游资源单体(湿地类)调查表

<table>
<tr><td>名　称</td><td colspan="6"></td></tr>
<tr><td>位　置</td><td>行政区位</td><td colspan="2"></td><td>地理位置</td><td colspan="2">北纬：
东经：</td></tr>
<tr><td>类　型(√)</td><td>河流湿地</td><td>湖泊湿地</td><td>沼泽湿地</td><td>滩地湿地</td><td>人工湿地</td><td>其　他</td></tr>
<tr><td>空间规模</td><td>湿地面积(km²)</td><td colspan="2"></td><td>水深(m)</td><td colspan="2"></td></tr>
<tr><td rowspan="3">水体质量</td><td>水　质(√)</td><td>优于Ⅱ类</td><td>Ⅲ类</td><td>Ⅳ类</td><td>Ⅴ类</td><td>劣Ⅴ类</td></tr>
<tr><td>污水处理(√)</td><td colspan="2">零排放</td><td colspan="2">达标排放</td><td>其　他</td></tr>
<tr><td>水体表面(√)</td><td colspan="2">清澈、无杂物</td><td colspan="2">轻度浑浊</td><td>浑浊有异味或漂浮大量生活垃圾</td></tr>
<tr><td rowspan="3">生物景观</td><td rowspan="2">水生动植物</td><td>种　类</td><td colspan="4"></td></tr>
<tr><td>数　量</td><td colspan="4"></td></tr>
<tr><td>拥有的珍稀保护动植物</td><td colspan="5">国家一级保护野生动物：____种；国家二级保护野生动物：____种
国家一级保护野生植物：____种；国家二级保护野生植物：____种</td></tr>
<tr><td>水土保持质量</td><td colspan="2">水土流失综合治理率(%)</td><td></td><td colspan="2">林草覆盖率(%)</td><td></td></tr>
<tr><td rowspan="2">水工建筑</td><td colspan="2">名称与规模</td><td colspan="4"></td></tr>
<tr><td colspan="2">建设时间</td><td colspan="4"></td></tr>
<tr><td rowspan="7">开发利用条件</td><td rowspan="3">交通条件</td><td>项　目</td><td>高速公路</td><td>一级公路</td><td>二级公路</td><td>三级公路</td><td>其　他</td></tr>
<tr><td>名　称</td><td></td><td></td><td></td><td></td><td></td></tr>
<tr><td>距　离</td><td></td><td></td><td></td><td></td><td></td></tr>
<tr><td rowspan="2">毗邻景区(点)</td><td colspan="2">名　称</td><td colspan="2">等　级</td><td colspan="2">距　离(km)</td></tr>
<tr><td colspan="2"></td><td colspan="2"></td><td colspan="2"></td></tr>
<tr><td>开发前景(√)</td><td colspan="2">国家级水利风景区</td><td>省级水利风景区</td><td colspan="2">国家级湿地公园</td><td>其他</td></tr>
<tr><td>适游期</td><td colspan="6">一年适合游客游览的天数：____天</td></tr>
<tr><td rowspan="11">开发、保护与管理现状</td><td rowspan="5">开发状况</td><td>资源开发状态(√)</td><td colspan="2">正在开发</td><td colspan="2">未开发</td></tr>
<tr><td rowspan="2">资源单体相关规划</td><td>名　称</td><td colspan="3"></td></tr>
<tr><td>落实情况</td><td colspan="3"></td></tr>
<tr><td rowspan="2">若已成立景区</td><td>名　称</td><td>建成时间</td><td colspan="2">2011 年接待量</td></tr>
<tr><td></td><td></td><td colspan="2"></td></tr>
<tr><td rowspan="2">保护措施</td><td>具体保护措施</td><td colspan="4"></td></tr>
<tr><td>相关保护文件</td><td colspan="4"></td></tr>
<tr><td rowspan="2">管理机构</td><td>名　称</td><td colspan="4"></td></tr>
<tr><td>隶属关系(√)</td><td>水利部门</td><td>其他部门</td><td colspan="2">联合管理</td></tr>
</table>

表 A6　水体旅游资源单体（其他类）调查表

名　称							
位　置	行政区位						
	地理位置	北纬：		东经：			
空间规模	水域面积（m^2）			水深（m）			
	其他数据						
水体质量	水　质（√）	优于Ⅱ类	Ⅲ类	Ⅳ类	Ⅴ类	劣Ⅴ类	
	污水处理（√）	零排放	达标排放	其　他			
	水体表面（√）	清澈、无杂物	轻度浑浊	浑浊有异味或漂浮大量生活垃圾			
生物景观	水生动植物	种　类					
		数　量					
	拥有的珍稀保护动植物	国家一级保护野生动物：____ 种；国家二级保护野生动物：____种 国家一级保护野生植物：____ 种；国家二级保护野生植物：____种					
开发利用条件	交通条件	项目	高速公路	一级公路	二级公路	三级公路	其　他
		名称					
		距离					
	毗邻景区（点）	名　称	等　级	距　离（km）			
	开发前景（√）	国家级水利风景区	省级水利风景区	其　他			
	适游期	一年适合游客游览的天数：____天					
开发、保护与管理现状	开发状况	资源开发状态（√）	正在开发	未开发			
		资源单体相关规划	名　称				
			落实情况				
		若已成立景区	名　称	建成时间	2011 年接待量		
	保护措施	具体保护措施					
		相关保护文件					
	管理机构	名　称					
		隶属关系（√）	水利部门	其他部门	联合管理		

附录B

江苏省水利科技项目水体旅游地居民调查问卷

问卷编号：________

调研时间：________

调研地点：________

尊敬的朋友：

您好！水体旅游是以水域（水体）及相关联的岸地、岛屿、林草、建筑等具有吸引力的自然景观和人文景观为对象展开的旅游活动。为了实现南京市水体旅游的可持续发展，我们承担了江苏省水利科技项目进行这次调查。我们真诚的希望您能在百忙中提供宝贵的信息，协助我们的工作！谢谢！

南京大学

****

一、您对本地水体旅游发展相关感知，请在相应数字前打√

（1 强烈反对、2 反对、3 一般、4 同意、5 非常同意）

现状评价	非常同意──►强烈反对				
对水体旅游发展的总体满意度	5	4	3	2	1
与期望中的水体旅游发展相比较，居民对本地水体旅游发展的满意度	5	4	3	2	1
与其他水体旅游地相比较，居民对本地水体旅游发展的满意度	5	4	3	2	1
发展水体旅游与我关系密切	5	4	3	2	1
我密切关注水体旅游发展	5	4	3	2	1
我非常支持水体旅游发展	5	4	3	2	1

续表

正面感知	非常同意——→强烈反对				
促进本地经济发展	5	4	3	2	1
基本生活水平显著提高	5	4	3	2	1
改善本地自然环境	5	4	3	2	1
提高本地知名度	5	4	3	2	1
负面感知	非常同意——→强烈反对				
水体旅游资源开发商业化、庸俗化	5	4	3	2	1
水体旅游引起严重环境污染	5	4	3	2	1
发展水体旅游只导致少数人受益	5	4	3	2	1
水体旅游发展建议	非常同意——→强烈反对				
改善交通	5	4	3	2	1
加大政府支持力度	5	4	3	2	1
挖掘水文化，开发水体旅游特色项目	5	4	3	2	1
完善旅游接待设施	5	4	3	2	1
提高旅游服务水平	5	4	3	2	1
重视广告宣传	5	4	3	2	1
拓展水体旅游市场营销途径	5	4	3	2	1
延长游客停留时间	5	4	3	2	1

二、您的基本情况

1. 性别与民族：①男；②女　　民族：①汉族；②少数民族

2. 您的年龄：________岁

3. 您的学历：①大专及以上　②中专及高中　③初中　④小学　⑤小学以下

4. 您的职业：①政府公职人员；②企事业管理人员；③专业/文教技术人员；④服务销售商贸人员（如导游、餐馆服务人员、开旅馆、摆摊卖纪念品、商店等）；⑤工人；⑥农民；⑦学生；⑧离退休人员；⑨其他

5. 您是否出生本地：①是；②否

6. 您在本地居住时间：________年

7. 您的家庭人口数：①5 人以上；②2～4 人；③单身

8. 家庭年收入（元）：①1 万以下；②1 万～5 万；③5 万～10 万；④10 万～20 万；⑤20 万以上

9. 您的家庭是否从事旅游经营相关：①是；②否

10. 您或家中成员参与旅游业的方式为：

①在旅游管理部门就业；②自己开办旅游企业(包括餐馆、旅馆以及各种旅游服务公司等)；③在他人的公司企业从事旅游服务工作；④通过小型摊点为旅游者提供服务；⑤从事旅游基建工作；⑥其他

11. 家庭旅游收入占家庭经济总收入的比重：①10%以下；②10%～30%；③30%～50%；④50%～70%；⑤70%以上

12. 您认为，此地水体旅游发展的最大受益者是(可多选)：

①地方政府；②旅游企业；③附近居民；④全市居民；⑤其他地区居民

附录C

江苏省水利科技项目水体旅游地游客调查问卷

问卷编号：________　调研时间：________　调研地点：________

尊敬的朋友：

您好！水体旅游是以水域（水体）及相关联的岸地、岛屿、林草、建筑等具有吸引力的自然景观和人文景观为对象展开的旅游活动。为了实现水体旅游的可持续发展，使您得到质价相符的水体旅游产品与服务，请您协助我们填写这张问卷调查表。本调查不用填写您的姓名和联系方式，以下问题没有正确与错误的区别，请根据自己的真实想法填写。谢谢！

南京大学

****

一、关于您的个人基本情况

1. 您的性别与民族：①男；②女　　民族：①汉族；②少数民族

2. 您的年龄：①14岁以下；②15～24岁；③25～44岁；④45～64岁；⑤65岁以上

3. 您的文化程度：①小学及以下；②初中；③高中；④大专；⑤本科；⑥研究生及以上

4. 您的平均月收入（元）：①≤1 000；②1 001～3 000；③3 001～5 000；④5 001～7 000；⑤7 000以上

5. 您的职业：①公务员；②企事业管理人员；③专业/文教技术人员；④服务销售商贸人员；⑤工人；⑥农民；⑦军人；⑧学生；⑨离退休人员；⑩其他职业者

二、关于您的旅游活动（打√选择，可多选）

1. 您这次来此地旅游的方式是：①旅行社组团旅游；②家人、亲朋结伴旅游；③独自出游；④找驴友结伴游；⑤单位组织；⑥其他

2. 您来此地旅游主要是为了：①改换生活环境；②欣赏自然风光；③增长知识；④参加节庆活动；⑤放松紧张情绪；⑥增加自身阅历见识；⑦品尝美食如海产品等

3. 您选择此地旅游主要是受什么因素影响？①广播；②电视；③报纸杂志；

④书籍；⑤亲友同事的推荐；⑥旅游网络；⑦旅行社的招徕；⑧其他

4. 您来此地旅行的主要交通方式是(可多选)：①飞机、火车；②公共汽车、地铁；③自驾车；④自行车、步行

5. 您认为从您居住地到此地的距离是：① 十分遥远；② 远；③ 不太远；④很近

6. 来此地旅游您的总花费为(若一同出游人数在两人以上，请填人均花费)：①100 元以下；②100～300 元；③300～500 元；④500～1 000 元；⑤1 000 元以上

7. 您在此地停留的时间是：①半天；② 1 天；③ 2 天；④ 3～4 天；⑤5 天及以上

三、请您对此地水体旅游中的以下方面做出评价(在相应的位置上打√)

旅游资源	非常好→非常差				
本景区的水体水质	5	4	3	2	1
本景区的人文风貌	5	4	3	2	1
本景区的水文景观	5	4	3	2	1
本景区主题与特色	5	4	3	2	1
硬件服务	非常好→非常差				
饮食条件	5	4	3	2	1
住宿条件	5	4	3	2	1
交通状况	5	4	3	2	1
娱乐配套设施	5	4	3	2	1
软件服务	非常好→非常差				
本景区的服务与管理水平	5	4	3	2	1
旅游接待人员素质	5	4	3	2	1
现状评价	完全赞同→强烈反对				
我注意保护景区环境	5	4	3	2	1
我对这次旅游的总体评价非常高	5	4	3	2	1
这次旅游超过了我原来的预期	5	4	3	2	1
我愿意再次来本景区游玩	5	4	3	2	1
我愿意推荐他人来本景区游玩	5	4	3	2	1
水体旅游发展建议	完全赞同→强烈反对				
改善旅游交通条件	5	4	3	2	1
加大政府支持力度	5	4	3	2	1
挖掘水文化，开发水体旅游特色项目	5	4	3	2	1
完善旅游接待设施	5	4	3	2	1
提高旅游服务水平	5	4	3	2	1
重视广告宣传	5	4	3	2	1
拓展水体旅游市场营销途径	5	4	3	2	1
延长游客停留时间	5	4	3	2	1

附录D 水体旅游可持续发展评价指标权重专家调查问卷

问卷编号：________　　　　　　　调研时间：________

各位从事旅游研究的专家：

您好！水体旅游是以水域(水体)及相关联的岸地、岛屿、林草、建筑等具有吸引力的自然景观和人文景观为对象展开的旅游活动。目前我们正在进行水体旅游可持续发展评价的调查研究，请您协助我们填写这张问卷调查表。由于您的协助，将使本研究得以顺利完成，谨致以衷心的感谢！

南京大学

****

表 D1　因子相对重要性标定系列

标　度	含　　义
1	表示两个元素相比，具有同上述相邻同样重要性
3	表示两个元素相比，前者比后者稍重要
5	表示两个元素相比，前者比后者明显重要
7	表示两个元素相比，前者比后者强烈重要
9	表示两个元素相比，前者比后者极端重要
2，4，6，8	表示上述相邻判断的中间值
倒数	若 i 元素与 j 元素的重要性之比为 a_{ij}，则 j 元素与 i 元素的重要性之比为 $1/a_{ij}$

表 D2　请参照表 D1 填写空格处数值(阴影部分不需填写，下同)。空格表示在对水体旅游可持续发展的评价中，空格对应的 R_j 栏指标相对于该空格对应 R_i 栏指标的相对重要性数值。

R_i / R_j	经济可持续发展 B_1	社会可持续发展 B_2	环境可持续发展 B_3	管理可持续发展 B_4	开发条件与潜力 B_5
经济可持续发展 B_1	1				
社会可持续发展 B_2		1			
环境可持续发展 B_3			1		
管理可持续发展 B_4				1	
开发条件与潜力 B_5					1

表 D3 请参照表 D1 填写空格处数值。空格表示在对指标体系准则层—经济可持续发展 B_1 的评价中，空格对应的 R_j 栏指标相对于该空格对应 R_i 栏指标的相对重要性数值。

R_i / R_j	年均旅游收入增长率 C_1	游客年均增长率 C_2	旅游业产值对当地经济的贡献率 C_3	经济受益差距 C_4
年均旅游收入增长率 C_1	1			
游客年均增长率 C_2		1		
旅游业产值对当地经济的贡献率 C_3			1	
经济受益差距 C_4				1

表 D4 请参照表 D1 填写空格处数值。空格表示在对指标体系准则层—社会可持续发展 B_2 的评价中，空格对应的 R_j 栏指标相对于该空格对应 R_i 栏指标的相对重要性数值。

R_i / R_j	居民满意度 C_5	居民对水体旅游开发态度 C_6	吸纳当地劳动力 C_7	增加居民收入 C_8	提高当地知名度 C_9	游客满意度 C_{10}	游客忠诚度 C_{11}
居民满意度 C_5	1						
居民对水体旅游开发态度 C_6		1					
吸纳当地劳动力 C_7			1				
增加居民收入 C_8				1			
提高当地知名度 C_9					1		
游客满意度 C_{10}						1	
游客忠诚度 C_{11}							1

表 D5 请参照表 D1 填写空格处数值。空格表示在对指标体系准则层—环境可持续发展 B_3 的评价中，空格对应的 R_j 栏指标相对于该空格对应 R_i 栏指标的相对重要性数值。

R_i / R_j	水环境质量 C_{12}	水土保持质量 C_{13}	生态环境质量 C_{14}	生态敏感度 C_{15}	环境容量 C_{16}	“主客”环保支持度 C_{17}
水环境质量 C_{12}	1					
水土保持质量 C_{13}		1				
生态环境质量 C_{14}			1			
生态敏感度 C_{15}				1		
环境容量 C_{16}					1	
“主客”环保支持度 C_{17}						1

表 D6 请参照表 D1 填写空格处数值。空格表示在对指标体系准则层—管理可持续发展 B_4 的评价中，空格对应的 R_j 栏指标相对于该空格对应 R_i 栏指标的相对重要性数值。

R_i / R_j	旅游规划 C_{18}	管理体系 C_{19}	资源管理 C_{20}	安全管理 C_{21}	卫生管理 C_{22}	服务管理 C_{23}
旅游规划 C_{18}	1					
管理体系 C_{19}		1				
资源管理 C_{20}			1			
安全管理 C_{21}				1		
卫生管理 C_{22}					1	
服务管理 C_{23}						1

表 D7 请参照表 D1 填写空格处数值。空格表示在对指标体系准则层—开发条件与潜力 B_5 的评价中，空格对应的 R_j 栏指标相对于该空格对应 R_i 栏指标的相对重要性数值。

R_i / R_j	资源要素价值 C_{24}	交通条件 C_{25}	区位条件 C_{26}	经济条件 C_{27}	适游期 C_{28}
资源要素价值 C_{24}	1				
交通条件 C_{25}		1			
区位条件 C_{26}			1		
经济条件 C_{27}				1	
适游期 C_{28}					1

附录E

攻读博士学位期间取得的主要科研成果

一、学术论文类

[1] 丁蕾,吴小根. 水体旅游资源评价指标体系的构建与应用研究[J]. 经济地理,2013,33(8):183-187.

[2] Lei Ding, Yu Wang, Fangyi Zhang, et al. Spatial Structure of Tourist Attractions in Nanjing, China. The 19th International Conference on GeoInformatics(EI 检索),2011. 6.

[3] 金卫东,杨达源,丁蕾,等. 城市旅游理性发展理论与实践研究,2009,通过中华人民共和国教育部科学技术成果鉴定,鉴字[教 CW2009]第 015 号.

[4] 丁蕾,金卫东. 基于城市旅游理性发展的典型城市比较研究[J]. 南京师大学报(自然科学版),2012,35(1):104-110.

[5] 丁蕾,吴小根,汤澍. 城市旅游竞争力区域分异研究——以江苏省为例[J]. 广西社会科学,2008(8):84-86.

[6] 丁蕾,杜莹莹,崇婧,等. 旅游管理本科专业提升教学质量方法研究[J]. 独立学院教学改革理论与实践研究,2012(10):123-127.

[7] Fangyi Zhang, Lijie Pu, Lei Ding, et al. Calibration of Cellular Automata Model with Adaptive Genetic Algorithm for the Simulation of Urban Land-Use. The 18th International Conference on GeoInformatics(EI 检索),2010. 6.

[8] 金卫东,丁蕾. 现代城市旅游"理性发展"初探[J],现代城市研究,2010(1):69-72.

[9] 张芳怡,濮励杰,丁蕾,等. 中国资源地理学发展的现状与趋势[J]. 地理科学进展,2010,29(5):543-548.

[10] 丁洁,吴小根,丁蕾. 国家重点风景名胜区的功能及其地域分布特征[J]. 地域研究与开发,2008,27(1):70-72.

二、科研项目类

1. 参与人:江苏省旅游局、社科院《江苏省旅游发展总体战略研究》2009—2010
2. 参与人:广东省江门市人民政府、四川省汶川县旅游局《汶川县雁门乡旅游发展规划》2010—2011
3. 主持人:南京大学金陵学院《旅游学导论课程教学改革研究与实践》2011—2013
4. 主持人:江苏天目湖集团公司《天目湖旅游度假区旅游度假资源评估报告》2011—2012
5. 参与人:江苏省河道管理局、南京大学地理与海洋学院《水体旅游资源评价与保护开发规划研究——以南京市为例》2011—2013
6. 参与人:云南省建设厅《西双版纳风景名胜区孔明山景区详细规划》2012—2014
7. 参与人:广东省江门市人民政府《江门市旅游总体发展规划》2012—2014

致 谢

饮水当思源。在本书付梓之际，心中满怀感激之情。

感谢母校和母系，感谢恩师吴小根教授、王腊春教授。正是母校、母系严谨的治学学风和两位先生渊博的学识、崇高的品格，培育了我坚忍不拔的性格，使得我有勇气也有能力去战胜人生旅途上的种种困难和坎坷，去获取学习、工作乃至整个人生的一个又一个进步！

感谢老师。感谢彭补拙教授、黄贤金教授、张捷教授、章锦河教授、张振克教授、张建新副教授、马劲松副教授、陈刚副教授、金晓斌副教授、任黎秀副教授、姜洪涛教授、赵宁曦副教授、张洪博士对我学习和论文写作上给予的建议与指导。

感谢同校的兄弟姐妹。感谢刘泽华博士、张宏磊博士、刘培学博士、钟世恩博士给予诸多专业学术上的启迪与帮助，感谢南大商学院郑祎博士给予我研究方法上的提醒与交流，感谢汤澍、李倩、李亚洲、宋福临、杜莹莹、许雅捷、冯英杰、孙祖慧、朱莹、张芳芳、陶鸿、张娇、余晓婷、刁碧澄等师门对我的关心与帮助，感谢陶鸿、张娇、余晓婷、张愈、张弛、华蓉、何静、侯鑫源、吴禹衡、钱威阳、陈倩、高遥、彭一洋等在此次野外调研中顶着烈日同甘苦共合作，感谢吴禹衡、郑昊、张愈、张弛、华蓉、何静、侯鑫源、万梦云、沙曼青、张芳芳、陶鸿等辛苦录入、校对问卷数据。

感谢单位领导同事。感谢彭补拙教授、邵进副院长、谈俊忠副教授在学术上一直以来的引领与关怀，为我读书提供的大力支持；感谢张芳怡博士、张梅博士、马天海老师、朱振宇老师、汪煜老师、翁翎燕老师、杜莹莹老师、冯英杰老师、崇婧老师、高倩老师、王楠楠老师在学术上的交流、鼓励与帮助。

感谢相关机关领导。感谢南京市旅游委员会金卫东主任、办公室王建业主任，感谢江苏省水利厅河道局于涛局长、陈昌仁科长和孔莉，感谢南京市水利局吴永新处长、傅江副处长，感谢你们在写作中给予的大力帮助，你们提供的宝贵数据和资料使本书得以顺利完成。

感谢亲人。特别感谢全家对我读书的巨大支持，感谢父母与公婆在这一年多的时间里尽心尽力照顾我刚出生的女儿，让我一心一意完成写作，没有后顾之忧，你们的爱是我坚强的后盾，爸爸妈妈辛苦了！感谢丈夫王晨，有了你的支持、鼓励和鞭策，才给了我完成学业的毅力！最后还要感谢女儿王蕾儿，你是我战胜学业艰辛的动力源泉，妈妈爱你！

丁　蕾

二〇一三年十月